珞珈讲坛

韩德培 题

《珞珈讲坛》编委会编

【第三辑】

WUHAN UNIVERSITY PRESS
武汉大学出版社

《珞珈讲坛》编委会

卷 首 语

在科学与人文光辉的映照下，
讲坛，
是武汉大学最为别致、最为精彩、最为怡人的风景。
或黄钟大吕；
或大音希声；
或龙吟九天；
或凤鸣如泉。
她是皇冠上的明珠，是宫廷里的宝藏；
她是饥饿时的醇饴，是焦渴中的甘洌；
她是展示才华的舞台，是产生大师的摇篮；
她是记忆和想象的延伸，是灵魂升华的神圣殿堂。
这知识之卷将燃起你的激情；
这智慧之书将握紧你的双手；
这哲理之思将开启你的心智；
这科学之光将照亮你的双眸。
走进讲坛，
似春风和畅，如夏琼芬芳；
走进华章，
像秋雨滋润，若冬日煦阳。

目　　录

文化研究

北京·珞珈论坛：和谐之道
——跨学科对话

2007 年 6 月 23 日，由武汉大学举办的以"和谐之道——跨学科对话"为主题的珞珈论坛在北京举行。教育部副部长李卫红在开幕式上发表讲话，对武汉大学通过跨学科的研究方式探讨"和谐之道"给予了充分肯定，认为武汉大学 7 个教育部人文社科重点研究基地整体参加论坛，展示基地研究成果，是进一步推进高校哲学社会科学管理创新的有益探索。武汉大学党委书记顾海良教授在开幕式上致辞。他认为，武汉大学在北京举办珞珈论坛，是一种有益的尝试，借这个平台，不仅可以鼓励学者从书斋走向社会，直接面向社会与民众进行一次集中的人文社会科学研究成果的展示，还可以让不同学科的学者在一起交流研究心得，提高学术研究的层次。

论坛上，武汉大学冯天瑜、曾令良、胡德坤、马费成、邓大松、张金海、郭熙保、李光、简新华等专家和来自中国政法大学的校友徐显明、来自中国人民大学的校友冯俊教授分别从哲学、法学、历史学、经济学、新闻学、信息学、管理学等多重视角，就"和谐之道"这一主题进行了跨学科探讨，具体阐述了"五伦"与"和谐"、"国际法视野下的和谐世界"、"制度和谐"、"西方哲学中的和谐思想"、"传媒发展与和谐社会构建"、"第二次世界大战与构建和谐世界基础的奠基"、"信息化与和谐社会"等内容，受到与会者的极大欢迎和好评。

学本刊编委会将发言整理后依据发言先后顺序将文稿收录于本期《珞珈讲坛》，以飨读者。

高校哲学社会科学要为党的
理论创新作贡献
——在武汉大学"北京·珞珈论坛"上的讲话

◎ 李卫红

李卫红，女，汉族，1955 年 3 月生，现任教育部副部长、党组成员。

"北京·珞珈论坛"以我们党关于构建社会主义和谐社会的理论为研讨主题，在党的十七大召开前夕举行，具有特别重要的意义。

构建社会主义和谐社会，是以胡锦涛同志为总书记的党中央从全面建设小康社会、开创中国特色社会主义事业新局面的全局出发提出的重大战略思想，适应了我国改革开放进入关键时期的新要求，体现了我们党正视和解决现实问题的政治智慧和理论勇气。我

3

们高校的哲学社会科学工作者，自觉地对党的这一重大理论创新成果进行学习、研究和宣传，充分表明了将学术研究与党和国家的发展、民族的复兴紧密地联系起来，将学术责任与社会责任紧密地联系起来的可贵精神。在此，我向同志们的努力致以崇高敬意，并表示衷心感谢！

随着我们党理论创新步伐的不断加快，为哲学社会科学的繁荣发展提出了一系列新的要求、新的命题和新的任务，高校哲学社会科学工作者要着眼于新的实践和新的要求，为党的理论创新不断作出新贡献。要把以人为本、全面协调可持续的科学发展观、全面建设小康社会、加强党的执政能力建设、加强党的先进性建设、构建社会主义和谐社会、建设社会主义新农村、构建社会主义核心价值体系等重要思想和理论研究好、研究深、研究透，把深入研究、科学论证、系统阐发马克思主义中国化的最新理论成果作为首要的、长期的任务。通过我们的研究，有力回答我国社会主义经济建设、政治建设、文化建设、社会建设和党的建设中面临的一系列全局性、战略性、前瞻性的重大问题，为党的创新理论作贡献、为服务经济社会发展作贡献。这是哲学社会科学繁荣发展的必由之路，也是我们哲学社会科学工作者的神圣使命、光荣职责。

这次论坛，采取跨学科对话的方式进行，切合当今世界理论创新与发展的特点和规律，值得肯定。

大家都知道，20世纪后半叶以来，世界范围内学科的渗透、交叉和融合成为科学研究重要的发展趋势，许多重大的科学创新都是在学科交叉领域实现的。《中共中央关于进一步繁荣发展哲学社会科学的意见》中强调指出，要推进哲学社会科学与自然科学间的交叉渗透，推进哲学社会科学不同学科间的交叉渗透。高校哲学社会科学工作者要善于用整体思维把握世界，用综合方法分析社会，用交叉手段解决问题。高校哲学社会科学要顺应跨学科发展趋势，找准跨学科发展方向，明确跨学科发展路径。要确立经常性的跨学科对话机制，引导不同学科的学者走出来、坐下来、谈起来，加强不同学科间的理解和沟通，实现不同学科视野、学科方法、学科文化的交叉和渗透，这是推动跨学科发展的前提所在。要以问题为中心，以项目为纽带，会聚多学科人才，进行密切协作，开展联合攻关，推出有重大理论价值或实践价值的跨学科成果，这是推动跨学科发展的关键所在。要为哲学社会科学跨学科发展营造良好的文化氛围，创造有效的运行机制，不断打破制约跨学科发展的学科壁垒和行政壁垒，给跨学科项目、跨学科人才、跨学科成果一个更为广阔的空间；不断推进哲学社会科学各学科以及哲学社会科学与自然科学的融会贯通，让自然科学中的研究手段和研究方法能够被哲学社会科学吸收、借鉴和移植，这是推动跨学科发展的重点所在。从这个意义上讲，谁站在跨学科的制高点上，谁就能赢得学科发展的未来。

这次论坛，武汉大学的7个教育部人文社科重点研究基地整体参与，展示了基地的建设成果，是进一步推进高校哲学社会科学管理创新的有益探索。

作为"高校哲学社会科学繁荣计划"的重要内容，教育部在全国40多所高校建设了140多个人文社会科学重点研究基地，这是科研组织方式的重大创新，打破了学科和院系壁垒，促进了学科交叉融合，起到了凝练学科方向、会聚学科队伍、构筑学科平台的重要作用。前不久，我们集中组织到一些高校的重点研究基地进行了实地考察，并与学校领导和部分重点研究基地负责人进行了座谈，加深了对基地建设工作的了解。应该说，教育部人文社科重点研究基地围绕国家发展战略，瞄准学科和重大理论与实践问题，在科学研究、人才培养、学术交流、服务社会和体制改革方面取得了巨大成绩，已经成为名副其实的人才高地和学术高地。重点研究基地走的是一条以体制创新、机制创新带动理论创新之路。

我们要在认真总结经验，鼓励和支持重点研究基地继续进行体制和机制探索的同时，不断深化高校哲学社会科学管理体制和运行机制的改革，按照现代学术发展的客观要求，通过健全经费投入体制，创新科研组织形式，加强人才队伍建设，完善科研质量控制体系，建立以质量为导向的评价体系，健全成果有效转化机制等，最大限度地激发和调动高校广大哲学社会科学工作者的积极性、主动性和创造性，为高校哲学社会科学创新能力和研究质量的全面提升创造更加有利的条件，营造更加宽松的氛围。

武汉大学是一所历史悠久、基础雄厚、学科齐全、在国内外具有广泛影响的综合性大学，在人文社会科学重点学科、教育部人文社科重点研究基地、重要研究项目等方面，都作出了很好的表率。近些年来，武汉大学围绕人文社会科学的繁荣发展推出了一系列重要举措。今天的跨学科论坛，就是一次加强重点研究基地建设、推动哲学社会科学研究发展的有益探索。我们希望，面对新的发展形势和新的历史任务，武汉大学能够全面贯彻中共中央《关于进一步繁荣发展哲学社会科学的意见》精神，认真落实教育部的相关部署和要求，继续以求真务实的态度，以改革创新的精神，扎实做好各项工作，为高校哲学社会科学的繁荣发展发挥更大的作用，作出更大的贡献！

最后，预祝本次论坛圆满成功！

（本文发表于《中国教育报》2007 年 9 月 8 日，第 1 版）

"五伦"说与和谐文化

◎ 冯天瑜

冯天瑜，湖北红安人，1942 年 3 月生，武汉大学教授、博士生导师，武汉大学中国传统文化研究中心主任。兼任中国实学会副会长、湖北省地方志副总纂。湖北省社会科学联合会学术委员会副主任、武汉大学学术委员会副主任。1986 年被国家科委授予"国家有突出贡献的中青年专家"称号。长期从事中国文化史和湖北地方史志研究，出版有《中华文化史》、《明清文化史散论》、《中华元典精神》、《千岁丸上海行——日本人 1862 年的中国观察》、《新语探源》、《"封建"考论》等专著，并在国内外重要刊物上发表学术论文百余篇。近年来着力探讨中华文化近代转型、历史语义学诸问题。

保持民主与权威之间的适度张力，是实现和谐社会的关键之一，这既是一个政治问题，也是一个伦理问题。中华文化为解决此一难题提供了有益的资源，这集中体现在"五伦"（君臣、父子、夫妇、兄弟、朋友）说所昭示的人际间良性双向互济关系的理念。

人们习惯于将"三纲"说与"五伦"说并列论之（所谓"三纲五常"、所谓"纲常名教"），一概列入"专制纲常"，在"旧礼教"名下加以抛弃。其实，"三纲"说与"五伦"说虽然都是宗法制度的产物、宗法观念的表现，有着相通性，但二者又颇相差异，不宜笼统处置，而应当予以分梳，区别对待。

一

近20年来，"可持续发展"已然成为世人注意的焦点，但其认识主要集中在人与自然关系的协调上。然而，人类要真正实现"可持续发展"，除应当正确处理人与自然的相互关系外，还必须追寻人与自我、人与社会和谐共存的境界，求得人际关系的健全发展。而东亚智慧提供的互动共济的人伦理念在这一领域尤其值得借重。

阴阳彼此依存、相互为用的观念，是中国哲学的精髓，表现在人与社会、人与自我的关系上，是发扬"仁者爱人"、"交相利，兼相爱"的精神，以达成人际间的双向互助式和谐共处。

中华人伦观，尤其值得今人借鉴的是肯认尊卑、男女、长幼间双向互敬关系的"五伦"思想。"五伦"又称"五常"，原指宗法社会中的君臣、父子、夫妇、兄弟、朋友这五组关系，但又可放大，如君臣关系可泛指上下级关系，朋友关系可包括同事关系。中国传统伦理对这些关系的界定，有单向独断论和双向协调论两种。前者以"三纲"说为代表，即"君为臣纲，父为子纲，夫为妻纲"①，认定尊者、长者拥有绝对权威和支配地位，卑者、幼者唯有屈从的义务。这种单向独断论的绝对主义伦理观念构成专制政治的伦理基础，是现代化进程应予扬弃的东西。后者的代表性表述则是"五伦"说，所谓"父子有亲，君臣有义，夫妇有别，长幼有

---

① 孔颖达疏引《礼纬·含文嘉》。

序，朋友有信"①，其间包含着人际间的温情、理解和信任，而且是相对性的、双向性的要求。以君臣一伦而言，"五伦说"便对君与臣两方面都提出要求，如孟子所说：

> 君之视臣如手足，则臣视君如腹心；君之视臣如犬马，则臣视君如国人；君之视臣如土芥，则臣视君如寇仇。②

至于夫妇一伦，则以"义"为标准，"夫妇以义事，义绝而离之"③。"夫不义，则妇不顺矣"④。这里强调的也是一种双向性要求。在父子关系上，主张"父慈子孝"；在兄弟关系上，主张"兄友弟恭"，也是双向要求；朋友关系则讲究互利互助，"交友之旨无他，彼有善长于我，则我效之；我有善长于彼，则我教之。是学即教，教即学，互相资矣"⑤，倡导朋友间互相取长补短，推崇的仍然是双向互济关系。

梁启超慧眼卓识，将"五伦"的精义称之"相人偶"，也即人际间对偶关系的相敬互助。梁启超指出：

> 五伦全成立于相互对等关系之上，实即"相人偶"的五种方式。故《礼运》从五之偶方之，亦谓之"十义"（父慈子孝，兄良弟悌，夫义妇听，长惠幼顺，君仁臣忠）。人格先从直接交涉者体验起，同情心先从最亲近者发动起，是之谓伦理。⑥

这种对人际间在权利与义务两方面提出双向互助性要求，以形

---

① 《孟子·滕文公上》。
② 《孟子·离娄下》。
③ 司马光：《家范·夫妇》。
④ 颜之推：《颜氏家训·治家》。
⑤ 王肯堂：《交友》。
⑥ 梁启超：《先秦政治思想史》，《饮冰室合集》第9册，中华书局1989年版，第75页。

成较为和谐的人伦关系，在利益驱动的现代社会尤其显得宝贵与急需。东亚国家、地区20世纪下半叶创造经济奇迹，除利用最新科技成就，借用西方市场经济的竞争与激励机制以外，一个重要原因是东亚伦理的人际和谐精神得到现代式发挥，将企业和社会组合成风险共担、利益均沾的"命运共同体"，使管理者与劳作者在"和"的精神凝聚之下，形成长久、牢固的"合力"，而不是短暂的利用关系。这正是对东亚和合精义的创造性发挥，暗合了孟子的名论——

> 天时不如地利，地利不如人和。①

也暗合了荀子的名论——

> 上不失天时，下不失地利，中得人和而百事不废。②

与佛教的"丛林共住精神"也彼此契合——在管理架构上"各守其分，各尽其职"；在生活上，以众靠众，实践互敬互勉、无诤共住的和合僧团精神，共同遵守"六和敬"——身和同住，口和无诤，意和同悦，戒和同修，利和同均，见和同解。此皆为可久可大之道。

二

"三纲"说与"五伦"说的生成机制、成说时代，是有性质之差、先后之别的。大体言之，"五伦"说形成于先秦，是宗法封建时代（本义上的"封建"，而非泛化的"封建"）的产物，较多地保留了氏族民主遗存、蕴蓄着血亲温情，讲究的是"情理"；"三纲"说（君为臣纲，父为子纲，夫为妇纲）酝酿于战国，形成于秦汉，是宗法专制时代的产物，体现了君主专制覆盖下的垂直式独

---

① 《孟子·公孙丑下》。
② 《荀子·王霸》。

断，强调的是上对下的等级式威权以及下对上的无条件屈从。

人类在跨入阶级社会之前，经历了漫长的无阶级的氏族社会，其间孕育了氏族内部以血缘纽带维系的原始民主；在跨入阶级社会初期，如中国的商周时代建立的宗法封建社会，还保留着若干原始民主的痕迹，并在两周历史条件下演化为"民本"说与"五伦"说。而"三纲"说定形于秦汉以降的专制君主制时代，其强势的独断论为专制帝王和其他尊者、长者所喜好、所运用，虽然受到历代民本主义者和异端思想家的批判，然其主流地位从未动摇。时至近代，"三纲"说的元典性成为保守与革新两大派别争论的焦点。

张之洞在《劝学篇》内篇的《明纲》中亟言"三纲"说来源于圣人之道：

> "君为臣纲，父为子纲，夫为妻纲"，此《白虎通》引《礼纬》之说也。董子所谓"道之大，原出于天，天不变，道亦不变"之义，本之《论语》"殷因于夏礼，周因于殷礼。"
>
> 注："所因，谓三纲五常。"此《集解》马融之说也，朱子《集注》引之。《礼记大传》："亲亲也，尊尊也，长长也，男女有别。此其不可得与民变革者也。"

近代启蒙思想家则以"三纲"说为扬弃对象，如何启、胡礼垣在《劝学篇书后》尖锐批评张之洞《劝学篇》内篇宣扬的"三纲"说，指出"三纲"说有悖于人道，认为君臣、父子、夫妇之间应是平等关系，只应服从情理，不应以绝对的垂直纲纪加以强力控制。何启、胡礼垣特别揭示"三纲"说的非原典性：

> 三纲之说非孔孟之言也。
>
> 三纲之说，出于《礼纬》，而《白虎通》引之，董子释之，马融集之，朱子述之，皆非也。夫《礼纬》之书，多资谶纬。以谶纬解经，无一是处，为其无实理之可凭也。
>
> 三纲者，不通之论也。（《劝学篇书后·明纲篇辩》）

何启、胡礼垣在批评"三纲"说的同时，又陈述"五伦"说的合理性，称其"通明"、"不偏"，保存了血亲和谐的双向互动理念。又进而指出，"五常之道，在孔子二千余年之前而已然"，即源自上古；同时，"凡尚理学如希腊等国，亦莫不以五伦为重"（《劝学篇书后·明纲篇辩》），足见"五伦"说是古今中外之通义。

综上可见，古人、近人都不乏对"三纲"说与"五伦"说加以分梳的努力，我们今日更应超越混淆二者的粗率思维，在扬弃"三纲"说的同时，用力开掘"五伦"说的宝贵精神资源，借以发挥其社会协调功能。

"五伦"说尚未构成对专制主义政治伦理的直接抗拒，但它阐发的是对尊与卑、上与下的双向要求，具有协和性。所谓"君使臣以礼，臣事君以忠"（《论语·八佾》），分别对君和臣提出要求，"君礼"与"臣忠"方能达成君臣和谐，同舟共济。所谓"父子有亲，君臣有义，夫妇有别，长幼有序，朋友有信"（《孟子·滕文公上》），为五伦关系分别树立了"亲、义、别、序、信"等富于理性和人情的准则，并无绝对主义的要求。成书秦汉之际的《礼记》、《礼运》篇，对先秦的"五伦"说作了总结，将父子、兄弟、夫妇、长幼、君臣这五组社会人际关系的良性双向互动概括为：

> 父慈，子孝；
>
> 兄良，弟悌；
>
> 夫义，妇听；
>
> 长惠，幼顺；
>
> 君仁，臣忠。

此后，关于五伦的双向性要求，还有多种大同小异的说法，最流行的是：

> 父慈子孝，兄友弟恭，君明臣忠，夫和妇顺，朋谊友信。

"五伦"说主要强调上下关系的协调，而"各守职分"（处在

五伦关系诸层级的人各有责守，必须各尽义务）是达成和谐关系的要义所在。这一思路包含了"互动"与"双向要求"的合理因素，既是对专制独断论的一种抑制，也是对无政府及民粹倾向的一种防范与救治，有助于我们今日正确处理社会人际关系，特别是政府与民众关系、劳资关系、家庭关系，以构建和谐社会。以政府与民众关系为例，片面的单向要求，或者出现上对下的"专断"，或者出现下对上的"民粹"，都将导致社会矛盾的激化，陷入不和谐困境。再以劳资关系为例，资方如果一味追逐利润最大化，置劳方利益于不顾，必将激化劳资矛盾，造成严重的社会问题。环顾全社会诸种双边关系，"五伦"说阐扬的"互动"与"双向要求"至关紧要。

当然，传统的"五伦"说作为宗法等级社会的产物，侧重强调"义务"，尤其是下对上的义务，而基本没有涉及"权利"问题，没有对民众享受权利和运用权利（所谓"民享"与"民治"）给予肯定，故中国传统社会不可能充分实现社会和谐，秦以下专制皇权社会两千余年间，社会动乱此伏彼起，便是明证。社会主义的精义便在于实现人的全面发展、社会关系的和谐发展。我们创建社会主义和谐文化时，应继承前人的优秀遗产，如"五伦"说在义务问题上的良性双向互动观；同时也要超越前人，有所创发，如在义务与权利的统一上，实现上下层级的良性双向互动，使干—群、劳—资等社会关系和谐发展，这是我们的社会长治久安，实现可持续发展的关键之一。

三

"五伦"说的核心理念是"和谐"，而国学中对于"和谐"精义最简明、直观的表现便是太极图阴阳鱼。

这一图式生动形象地揭示了宇宙构成的奥秘：阴阳对立而又统一，相应而又合抱。太极图中的 S 曲线，是一分为二的阴阳双方彼此依存、制约、消长、转化的动态展现。由此曲线判分的阴阳双方，互补共生，相反而又相成，象征着宇宙万象遵循对

13

立统一法则实现的和谐。在阴阳鱼周围绘出伏羲八卦图，合称"伏羲太极图"，展示"易有太极，是生两仪，两仪生四象，四象生八卦"① 图像，将易道的"流行"与"对待"两大精义生动地揭示出来。太极图形象而集中地体现了东亚智慧的多元综合性、互补和谐性、动态演化性及模糊意向性。这种特性体现于天人之际，便是人类与自然相亲和，"赞天地之化育"、"与天地参"②，达到与生态环境的和谐共生。表现于人世间，便是"琴瑟调和"的五伦互动共济。

阴阳互补共生、相反而又相成的观念，是克服主客两分对立的现代病的启示之源。美国当代物理学家弗里乔夫·卡普拉（Fritjof Capra 1938 ~ ）对此有生动的论说。他批评笛卡儿、牛顿代表的工业文明的机械论潮流，主张从中国关于"道"的观念和阴阳互补的思想汲取营养，建立有机的生态智慧。他认为，文化观念中包含阴、阳两种因素，女性、收缩、保守、响应、合作、直觉、综合可归于"阴"；男性、扩张、要求、进攻、竞争、理性、分析可归于"阳"。西方智慧主导的现代工业文明的失衡，主要表现为阳盛阴衰，"过分强调了阳——理性知识、分析、扩张；忽视了阴——直觉知识、综合和生态意识"③。西方文化是一种"阳性文化"、"崇阳文化"，并已发展到"至阳"。根据"阳至而阴，阴至而阳"的原则，它正面临"阳至而阴"的转折。在这一转化过程中，东亚智慧的启迪至关紧要，因为东亚智慧包含着丰富的阴性因素，并在一定程度上体现着阴阳平衡。卡普拉以西医代表西方智慧，以中医代表东亚智慧，比较二者的差异：

> 在西方医学中，具有最高名望的医生是对身体的某个具体部位有详细知识的专家。而中医理想的医生是哲人。他们懂得

---

① 《易·系辞上》。

② 《中庸》。

③ 卡普拉：《转折点——科学、社会和正在兴起的文化》，四川科学技术出版社 1988 年版，第 24 页。

所有的宇宙模式是如何在一起共同运行；他们以个体为基础来治疗每一个病人；他们的诊断不是把病人分类为患某种特殊的疾病而是尽可能详细地记录下每一个病人总的精神和身体状态及其与自然和社会环境的关系。①

卡普拉对于东西方智慧的这种概括，大体是确切的，与本文题旨亦有相通之处——疗治现代文明病，使现代社会走向健全发展的道路，不能一味依靠西医式的分体疗法，而需要借鉴中医式的辨证综合施治。

东亚智慧是东亚民族的庶众与精英共同创造的精神产品，在数千年间，经历了"下学上达"与"上学下移"的双向发展过程。东亚智慧既凝聚在《周易》、《老子》等典籍文本之中，发挥于文化大师的宣讲、阐释之间，同时也活跃于百姓的日用实践里，形成诸如勤俭敬业、信用信实、重教尊师、注重积累等习俗、规范，不仅在历史上发挥过作用，而且在工业东亚的现代化进程中显示出巨大的活力。因此，东亚智慧的未来走向，不仅取决于东亚智慧与西方智慧的相互吸纳融合，而且取决于在现代生活的新高度上，实现精英文化与大众文化的健康互动——以精英文化提升大众文化，由大众文化滋养精英文化，这是东亚智慧获得源头活水、生生不息的机制所在；也是精英文化防止枯涩、顿滞，大众文化克服物欲化的沉沦倾向的希望所在。

---

① 卡普拉：《转折点——科学、社会和正在兴起的文化》，四川科学技术出版社 1988 年版，第 308 页。

和谐世界对当代国际法的呼唤

◎ 曾令良

曾令良，1956 年 3 月生，湖北麻城市人。法学博士，武汉大学教授、博士生导师。曾担任武汉大学法学院院长、欧洲问题研究中心主任、丹佛大学富布莱特高级研究学者、伯明翰大学法学院高级访问教授、澳门国际贸易法学院教授、香港城市大学特约教授、芝加哥肯特法学院高级访问教授。现任澳门大学法学院院长和教授、武汉大学教授、欧洲联盟法让·莫内席位教授，WTO 争端解决机构指示名单专家。兼任教育部法学学科教学指导委员会副主任委员、中国欧洲学会欧洲法律研究会会长、中国法学会常务理事、教育研究会副会长、世界贸易组织法研究会副会长、国际经济法学研究会副会长、中国国际经济法学会副会长等职。先后获教育部跨世纪人才、"长江学者奖励计划"特聘教授、中国法学会第二届全国十大"杰出中青年法学家"、《当代中国法学

名家》首批入选专家。主要著作有:《欧洲共同体与现代国际法》(1992 年) 及其繁体中文修订版《欧洲联盟与现代国际法》、《世界贸易组织法》(1996 年)、《21 世纪初的国际法与中国》(2005 年)、《欧洲联盟法总论——以〈欧洲宪法条约〉为新视角》,(2007 年)。

我发言的题目是《和谐世界对当代国际法的呼唤》。关于和谐世界与国际法的这个话题应该是相当广泛,因为时间的关系,我今天只是聚焦。和谐世界对当代国际法有哪些呼唤?哪些要求?或有哪些期盼呢?我想主要集中从五个角度来简要阐释:第一个角度是和平与安全,第二个是国际经济社会发展,第三个是国际社会的民主、法制与良治,第四个是国际社会文明的多样性,第五个是和谐社会对国际法本身的要求,也就是从国际法体系的角度来阐释和谐世界的构建对于当代国际法到底有哪些主要的期盼。

在和平方面、安全方面,应该说和谐世界首先呼吁当代国际法要建立和维护和平共处的国际秩序,我们知道和平与安全是各国共存、共处的社会基础,历史反复证明,战争和武装冲突乃至武力威胁都是和谐世界最直接、最严重的祸根,在这个方面,国际法从近代到现代到当代,一直在不断地做出努力,应该说已经取得了很大的成就。在制止战争、武装冲突或武力威胁方面,传统国际法承认国家战争是合法的;但到了现代又逐步来限制国家的这种战争权利;然后到联合国宪章,不仅禁止战争还禁止武力甚至以武力相威胁,并且为此还建立了国际集体安全制度,这都是国际法为构建和平安全的社会基础所做出的努力和取得的成就。但是,当今和未来有很多突出的问题需要国际法和国际社会去解决,比如说像国际集体安全体制的核心执行机关——联合国安理会组成的代表性问题,这个集体安全体制效率比较低下的问题。集体安全体制在 60 多年前设计的目的是应对传统安全威胁,主要是战争、武力,那么对于这 60 多年来大量出现的非传统安全威胁是否能够继续包括在它的范围之内,这也是一个问题。

另外，比如说安理会作为它的执行机关，它的决议的合法性也存在问题，特别是在国际法学界，比如说前南斯拉夫刑事法庭的成立，比如说卢旺达这个法庭的成立。它来审判前国家领导人、政府的领导人，通过安理会的决议来成立这样一种国际法庭，它的合法性是受到质疑的。

另一个方面，和谐世界除了传统安全的体制存在问题之外，还有一系列新的挑战，这个新的挑战主要是各种非传统安全的威胁，如 2004 年联合国秘书长为了筹备联合国成立 50 周年的庆典，搞了一个名人报告，这个名人报告由 15 人组成，其中有我们国家前外交部长、国务院副总理钱其琛参加，也有我们中国的贡献。报告里达成共识，从六个方面概括了当今的非传统安全威胁，包括：经济社会方面、传染病、环境退化；国家间的冲突，这个冲突主要是除军事冲突之外的大量的政治、经贸和其他方面的冲突；现在把国内的冲突也纳入到国际安全威胁的范畴，像内战、种族灭绝，以及一些大规模的暴行；另外，在世界上的一些角落、一些地区，大规模的杀伤性武器，如生化武器、放射性武器、核武器的研发与扩散；还有就是大家都知道，以 9·11 为主要标志的这些年来的国际恐怖主义蔓延；再一个就是比较猖獗的跨国组织犯罪。这些都是传统的 60 年前建立的那种国际集体安全体制所没有涵盖的，它们都是国际法在当代面临的新问题。

具体来讲，国际法的对策方面，和谐世界对它有哪些呼吁呢？我想主要提出了这几个方面：第一，当务之急就是增强它的执行机关，即安理会决策的权威性和它的效率，权威方面主要是要杜绝一些大国在国际集体安全体制外围的强制行动，比方说 2003 年美英对伊拉克的那次战争，它就是在集体安全体制外的强制行动；第二是效率问题，效率问题的症结在五大国的否决权上，那么否决权是否应该规定一些例外，比方说当五大常任理事国本身卷入一种冲突从而成为利害方的时候，它是否应行使否决权？如果继续保留这个，显然国际集体安全体制的效率就会大打折扣。第三，要适当改革安理会的组成，组成改革的核心就是广泛的代表性，广泛的代表性不仅要考虑一些国家所主张的它对联合国的经济贡献（比如日本、德国），关键还要考虑到不同类型国家的代表性，还有不同地区的地区代表性，不同国家、不同地区（比如非洲目前还没有一个常任理事国）的代表性问题。第四，需要制订武力自卫或强制行动的一些实施标准。在国际法上，武力自卫和为执行联合国宪章第七章采取的强制行动是合法的，但是目前在这个方面，这种武力在国际法上还没有可操作性的一些标准来判断。所以，恐怕应该在以下几个方面制订明确的规则：威胁的严重性、目的的正当性、不得已而采取最后的一种措施，以及它采取这种最激烈、最强烈的手段，它通常应该与要实现的目的是相称的，不应该过头，这个手段的强度不应该超出目标追寻的实际需要。

那么对于非传统安全威胁，当务之急是各国对这几个方面的安全威胁要达成共识。坦率地讲，目前国际社会对非传统安全威胁是不是属于安全威胁的范畴是有争议的，所以这是亟需解决的。另外，比如说核武器扩散，从国际法角度讲，双重标准的取消迫在眉睫，因为现行的国际法体制是承认既得利益者。已经拥有核武器的国家，那就合法拥有了；而没有的，则禁止其研发、生产。当前的东亚核危机、中东核危机，在很大程度上（但不限于这个因素）就是这个双重标准存在而产生的问题。另外，当然要尽早就恐怖主义作出国际法的界定，因为目前即使国际反恐成效很大，但还是远远不能适应国际反恐的实际需要。从法律规制的角度来讲，目前还没有真正就国际恐怖主义形成一个统一的界定。

另外，当代国际法存在的法律形式主要是条约，它的执行力度问题，还有合作的深度广度问题，都是事关和谐世界的重要问题。要构建和谐世界，不要忘记国际法应该从基础抓起，那就是说国际法应该鼓励提倡国家间的容忍并建立对话的机制，这应该是和平与安全的最初的一道防线，国际和平安全最终威胁的产生，往往是由于不能及时有效地对话或者是首先在容忍方面没有做到应尽的责任。这是第一个方面。

第二个方面，和谐世界呼唤当代国际法促进世界经济社会的持续和协调发展。在这里要特别提一下，国际法的传统使命是什么？它实际上就是建立和维护先是相同社会制度的国家，到后来又包括不同社会制度国家间的和平共处，这是它的原始使命。那么到了现代，特别是到了当代，国际法使命除应该保持它的原有使命外，还要加上并且适当倾斜另外的使命，那就是世界或者人类经济社会的协调发展。

要促进这方面的发展，关键是解决发展中国家的发展问题。道理很简单，无论是从国家数量还是从人口数量来看，或是从市场的覆盖面着眼，发展中国家无疑占全球主要的方面。应该说，从 20世纪 70 年代开始，国际法和有关的国际体制持续不断地采取了很多的举措，也取得了一些成就，如 20 世纪 60 年代中期，联合国专门成立了贸易与发展会议，并发起了由发达国家对发展中国家的贸易实行普遍优惠的制度。与此同时，WTO 的前身，关贸总协定专门增加了第四部分，也就是关于对发展中国家的贸易优惠和促进其经济发展的一些新规定。如今 WTO 的 20 多个多边贸易协定，每一个协定都对发展中国家（有的是对特别不发达国家）有专门的特殊和差别待遇条款。又譬如，国际货币基金组织和世行集团先后采取了一系列对发展中国家的优惠、财政支持、优惠贷款，如发展中国家的特别提款权。另外，国际组织还先后发起对不发达国家特别是最不发达国家的债务减免、发展援助等举措。在这个方面，我们中国最新最大的贡献就是胡锦涛总书记在 2005 年联大 60 周年的庆典会上做出的庄严承诺：中国对与其建立有外交关系的世界上的最不发达国家，实行四个方面的债务减免、发展援助、能力建设的支持。

另外一个举措就是联合国在 2000 年举行的千年首脑会议。首脑会议发表的宣言确定了八项千年发展目标，这八个方面到 2015年都是要实现的。大家都知道，前不久在德国举行了八国首脑会议，这次会议最后决定筹资 600 亿美元捐助非洲，应该说这是最新的一个方案。但是，发展的问题依旧很突出，集中表现在南北的差距越来越大。这些年来，一些发展中国家的发展问题的确得到一定程度的解决，比如说中国、印度、巴西、阿根廷，但是毕竟世界上还有几十个国家，不但没有改观，反而变得更贫穷，饥饿、疾病、环境威胁三大现象应该说有增无减，这种原因是错综复杂的，内部也有，外部也有。从内部来看，这些国家可能在客观上地理条件恶劣，主观上治理不善，腐败、民族冲突、内乱，这些都是很重要的因素。从外部来讲，虽然很多国家这几十年一直为之努力，但公正、公平的国际经济秩序，并没有完全建立，现在很多援助，特别是发达国家的援助，甚至还有一些国际组织的援助，一方面不及时，另一方面往往是带有政治条件的，或带有其他附加条件。

那么要解决这些问题，当务之急，国际法应该要干些什么？首先要切实兑现千年发展目标的八项承诺，因为离 2015 年只剩下七八年的时间了，应该说，要实现这些目标，形势还是很严峻的。

还有，我们都知道 WTO 的多哈回合是以发展为主题的，但是这个回合到目前为止还是停滞不前。显然，当务之急就是要注入新的活力，使这个谈判早日达成协议。另一方面应该加大单边、双边、区域和其他多边合作和发展援助的力度，特别是要禁止和防止发展援助方面的政治化倾向。

此外，在可持续协调发展方面，尤其在跨国环境损害这个领域，应该尽快地制定与时俱进的国际规则。目前这方面的国际法编纂在进行之中，但进程比较缓慢。因此，应该加快这方面国际法律责任的编纂，而且在编纂过程中要坚持区别责任原则，不能搞平均主义，发达国家应该承担更大的责任。当然，还要强化现有的国际环境条约的实施力度，包括一些国际环境标准的细化和落实。

第三个方面，构建和谐世界呼唤当代国际法要增强国际社会的民主、法治和良治。民主有两个层面。首先是国际层面本身，这集中体现在一些国际组织、国际体制的治理结构，或者是它们的运作方式。其次是国内层面的民主、法治和良治，这些现在也是国际法涉及的范畴，也是它应尽的一些责任。

从国际民主来讲，它的实质就是国际关系的民主、国际政治的民主、国际决策的民主；从国际法的角度来讲，就是国际立法的民主。那么当前的问题在什么地方？主要在目前的国际决策、国际政治、国际立法更多地是凭实力说话。一个国家的实力决定它的话语权和决策权，这是现在存在的比较突出的问题。要改进的是，在这个过程中要充分体现国家主权平等的原则；另外还要修改现有的一些议事规则，扩大发展中国家的话语权和决策权；有的还要制定一些新的议事规则，以扩大发展中国家的话语权和决策权，及充分体现国际各种政治力量在国际决策中的广泛代表性和它的实际参与。还要特别注意的是，这种广泛代表性不仅包括世界上所有不同类型的国家，还有 NGO，即非政府组织。

从国内的民主来看，为什么它也应该作为国际法的一种责任呢？这是因为民主从一定程度上讲，是一种普遍价值，它是不分国界的，这就要求各个国家的组织结构，它的运作方式应该是一种民主的治理。应该说，这两年来，或者说还远一点点，近年来，国际组织在这个方面已经有这样的苗头，也就是雏形，比如说 WTO 就要求各成员内部措施（这个措施是广义的，包括立法、行政和司法措施）要有透明度。我们国家这些年的变化就是例证，过去开个听证会，能上报纸头版，因为物以稀为贵，现在基本上就不算是新闻了。我们今天来的很多媒体朋友最清楚，这些年我们国家的透明度逐步加大，应该说与入世有很直接的关系。又比如说两个联合国人权公约，在公民权利、政治权利、经济社会文化权利这些方面的规定、要求，实际上就是国际法对各国的民主、法治、人权和良治的一种要求。特别值得注意的是，联合国正在筹备设立民主基金，这是一个新的动向，协助特定的一些国家（主要是冲突后国家、动乱后国家）推行民主。但是，国际社会应该正确把握《国际法》在推动国内民主的定位，它的定位是鼓励和协助，因为国内的民主主要是国内和谐社会的基本任务，从国际法来讲，不宜制定国际上的统一民主标准，或者所谓的国际最低民主标准。与此同时，国际社会应防止一些大国搞所谓的民主输出，以此来干涉别国内政，这也是国际法要重点把握的度的问题。

国际层面的法治显然是国际法的本质工作。应该说，自冷战结束以来，国际法的编纂发展是比较快的，它的强制性，尽管不可能和国内法相比，但是增强的程度也是显而易见的。当然，问题依然突出，譬如国际组织中决策的司法审查和监督相当薄弱。联合国在20 世纪 90 年代成立两个临时的刑事法庭审判有关国家的前国家领导人，它们是通过安理会的决议作为法律依据成立的，而这是联合国宪章所没有规定的，其合法性一直存在疑问。联合国并没有设立司法审查制度，所以这个方面就是它的一种缺失。另外，国际法的软弱性依然是它的一个特点。国际法在这方面的任务首先是如何把现有的一些条约的实施机制完善起来。这几年联合国秘书处每年都开展年度促进普遍参与国际条约活动，因为现在有很多条约虽然通过了签字，但是还没有生效，关键是批准的进程比较慢。另外，在治理方面，欧盟的经验值得一些国际组织借鉴，那就是，应该建立一定程度的司法审查制度，这样才能保证组织决议的合法性，有了合法性它才有国际的公信力。

国内层面的法治，与刚才讲的国内民主一样，国际法正在把它作为一种新的使命来推进，因为任何一个国家的人治有可能成为国际社会非传统安全威胁的根源，比如腐败、独断、专横必然造成国内动乱，国内动乱必然蔓延国境、周边或地区内的其他国家甚至整个地球。因此，在全球化的时代，一个国家的法治如何，不仅事关本国和人民的福祉、本国的发展，也影响到整个世界的和谐，这是全球化背景下各国同舟共济、同一个地球村概念的体现。在这个方面，国际组织现在也采取一些新的举措，也有一些新的动向，如在冲突后的一些国家建设和平当中，过去维和部队在有关武装冲突消除之后，其任务就完成了，现在还进一步强调后续的和平建设，后续的和平建设关键是什么呢？其中包含一个重要内容，那就是这些国家的法治如果被战乱所破坏，国际组织有责任来恢复它；如果没有，要建设起法治，这正在成为联合国集体安全体制的一个新的内容。

2005年以后，联合国秘书处新设立了一个部门，专门负责加强联合国通过其技术援助和能力建设来促进一些国家的法治。另外，像欧盟一些机构，将法治列为对外发展援助的新项目、新内容。欧盟对我们中国有大量的援助项目，其中有一项就是促进中国的法治，资助中国的法官、检察官的培训；又比如说，它资助中国的律师到欧盟国家去进一步地学习、实习；还有，欧盟这些年对中国的基层民主建设，比如说村、乡、镇级组织的直接选举，设立了专门的项目。

　　一个社会有了民主、有了法治，它必然就是一种良治，当然良治不仅包括民主、法治，它的核心内容或者它的前提应该从层次来讲还高于民主、法治，作为一种治理形态，它应该还包括德治。国际社会也有德治，也有国际道德规范。

　　和谐世界对当代国际法第四个方面的呼唤是维护和促进世界文明的多样性。这种文明多样性，胡锦涛总书记在多个国际场合有精辟的阐述。其实质就是承认各国政治体制、社会制度、发展模式、文化传统价值观念的多样性。文明多样性对国际法来讲有哪些要求呢？我认为，首先要尊重、承认国际法主体的多样性，特别要尊重不同类型国家的合法存在，以及不同国家平等的国际法律人格。在此大前提下，才能做到尊重各个国家政治、经济、文化、社会及价值上的差异。国际法的价值取向首先讲究的是一种形式正义或形式公正；有了形式正义和形式公正，才能最终走向实质正义和实质公正。

　　尊重世界文明多样性的一个重要内容就是要尊重世界文化的多样性。文化的多样性，从国际法的角度来看，主要是通过联合国教科文组织来具体运作和实现的。在这一方面，联合国教科文组织做了大量的努力，也制定了很多的公约，2007年3月刚生效了《文化多样性公约》。我们中国很积极，2006年12月人大就批了这个公约。该公约有很重要的一点，就是确立了文化多样性是人类的共同遗产，这是国际法继国际海底、外空、生物多样性之后将这个法律概念引入的又一个新的领域。当然，目前还有一些问题，现在只有40来个国家参加，像美国、以色列则没有参加，这对于公约效力的普遍性有一定的影响。还有，关于保护文化多样性与贸易自由化的关系也是一个有争议的问题。因为时间关系，我就不赘述了。

　　最后，和谐世界还呼唤当代国际法要致力于自身体制的协调发展。法律是调整社会关系的，它是和谐社会的基础、保障，如果自身的规范不协调、有矛盾，显然就不能起到应有的作用。当前，国际法的不协调主要是碎片化现象比较严重，比如说国际法的区域化现象，它的很多自成一类的法律体系的增多，还有相同领域或相同部门的国际条约的重叠；另外就是国际争端的解决方法和体系也存在多样化的趋势，这些都是国际法碎片化的表现。这些问题已经引起了联合国国际法委员会的重视，2001年开始就纳入了它的议题，并成立了一个专门的小组进行研究；2006年它向联大提交报告，提出了解决国际法碎片化的几个指导原则，主要是四个指导原则。前面三个原则实际上把现有的实践进行肯定：特别法，或特殊的法律，或自主的法律，应该高于一般比较笼统的法律，这是第一个基本的原则。第二个是时间较后的法律原则上优先于它先前的法律，如果发生抵触的话。第三个原则是，虽然国际法体系不像国内法那样有上位法和下位法那么明晰的关系，但是同样存在上位法。也有一些规则比较明确，例如国际法的强行法规范，又如联合国宪章有关条款规定，宪章的效力高于一切其他条约。这都是国际法的上位法，必须绝对服从。另外，还有国际环境法、国际人权法、国际人道法、国际刑法中的"对一切义务"或"对一切权利"的概念和规范，也属于强行法，表示的是一个国家或缔约国对整个世界、整个社会的义务。这种新型义务打破了传统的国家间义务建立在对等的基础上的界限。

通过初步的研究，我得出了一个概括性的结论：和谐世界与和谐社会交相呼应，构成中国和平发展战略的两翼。和谐世界作为全球治理的新理念，呼唤当代国际法确保国际社会成员在尊重主权和法律人格平等的基础上和平共处；要求当代国际法在尊重各国文明多样性的前提下，促进世界不同文明的和谐进步和共享；期盼当代国际法以解决发展中国家的发展问题为重点，致力于世界经济社会的可持续发展；期待当代国际法将国际民主和法治作为其新的价值取向，提升全球良治的整体水平；迫使当代国际法必须重视它自身规范体系的协调发展，真正为和谐世界的构建保驾护航。如果以一句话作为我发言的结论，就是和谐世界呼唤当代国际法将各国和人类共享的安全、发展、人权、民主、法治、善治和文明多样性作为它的核心价值和使命予以追求、维护和促进。

关于制度和谐

◎ 徐显明

徐显明，1957年4月生于山东省莱西市，曾就读于吉林大学、武汉大学，法学博士、教授、博士生导师。曾任山东大学法学院院长、研究生院院长、副校长，现任中国政法大学校长、中国法学会副会长、中国法理学研究会会长、中国法律史学会常务理事、中国法学教育研究会副会长、教育部法学教学指导委员会副主任，以及北京大学、浙江大学、武汉大学、吉林大学、山东大学、中央党校等校兼职教授。社会兼职有：山东省人大常委会立法咨询顾问、山东省人民政府外经贸及法律顾问、政协山东省第八届委员会委员等。学术兼职有：中国法律史学会执行会长、中国法理学研究会副会长、教育部法学教育指导委员会委员。曾有两年赴日本、美国留学的海外经历。已获得的各种荣誉有："团中央跨世纪群英代表"（全国100人，社科界3人）、"全国跨世纪百千万人才工程首批入选专家"

（全国社科界 36 人，山东省 1 人）、"教育部跨世纪人才工程入选专家"（全国 100 人，山东省 1 人）、"国务院政府特殊津贴"、"山东省专业技术拔尖人才"、"山东省十佳理论工作者"等。迄今已出版专著 8 部，发表学术文章百余篇，在人权研究领域曾被美、日、法等国著名学者评价为"中国有代表性的人物"，在法学原理研究领域是国内公认的学科带头人。

　　非常荣幸有这样一个机会，以校友的身份出席我们武大组织的学术活动。关于制度的和谐，我想大家一定记得胡锦涛总书记在 2005 年 2 月 19 日中央党校省部级主要领导干部理论研讨班上所做的报告里对和谐社会六要素的揭示，我们平常更多使用的是事实判断，但是总书记用的是价值判断，和谐社会应该是民主法制、公平正义、诚信友爱、充满活力、安定有序、人与自然和谐相处，这就是我们今天所知道的和谐社会六大构成要素，这六个要素里面我做了这样一个划分。

　　第一个要素是民主法制，它是制度要素，也是根本要素，它对整个和谐社会构成了支撑，所以是前提和基础。第二个要素可以称作价值要素，就是公平正义。第三个要素我把它理解为道德要素，诚信友爱。第四个要素是社会发展动力要素，所以我们每位领导干部，凡是想对和谐社会作出贡献的人都要想办法去激发社会活力。第五个要素是秩序要素，就是安定有序。第六个要素是环境要素，也就是和谐社会承担的物质要素。那么这六个要素是什么关系呢？我个人理解民主法制的这个制度要素和其他五个要素不是并列关系，它是统领关系，由民主法制统领着其他五个要素。说到底民主法制是和谐社会的根本，要构建社会主义和谐社会就是要实现社会主义民主，实现社会主义法制，因此民主的构建过程、法制的构建过程与和谐社会的构建过程已经处在一个三位一体的状态，这就是我们理解制度和谐重要性的一个依据。

　　制度要和谐，我自己学习后，有三个体会。

　　第一个，就是决定着制度是否和谐的是什么？我以为应该是价值，也就是要使价值趋于和谐，价值的和谐性决定着制度的和谐性。这里讲的价值更多的是法律意义上的价值，不是道德意义上的。法律意义上的价值在调处的时候，我们发现，无数的价值要素，它们之间排列是有规律的，而这个排列规律可以从一组组的对立价值当中来寻找。

对我们每一个人来说，我们需要的第一份价值是利益。每个人都需要利益，个人的利益、集体的利益、公共的利益、国家的利益，这些利益都要在法律上得到展示；可是利益获得一定有一个法律轨道上的途径，用古人的话讲，就是老夫子曾经讲过，《论语》中有这样一句话，"物者物之所予也，不以其道德之不为也"，这是我们今天讲的君子爱财，取之有道。所以，和利益对应的另一个价值对社会管理者来说就是正义的引领，我们应该告诉人们用什么样的方式来获取这些利益，所以这就构成了一组价值，前边是利益，和利益对应的应该是正义，那么管理社会到底给予大家利益重要还是用正义来引领重要，我想这可能就不是一般公民所要思想的，而是治理国家的人或者进行制度设计的人首先要思考的，这是一组对立价值。

第二组我们也能找到它的对应关系，我们每个人都需要自由，对于自由的高尚性，可能古今中外的典籍里边，锻造的名句是最多的；可是对社会管理来说，它还需要另一种价值——所有的自由都应该在秩序中实现，没有秩序的自由就会变成一种无政府状态，当然过度的秩序一定预示着一种专制或者是一种管制，那么自由和秩序处在冲突当中，对治国者来说，对制度的设计者来说，它要选择什么？这是第二组。

第三组就是我们从十四大的报告里就已经看到，到现在十六大的报告做了修改的，关于价值选择、公平与效率之间的关系。过去我们讲效率优先，兼顾公平，这个原则无疑是经济学的最高原则。经济学的意义就是用最少的投入获得最大的产出，这是经济学亘古不变的定理。但是对管理国家的人来讲，当这个社会利益的蛋糕整体化了以后，怎样将这个蛋糕公平地切割给每一个人，恐怕就是社会管理者们要思考的。所以到底是效率优先还是公平优先，或者两者兼顾，在我们的所有价值里边，只要你讲效率优先，那你采用的一定是经济学的原则，当你说公平至上的时候，那你采用的一定是法律的原则，依照这两个原则从不同的角度选取的时候，大家最后所得出来的结论可能正好是相反的。我们各位可能已经注意到了，十六大在表述我们的社会价值的时候，已经不再是十四大的报告里边所确立的效率优先，现在是公平正义，所以公平和效率的关系处在一种新的状态当中。

但是公平和效率这一组矛盾对社会管理者，对制度的设计者来说，每时每刻都要考虑。整个西方的政治两大派，实际上就是在公平和效率之间所做的不同选择而产生的，无论是民主还是共和，无论是自由还是保守，这个社会在这两者间做选择的时候就会有价值冲突的消除问题。这就是第三组。

第四组生存与发展。对社会的一部分成员来说，它首先要解决的是生存问题，我们到现在为止还有约2 100万人没有解决温饱，所以生存权就是他们首要的人权。而社会的另一部分人，他们生存的问题解决之后就有发展的问题，而发展又分层次：人的生存问题解决了，然后需要安全；安全问题解决了需要交流，对友谊的获得就成为人的一种高级需求；友谊广泛了以后，比友谊更高一层的需求，用马斯洛的说法那就是人的被尊重感，所以越被人尊重，他这种发展的成就就感觉到越充分；但作为一些杰出的学者，像我们冯先生，最后的需求是什么？对人来说最高层面的需求是人格的自我完善。那么现在我们就可以理解比尔·盖茨为什么要把他500亿美元的私存贡献给整个社会，人们需要比尔·盖茨的财富，而比尔·盖茨需要什么？比尔·盖茨需要用这种方式来完善他的人格。

人这么多的需要，除了生存以外的其他层次都是发展的问题，所有制度的设计者，先解决人们的生存问题呢，还是先解决人们的发展问题？而生存和发展往往又处在冲突当中，因为整个人类的历史，资本主义前期和后期划分的一个主要标准就是生存和发展，自由和资本的结合，劳动力和自由结合得越充分、越自由，那就表明是自由资本主义时期，但是结合得过于充分以后，形成垄断，那么资产阶级内部就是有产者，资本和资本之间的平衡也被打破了，所以社会的失业问题出现了，倒闭的问题出现了，而这些问题反过来就会影响到政府的管理，就会影响到那些有产者自身利益的安全，所以政府开始介入经济。近代国家和现代国家的分野也就是在这个地方，近代国家是没有经济职能的，现代国家之所以获得经济职能，就是为了解决那些人的生存问题。

1919 年的《魏玛宪法》在前言里面有一句话，这句话改变了整个世界，这句话叫做——国家组织经济生活的最高目的是为了人的生存。这就是把生存权和发展权，生存权和以前的古典自由权区分开了，所以生存和发展是处在冲突当中的。这个冲突在法律上的表现往往是自由和平等之间的关系，有这么多的冲突，我们怎么办？这就要进行一个好的制度设计，要想到治国理政的本质是什么。治国理政的本质就是进行价值判断和价值选择，一个好的领导者就是要想办法把冲突者的价值降到最低点，把冲突降到最低点。冲突是不可消除的，价值都是需要的，每个人从不同的角度需要不同的价值，所以这些价值永远处在冲突当中。要把冲突永远消除掉是任何领导人都做不到的，他们唯一能做到的就是在价值选择的时候，使价值和价值的冲突降到最低点。把冲突降到最低点的这种制度就是最好的制度，就是最和谐的价值，所以要用价值来引领制度的设计，这是我的第一个体会。

第二个体会，要构筑一个和谐的制度，我们就要想到这个制度的功能，尤其要想到制度的基本功能。我们要构筑法制国家或者民主国家，或者叫做以民主为基础、以法制为表征的和谐社会，它是有几个环节的。从公共权利运作的过程来看，法制可以分成五个环节。

第一个环节是立法。立法的本质是什么？立法的本质是进行制度设计，立法的核心意义在于把人民大众所需求的各种权利总结概括、提炼抽象出来，所以立法等于是在分配这个国家的权利资源，因此立法就决定着正义的第一层次，制度的正义性是在立法中要表现出来的。这是第一个环节。

第二个环节就是政府的全部工作，就是执法。政府的全部工作，如果从和谐社会构建上去要求、从和谐制度的功能实现上去分析的话，就是落实权利。落实权利可以表现为两个部分：一个部分对公民自由的这个领域，要抑制自己不去侵害，这在宪法的术语上被称作尊重人权，只要是公民自由的领域里公共权力不介入，公民就能最大限度地实现自己的自由；第二个部分就是对于公民以权利行使表现这些利益，政府要提供条件、提供保障，当公民不能实现的时候，要给他物质帮助，公民的各种参与权和请求权是在政府的帮助中实现的，这就叫落实公民的权利。所以政府的全部工作就是为公民权利实现清除障碍，提供物质条件。这是第二个环节。

第三个环节，从公民和国家机关守法的角度看，社会所有的主体都要守法。从执政党开始，执政党、国家机关、武装力量、社会组织、公民个人都要守法，守法的本质是什么呢？守法的本质是鼓励你最大限度地去获取权利。这个原理同样适用于我们的执政地位，执政党只有守法的时候才能保护住自己的执政地位；国家机关守法的时候，才能表明它的正当性；执政党、国家机关、武装力量、社会组织都守法的时候，才能实现像曾令良先生所讲的那种良治。所以守法的最大意义是鼓励你去获取权利，包括你执政的权利，包括你对社会统治的权利。

第四个环节是司法。司法的目的和意义在哪里？人们之所以需要司法是因为当自己权利受到侵害、用自己的方式不能解决的时候，可以求助于这个专门的国家机关。司法的意义就在于补偿和救济公民被侵害了的权利，补偿权利、救济权利就是司法的本质。

最后一个环节是法律监督，我也把它叫做护法。护法的意义在哪儿？就是保障各类主体权利的最终实现。所以这五个环节的指向是一致的，最终的结论是什么？权利是我们一切制度设计的最终功能。这个权利是谁的权利？就应该是人民大众的权利，这就涉及我们执政的两个对理念的表述。在三个代表重要思想里边，我们知道它的本质是立党为公、执政为民，那么当它执政为民的时候，为了民的什么我们是必须回答的。从政治学上来回答就是为了最广大人民的根本利益，这个回答是千真万确的；但是要从法律上来回答，这句话一定要转化一下，就是实现最广大人民的各种权利。所以政治上的人民的各种利益一定要转化为法律上的人民的各种权利，这才叫做执政为民。

科学发展观的本质我们现在又概括出来了，就是以人为本。以人为本当中的人是指的什么人？企业家讲以人为本的时候是有选择的，以什么人为本呢？以那些能够给企业带来利润的人为本，当这个人不能给企业带来利润的时候，企业要想办法解雇他，把他推向社会。西方劳资关系现在有一个趋势，就是劳动雇佣关系的时间越来越短。过去一个大学毕业生被一个企业雇为工程师的话，他可以终生受聘，后来从终生受聘改为十年受聘，从十年到五年、到四年、到三年，现在最新型的企业对人的聘用时间往往是一年。这是为什么？因为企业需要用最新的知识来替代那些旧的知识，所以那些拥有旧知识的人不再为企业家所尊重。那是以人为本吗？是以能够给他带来利润的这些人为本。

大学里面我们也讲以人为本，在政法大学我始终谈两句话，一句话是在办学上要以教师为本位，另一句是在教育关系上要以学生为本位。之所以要以教师为本位，是因为大学是用知识把大家连接起来的一个共同体，知识是唯一的纽带，我们的教学是传播知识，我们的科研是创新知识，我们为社会服务是运用知识，我们的国际交流是交换知识，那么对知识贡献最大的是谁？一定是教师。所以在大学里拥有崇高地位的、拥有权威地位的，一定是拥有知识最多的人或者创新能力最强的人，因此办学就是要以教师为本位。在大学里任何时候，都不能以党政工作为本，也不能以教辅工作为本，更不能以后勤工作为本。以学生为本就体现在学生的主体关系上，所以在大学里校领导要带领校部机关为院系服务，校领导、校部机关、院长、系主任为教师服务，校领导、校部机关、院长、系主任、教师最终都为学生服务，使学生从矿物的地位上恢复到生物的地位上，不要把学生当做矿物，要把学生当成一个"生物"，任何一个大学都是一个生态体，大学的这个过程是"生物"的生长过程，要看到它的主体地位，所以要以学生为本。那么对大学校长来讲，他以人为本也有保留和选择。

现在的问题是对执政党来说，对公共权力来说，允不允许它做选择和保留。如果只以社会上的一部分人为本，那么结论很清楚，没有被它为本的另一些人一定是它的敌人，所以对执政党来说，对公共权力而言要以所有的人为本，这点它不同于企业也不同于大学，必须要以人为本，这就是我们 2004 年宪法修改的时候，为什么我们已经有了公民的基本权利这样一个中国特色的表述，还要加上国家尊重和保障人权。人权这个主体观的变化就表明了我们要以一切人为本，要以人人为本，因为一切人都有人格，一切人都是权利的主体。那么人的问题解决了以后，到底以人的什么为本？应该以人的利益，应该以人的共同的最低需要为本，而人的共同利益的最低需要都转化为法律上的一个内容，就是权利。

所以当讲科学发展观的时候，以人为本，还是以人的权利为本，这就是我们制度设计的最终功能。这是我的第二个体会。

第三个体会，要构筑一个和谐的制度就要处理好世俗关系，而这世俗关系是由两个根本要素决定的，哪两个根本要素？就是公民的权利和国家的权力这两个根本要素。

世俗关系表示为第一组就是权利和义务的关系。权利和义务一定要使权利的绝对量等于义务的绝对量，这个可以用数学上的数轴表示，权利如果是正数的话，义务同时就是负数，正数和负数的绝对值一定是相等的。所以一个人，任何一个主体，无论你是一个什么样的社会主体，你所享有的权利一定对应着你所应该履行的义务，就是冯先生用中国古代这种对应关系所揭示的原理。马克思讲，没有无权利的义务，也没有无义务的权利。当一个主体只享有权利的时候，那么就表明它应该履行的那些义务不是他履行了，而是让别人代行的，那个代行他义务的人可能就是被他统治的人，这种关系出现了，这个社会就是不和谐的，所以构筑和谐的制度要使权利的总量和义务的总量处在均衡状态当中，对每一个主体都是如此。

如果一个国家权利的总量是一个恒量，大家可以想，这种权利的配置是一种反比例关系，国家留的权利越多，社会的权利、公民的权利就越少，反之你给予社会和公民的权利越多，国家的权利就应该是越少，它是反比例关系，但是到底国家留多少，给予社会和公民多少，这就是制度设计里的核心问题。计划经济时代，国家几

33

乎把所有的权利都留给了自己，公民只服从就可以了。市场经济下，我们大家现在已经看到了，近一两年来，政府职能转变的速度明显地加快，法制政府首先是一个小政府，法制政府首先是一个有限政府，它能够负得起责任的那部分的政府，所以国家正在彻底改革我们的审批制度，这就是要把相当的权利放给社会，放给公民。因此，和谐制度构建的关键要素就是处理好公民权利和国家权利之间的关系，这是第二组。

第三组，就是公权力和公权力之间的关系，这是目前构筑制度和谐的重点和难点。公权力和公权力应该是几何当中的两个圆相接，就是 A 圆与 B 圆相接于 C 点，而不应该出现两个圆之间的相交。一旦出现相交，那么交叉的部分就是权利不明的，权利不明的同时就是职责不明的。这还是次要的，权利一旦交叉带来的最大问题就是公民在实现自己权利的时候要遇到两个以上甚至更多的障碍，这样就会导致大量的不和谐，所以这是构筑制度和谐的一个重点和难点问题。

而最后一组关系就是私权利和私权利之间的和谐，你享有的权利我在同等条件下也应该享有，这就给我们提出一个问题：过去我们只是讲，公民在法律面前人人平等，那么公民能否在立法上也做到人人平等？如果在立法上是不平等的，只是适用法律平等，就又回到马克思早年所批判的那个状况，在立法者偏失的情况下，平等地适用法律又有什么意义呢？这是马克思的原话，所以现在给我们提出来一个非常严峻的问题，要构筑和谐社会，就要最大限度地实现公民在立法上的平等。所以以上权利上的四组关系的和谐就是制度和谐的标志。

西方哲学中的"和谐"思想

◎ 冯 俊

冯　俊，1958 年生，湖北省英山县人，中国共产党党员。哲学博士，教授、博士生导师，1998 年被批准为享受国务院政府特殊津贴专家，2001 年 2 月被教育部任命为中国人民大学副校长。社会职务有：教育部哲学学科教学指导委员会副主任委员、全国高等学校教学研究会副理事长、教育部学科发展和专业设置委员会委员、中华全国外国哲学史学会理事长、中国自然辩证法研究会副理事长、国家社科基金项目评审组专家、中国欧盟学会副会长、中国人权学会常务理事、中国亚非发展交流协会顾问。其教学和研究领域为西方哲学。个人专著有：《笛卡儿第一哲学研究》、《法国近代哲学》、《当代法国伦理思想概论》、《后现代主义哲学讲演录》、《开启理性之门》，《行走于教育和哲学之间——冯俊教育讲演录》等；翻译和主持翻译了《笛卡儿》、《马勒伯朗士的神的观念和朱熹的理的观念》、《劳特利奇哲学史》（十卷本）和《布莱克威尔哲学指导丛书》等哲学著作和教材 20 余种；发表学术论文百余篇。在世界上 20 多个国家和地区进行过学术交流和访问，国内外 10 多种报刊和名人传记介绍过他的学术成就。

"和谐"是人类共同的思想财富，中国先秦思想家们提出"和而不同"和"中庸"，与此同时西方古希腊思想家们提出"不同的音调造成最美的和谐"，这种完全不同的文明各自独立地形成自己的思想体系而又殊途同归决不是偶然的，这反映出人类对于自然、社会和人自身认识的某种共同的规律。

近几年来，国内学术界、特别是哲学界对于中国的"和谐"的思想传统有了许多专深的研究，进行了深入的挖掘，甚至还有人提出"和合学"的理论。但是，我们却忽视了在西方哲学中同样存在的"和谐"的思想传统，甚至误以为西方人只讲斗争而不讲和谐。今天，我在这里简要地勾勒一下西方哲学中的"和谐"思想，以弥补目前对于"和谐"问题研究中的一点点缺憾。

一、和谐与世界

1. 不同的东西构成和谐

从古希腊哲人那里开始就认为世界是和谐的，而和谐的世界是由不同的东西构成的。在希腊人朴素、整体的自然观中，世界的统一性与和谐性是体现在多样性之中的，不同的东西，甚至相反的东西、对立的东西构成了和谐。赫拉克利特认为物质世界是生生不息、变动不居的，而这种运动变化、千姿百态的世界则是和谐的。他说："相反的东西结合在一起，不同的音调造成最美的和谐，一切都是通过斗争而产生的。"①世界上的一切东西都是相反相成的。"自然也追求对立的东西，它是用对立的东西制造出和谐，而不是

---

① 北京大学哲学系外国哲学史教研室编译，《西方哲学原著选读》上卷，商务印书馆 1981 年版，第 23 页。

用相同的东西，例如将雌雄相配，而不是将雌配雌、雄配雄；联合相反的东西造成和谐，而不是联合一致的东西。艺术是这样做的，显然是模仿自然。绘画在画面上混合着白色和黑色、黄色和红色的成分，造成酷肖原物的形象。音乐混合音域不同的高音和低音、长音和短音，造成一支和谐的曲调。书法混合元音字母和辅音字母，拼写出完整的句子。"① 希腊人就已经认识到，世界是和谐的，但和谐是由不同的东西，甚至是对立的东西构成的，和谐不是无矛盾，不是超稳定，和谐还是通过斗争而产生的。并且和谐也不是绝对的，"结合物是既完整又不完整，既协调又不协调，既和谐又不和谐，从一切产生出一，从一产生出一切"②。

2. 和谐由数目构成，一切最美好的东西都是和谐

毕达哥拉斯认为世界的本质是由"数"构成的。世界上的一切事物都有数量的规定性，任何事物的发展过程都是可以计量和度量的，都是有定数的，把握了事物的量的规定和数量关系就把握了事物的本质。可毕达哥拉斯把事物的这一本质特性上升为一种客观唯心主义，认为数量关系决定了事物的本质，一切事物的本性都是对数的模仿，在整个自然界，数是第一位的。"数学的本原就是万物的本原。由于在这些本原中数目是最基本的，而他又认为自己在数目中间发现了许多特点，与存在物以及自然过程中所产生的事物有相似之处……由于他们在数目中间见到了各种各样和谐的特性和比例，而一切其他事物就其本性来说都是以数目为范型的，数目本身则先于自然中的一切事物，所以他们从这一切推论，认为数目的元素就是万物的元素，认为整个天是一个和谐，一个数目。"③毕达哥拉斯派认为"十"这个数目是圆满的，包括了数目的全部本性，包含了相同的奇数和偶数，奇数是有限的，偶数是无限的，所以他

① 北京大学哲学系外国哲学史教研室编译，《西方哲学原著选读》上卷，商务印书馆1981年版，第23页。

② 北京大学哲学系外国哲学史教研室编译，《西方哲学原著选读》上卷，商务印书馆1981年版，第24页。

③ 北京大学哲学系外国哲学史教研室编译，《西方哲学原著选读》上卷，商务印书馆1981年版，第18～29页。

们认为天体的数目也应该是十个，但是只有九个看得见，于是他们就捏造出第十个天体，成为"对地"。毕达哥拉斯不仅用数来说明自然界，而且还用数来说明精神现象和社会现象，如意见、婚姻、友爱、理性、音乐、德性和正义等。

"和谐"（harmonia）在希腊文中的本意是将不同的事物连接或调和在一起，首先是指音乐将不同的音调结合在一起构成乐曲，而毕达哥拉斯将"和谐"理解为一定的数的比率关系。"宇宙"（cosmos）在希腊文中的本义是"秩序"，后来引申为"世界的秩序"或"有秩序的世界"，宇宙是天体的和谐。在毕达哥拉斯看来，一切美好的东西都是和谐，或产生于和谐。天体是和谐，美是和谐，友爱是和谐，灵魂也是和谐。而和谐都是由数目构成的，世间的一切事物和现象之所以和谐皆是由数目构成的，数目造成了和谐。

3. 和谐在于简洁

在哥白尼、伽利略、布鲁诺、克普勒和牛顿等人形成的近现代的科学世界观中，也是把世界看成一个和谐的系统。宇宙天体的运动是和谐的、有规律的。宇宙天体和自然界的一切事物的运动都有着共同的规律及机械运动的规律，而且这些规律一定是简洁的。一个完美和谐的系统一定是能够用极少数的几条原理、几条规律就能解释的。中世纪哲学家威廉·奥康就提出了著名的"奥康的剃刀"，"如无必要，勿增实体"，能用很少几个概念说清楚的，决不多增加概念，这就是"经济思维原则"。近现代的科学家和哲学家们也就是遵循这条"经济思维原则"，即他们在认识世界、解释宇宙和自然的时候，尽量使用最少的原理和规律。一个成熟的学科往往只需要几条规律、很少一些范畴概念；对一个问题的成熟的解决方法也应该是非常简单的，正如治病的完善的方法一定是有特效药或很成熟简单的手术方法。近现代的哲学家和科学家们就运用这种思维原则来看待宇宙和世界，认为世界是一个和谐的体系，而且这个体系一定是很简洁。和谐源于简洁，只有简洁才能和谐。

4. 和谐在于合目的性

"合目的性"是西方哲学中一个很有特色的概念。在亚里士多德的"四因说"中就包含了"目的因"。"四因说"即用四种原因来解释世界上万事万物的形成，质料因、形式因、动力因（作用因）和目的因。"目的因"的意思是任何事物的存在和生成总是有一定的目标和目的的，总是要有所为。正像人的一切活动都是有目的的，为了实现某种意图、追求某种好处或某种程度的善一样，宇宙和自然界的事物的生成和发展也是具有某种目的性或追求某种目标。例如植物的根向土下钻是为了吸收水分和营养，叶子向上伸展是为了接受阳光；动物的门齿锋利是为了撕咬，臼齿宽厚是为了咀嚼。自然界中许多奇妙的现象和鬼斧神工，显示出自然事物的合目的性。人类的活动和技术生产活动的目的性是通过人的意识、理性选择和决断，并借助于技术手段和工具来实现目的；而自然界的所作所为和合目的性则是自然而然，表现为自然整体各部分的自发的和谐的运动，从而使自然呈现出井然有序的面貌。

亚里士多德的"目的因"理论被德国哲学家沃尔夫发展成为外在的、神学"目的论"，认为世界上一切事物的存在和发展都是为了某种外在的目的，猫的存在是为了吃老鼠，老鼠的存在是为了给猫吃，而世界的一切预定和谐和各种奇妙现象是为了证明上帝的智慧。在他眼里世界是和谐的，世界之所以是和谐的，是因为它是合目的的。沃尔夫的"目的论"是一种唯心主义，与上帝创造世界的宗教神学具有某种类似性。

康德反对沃尔夫这种外在的、神学的目的论，而主张一种自然的、内在的合目的性，这主要体现在有机物上面。康德认为，所谓内在的目的就是指，一个事物所由之产生的因果作用不是来源于外在的机械作用，而是由自身的原因所决定的。原因和结果不是外在的、分离的，而是内在的、结合在一起的，称得上目的的东西一定是自己规定自己的，这种目的是内在的，而不是外在的。在康德看来，只有生命的有机体才体现了这种内在目的，生命有机体是不能运用机械运动的规律来解释的，在有机体中一方面整体为部分所决定，另一方面部分又被整体所决定，整体和部分既是因又是果，互为因果。因此，我们可以把有机物世界看作是一个目的系统，有机物的世界是一种和谐的、统一的世界。

5. 和谐的节律是否定之否定

黑格尔建立了一个庞大的客观唯心主义的哲学体系，它把世界看成是"绝对精神"自我展开、自我认识的一个过程。黑格尔所描绘的世界一定是一个自我运动、和谐发展的世界，这个世界的运动和发展是有规律的。黑格尔自己建立起的一个庞大的哲学体系就是对于这个绝对精神运动和发展的一种描绘。绝对精神的运动是分阶段的、有节奏的。作为黑格尔哲学体系纲要的《哲学全书》把他的哲学分为三大部分，即"逻辑学"、"自然哲学"和"精神哲学"。它们分别描绘理念或绝对精神的三个不同发展阶段，而每一个发展阶段中又有三个小的发展阶段，在这些小的阶段中又有更小的三阶段，每一个三阶段都经历了正、反、合，肯定、否定、否定之否定。黑格尔的哲学体系是由无数个正、反、合，肯定、否定、否定之否定构成的，这个体系就是对绝对精神的运动和发展经历的无数的正反合、肯定否定和否定之否定的一种描述。从黑格尔哲学体系的建构中可以看出，黑格尔所描绘的世界是一个和谐的运动和发展的世界，而和谐世界的运动是有节律的，发展是有节奏的，这个节律或节奏就是正反合、肯定否定和否定之否定。

二、和谐与人心

1. 合乎自然的生活是德性的生活，德性是一种和谐的性情

古希腊的斯多亚学派认为，"合乎自然的生活即是德性的生活，德性是自然引导我们所趋向的目标"，"有德性地生活等于根据自然的实际过程中的经验而生活。我们每个人的本性都是整个宇宙本性的一部分。因而目的就可以定义为顺从自然而生活；换句话说，顺从我们每个人自己的本性即宇宙的本性而生活"。因此，我们就不要做宇宙万物的共同法律禁止我们做的事情。"当所有的行为都促进个人的精神与宇宙的统治者的意志相和谐时，这件事情就构成了幸福之人的德性以及生活的宁静安定。"斯多亚学派的哲学家认为，"德性是一种和谐的性情"，"幸福就在德性之中，因为德

性是使整个生活和谐一致的心灵的一种状态"。①也就是说，顺从自然、顺从人的本性而生活，使人的行为合乎宇宙和世界的规律，这样的生活才是一种有德性的生活。德性是人的心灵的一种状态，它要使整个生活和谐一致，因此，德性是一种和谐的性情。

2. 快乐是肉体的无痛苦和灵魂的无纷扰

希腊哲学家伊壁鸠鲁在自然观上坚持、修订和完善了原子论，而在伦理学方面则坚持一种快乐主义。但是以往他的快乐主义被许多人所误解，以为快乐主义是片面追求感官享受和肉体的快乐，其实他的快乐主义是要求我们人要做到肉体无痛苦和灵魂的无纷扰，即人身和人心的和谐。

他要求我们正确地认识欲望和快乐。他认为，有些欲望是自然的、必要的，有些欲望是虚浮的。在必要的欲望中，有些是为身体的舒适所必需的，有些是人的生存所必需的，"明确地认识到这一切的人能够为获得身体的健康和灵魂的平静而决定自己的抉择和避免。把身体的健康和灵魂的平静看作是生活幸福的极致"②。人并不是要追求所有的快乐，当我们缺少快乐和感到痛苦时，就会感到需要快乐。当我们不痛苦时，就不感到需要快乐。"因为快乐是我们最高的和天生的善，所以我们并不选取所有的快乐。要是它会带来更大的痛苦，我们常常会放过许许多多的快乐。如果忍受一时的痛苦将会使我们获得更大的快乐，我们还常常会认为痛苦优于快乐。所有的快乐由于天然与我们相连，所以是善的，但并不是都值得抉择。正如所有的痛苦都是恶，但并不是都要避免一样。"③ 这种快乐主义要我们知足常乐，要我们不要单纯去追求物质的东西、有价的东西，而希望我们去追求精神的和无价的东西。"凡是自然的东西是最容易获得的，只有无价值的才难以获得。由于缺乏而引

---

① 苗力田主编：《古希腊哲学》，中国人民大学出版社 1989 年版，第 602 ~ 603 页。

② 苗力田主编：《古希腊哲学》，中国人民大学出版社 1989 年版，第 639 页。

③ 苗力田主编：《古希腊哲学》，中国人民大学出版社 1989 年版，第 639 页。

起的痛苦一旦消失，素淡饮食可以与珍馐佳肴产生同样的快乐。"①
"当我们说快乐是终极目标时，并不是指放荡的快乐和肉体之
乐——就像某些由于无知、偏见或蓄意曲解我们意见的人所认为的
那样，我们认为快乐就是身体的无痛苦和灵魂的不受干扰。"②人身
和人心的和谐才是快乐的生活。

3. 身心的交感、平行与预定和谐

身心关系问题是欧洲近代哲学所探讨的一个重要问题，在唯理
论的几位主要代表人物那里，都认为心和身是统一的、和谐的。

二元论者笛卡儿尽管把心和身区别开来，认为它们是两种完全
不同的实体，但他从来就没有否认过这二者是统一的。他甚至提出
了心和身结合或统一的多种方式，例如，心和身是整个地结合在一
起，正像磁力和磁铁不可分一样；身和心是如此紧密地结合在一
起，就像船长或水手与他们操纵的船一样，只要船一碰上任何东
西，船长或水手马上就有感觉，甚至心和身的联系比这种联系更紧
密；心、灵魂是通过神经系统与我们身体的各个部分紧密地联系在
一起的，当我们身体的每一个部分受到刺激时，我们的心或灵魂马
上就有感觉，反过来，心或灵魂的活动也可以通过神经系统作用于
我们身体的各个部位，而产生相应的反应。心和身的沟通和相互作
用使得它们是统一的、和谐的。人们把笛卡儿的这种身心统一或和
谐的理论称作"心身交感论"。但是，在本质上完全不同的两种实
体如何能够相互作用或交感呢？这里是存在着难题的，"心物二元
论"与"心身交感论"之间是存在着矛盾的。

斯宾诺莎在实体学说上坚持一元论，但是在心身学说方面坚持
"心物两面论"。认为思维和广延是同一个实体的两个本质属性，
这两个属性既不能相互作用，也不能相互影响，它们是一体两面，
平行发展，永不相交但又能够彼此相互一致。这种观点也被称作

---

① 苗力田主编：《古希腊哲学》，中国人民大学出版社 1989 年版，第 639
页。

② 苗力田主编：《古希腊哲学》，中国人民大学出版社 1989 年版，第 640
页。

"心身平行论"。

德国哲学家莱布尼茨把斯宾诺莎的"心身平行论"发展成为"前定和谐论"。首先，莱布尼茨的"单子论"认为上帝在创造每一个单子的时候就已经预见到每一个单子的全面发展情况，他在安排每个单子各自独立发展变化的同时，也是其余的单子各自作相应的发展和变化，因而全部单子的变化发展就自然而然地和谐一致，始终保持着整体的连续性。因此整个宇宙就像一支庞大无比的交响乐队，每件乐器各自按照预先谱写的乐谱演奏不同的旋律，而整个乐队奏出来的是一首完整和谐的乐曲。不仅整个宇宙是和谐一致的，莱布尼茨进而认为，人的身和心也是彼此和谐的。身和心就像上帝预先做好了的两座钟，这两座钟自始至终走得非常准，而且彼此又自然地相互一致，这是上帝的"预定和谐"或"前定和谐"。"灵魂遵守它自身的规律，形体也遵守它遵循的规律，它们的会合一致，是由于一切实体之间的预定的和谐，因为一切实体都是同一宇宙的表象。"① 莱布尼茨的"预定和谐"既是宇宙整体的连续性秩序的基础，也是心身关系协调一致的保证。

4. 思维与存在的统一

和谐与人心这个论题中最重要的一种和谐就是"思维与存在的统一"，这是西方哲学中的一个重要主题。

早在古希腊哲学中，思维和存在的一致就成为了一种预设。第一个把存在作为哲学范畴的哲学家巴门尼德就认为思维和存在是一致的，"如果没有思想表达于其中的存在的东西，你便不会找到思想"②。"因为能被思想者和能存在者是同一的"③，"可以被思想的东西和思想的目标是同一的；因为你找不到一个思想是没有它所表

---

① 北京大学哲学系外国哲学史教研室编译，《西方哲学原著选读》上卷，商务印书馆1981年版，第490页。

② 苗力田主编：《古希腊哲学》，中国人民大学出版社1989年版，第96页。

③ 北京大学哲学系外国哲学史教研室编译，《西方哲学原著选读》上卷，商务印书馆1981年版，第31页。

达的存在物的"①。在巴门尼德看来，存在的东西是能够被理性所把握的，思想的东西和存在的东西是一致的。

柏拉图的"理念论"以一种客观唯心主义的形式也表达了思维和存在相一致的思想。在柏拉图看来，理念是先在的，是存在事物的原型，现实的事物是对理念的模仿或分有。原型只有一个，而按照原型所形成的事物可以是无数个，事物是按照原型产生出来的，犹如"月映万川"，天上的月亮和水里的月亮是一致的。在这里柏拉图颠倒了思维与存在的关系，不是思维去认识存在而与存在相一致，而是存在是由理念所产生的，理念是存在的本质和原型。但是，尽管他颠倒了这种关系，但是他对于思维和存在的一致与和谐是肯定的。

到了欧洲近代，唯理论的哲学家们也坚持思维和存在相统一的观点，认为思维是可以认识存在的，思维的逻辑与存在的逻辑、思维的规律和客观世界的规律是一致的。但是，它们把这种统一看成简单的无矛盾的统一，陷入了形而上学的思维方式。德国古典哲学家们把思维与存在的关系问题作为哲学的中心问题，但是在他们看来，这种统一不是简单的等同或绝对的统一，而是在辩证运动中的一种统一。从康德的"先天综合判断何以可能的问题"提出了"思维何以认识存在、如何与存在相一致"的问题，到黑格尔通过"绝对精神"的辩证运动来向我们展示思维与存在相统一的辩证过程，可以说整个德国古典哲学就是对思维与存在的统一问题的研究的不断深化。

马克思和恩格斯吸收了德国古典哲学特别是黑格尔唯心主义辩证法的合理内核，把这一问题重新放在唯物主义的基础上来考察，把思维与存在的关系问题作为哲学的基本问题，根据对这一问题的不同态度来区分出哲学的不同的阵营和派别，即唯物主义和唯心主义。在马克思和恩格斯看来，思维与存在的同一性是不言而喻的，它们在实践的基础上是辩证地统一的、和谐的。

---

① 北京大学哲学系外国哲学史教研室编译，《西方哲学原著选读》上卷，商务印书馆 1981 年版，第 33 页。

三、和谐与社会

社会和谐问题也是西方哲学中的一个重要内容，从古到今，西方哲学家们就社会治理问题提出了许多理论，"和谐"的思想是其中的一个方面。

1. 理想的国家与哲学家王

在柏拉图那里，城邦的理想状态和人的理想状态是类似的。他把人的灵魂区分为理性、激情和欲望三个部分，头脑是理性的处所，位于全身的顶端，以便高瞻远瞩，指挥全身；胸部是激情的居所，受理性的指挥；腹部是欲望的居所，受理性和激情的指挥。当理性支配灵魂时，灵魂正当地统治着肉体；反之，当欲望支配着灵魂的时候，肉体就反常地毁坏着灵魂。灵魂的三个部分对应着三种德性，理性对应着的德性是智慧，激情的德性是勇敢，欲望的德性是节制。只有当理性统治灵魂，借助激情抑制欲望时，人的灵魂的各个部分之间才是和谐的，人才是一个具有了正义德性的人。

国家就是放大了的个人，理想的国家也是由三个阶层所组成的，即统治者、军人和人民，他们与灵魂的三个部分相对应，统治者对应着理性，军人对应着激情，人民对应着欲望。统治者的德性是智慧，他们具有治国的知识，妥善地谋划国家；军人的德性是勇敢，他们凭着勇敢保卫国家的安全，维护统治者的统治；人民的德性是节制，人民从事生产劳动，为国家创造财富，同时服从统治者和军人的领导，保持节制的德性。当统治者借助军人治理人民，社会的三个等级各安其位、各司其职，从事自己所应该从事的工作，扮演自己所应该扮演的角色，这时国家才是正义的国家，同时也是理想的国家、和谐的国家。

这种理想的国家或和谐的国家如何能够实现呢？柏拉图认为，社会和个人找到正义的唯一希望是在真正的哲学中，只有真正的哲学家掌握了政权，或者统治国家的政治家，由于某种奇迹而成为哲学家，实行哲学家王的统治，才能实现这种理想的国家或和谐的国家。"除非是哲学家们当上了王，或者是那些现今号称君主的人像真正的哲学家一样研究哲学，集权力与智慧于一身，让现在的那些只搞政治不研究哲学或者只研究哲学不搞政治的庸才统统靠边站，否则国家是永无宁日的，人类是永无宁日的。"①

　　2. 美德在于中庸

　　亚里士多德认为道德价值的根本标准，或者说美德就在于一种为人处事要适度、适中或执中，即一种中庸之道。人的行为，无论是过度还是不及，都足以败坏人的德性，唯有适度才能造就德性。"美德乃是一种中庸之道，因为如我们所看到的，它乃是以居间者为目的。" "过度和不足乃是恶的特性，而中庸则是美德的特性。"②适度是过度和不及的中道，适度到过度和不及的距离是相等的。但是，适中或执中并不是数学的比例中项或等差中项，适度、适中或执中是根据具体情况、具体的人而异的，是相对而言的，对于我是适度、适中的，而对于你未必就是适中适度的，我在此时是适中的，而在彼时未必是适中的。最难的是在任何情形中能够找到对于你是适中的东西。"所以，美德乃是牵涉到选择时的一种性格状况，一种中庸之道，即是说，一种相对于我们而言的中庸，它是一种合理原则所规定，这就是那具有实践智慧的人用来规定美德的原则。"③但是，并不是一切事情或一切行为都能找到居间者或适中的尺度，有些事情本身就是恶的，没有什么适度可言，如偷盗、奸淫、谋杀、嫉妒等，它们本身就是恶的行为，其中没有适度可言。

　　可见，中庸之道并不是中国人的专利，在中国人倡导中庸之道的同时，古希腊人也独立地提出了中庸之道的学说。他们也认识到，只要人们在日常行为中保持中庸之道，人和人之间的关系才能和谐，社会才能和谐。

　　3. 中等阶级统治的国家最好

　　亚里士多德把这种中庸之道从道德领域推广到政治领域，不仅

---

　　①　北京大学哲学系外国哲学史教研室编译，《西方哲学原著选读》上卷，商务印书馆 1981 年版，第 118 页。

　　②　北京大学哲学系外国哲学史教研室编译，《古希腊罗马哲学》，商务印书馆 1961 年版，第 321 页。

　　③　北京大学哲学系外国哲学史教研室编译，《古希腊罗马哲学》，商务印书馆 1961 年版，第 321 页。

为人处事要适中、执中，而且在国家的政治选择上，它主张中等阶级统治国家，中等阶级统治的国家是最稳定、最和谐的国家。在一个国家中总有三种成分：一个富有阶级，一个贫穷阶级，一个中间阶级。既然已经认为居中适度是最好，所以拥有适度的财产是最好的。拥有中等财产的阶级是一个国家中最安稳的公民阶级，由他们来统治国家最好。太富有的阶级不愿意也不能够服从政府，太贫穷下贱的阶级不懂得如何治理和指挥国家。"所以很显然，最好的政治社会是由中等阶级的公民组成的。这样的国家很有希望治理得很好：即在其中中等阶级人数很多，并且在可能时还比其他两个阶级和起来更强，或者至少比两者中的任何一个都更强；因为中等阶级加入某一边，就会使势力发生变化，这样就能阻止两个极端阶级之一占统治地位。所以，一个国家里面如果公民具有适当而充足的财产，这个国家就有很好的运气；因为在某些人占有很多而其他人毫无所有的地方，就很可能产生一种极端的民主政治或一种纯粹寡头政治；或者从这两极端之一很可能产生出一种暴君政治——它或者从极跋扈的民主政治中产生出来，或者从一种寡头政治中产生出来；但是暴君政治从那些中等的法制或近似法制中就不会这么容易产生出来。"①可见，在亚里士多德那个时代，他就注意到，社会不应该两极分化得太厉害，一个社会中中等阶级的数量多国家最稳定。一个和谐的国家，应该是中等大小、中产阶级的人数最多、由中等阶级来统治的国家。

柏拉图和亚里士多德的社会国家学说对后世产生了长久的影响，在欧洲漫长的历史中形成了许多乌托邦和空想社会主义的理论，他们都描绘出不同的和谐社会的理想模式，它们对于科学社会主义和共产主义的思想都提供了思想资料。

四、和谐是马克思主义题中应有之义

以往人们对马克思主义有一种误解，以为马克思主义只讲阶级

---

① 北京大学哲学系外国哲学史教研室编译，《西方哲学原著选读》上卷，商务印书馆 1981 年版，第 158 页。

斗争、暴力革命、无产阶级专政，不讲和谐。其实这是很片面的一种看法。马克思主义是在西方的思想传统中诞生的，在西方哲学特别是德国古典哲学中有着丰富的辩证思维和和谐理论的传统，马克思是在这些思想资料的基础之上来提出共产主义的理想的。马克思所描绘的共产主义就是一种和谐的社会。

马克思说："共产主义是私有财产即人的自我异化的积极的扬弃，因而是通过人并且为了人而对人的本质的真正占有；因此，它是人向自身、向社会的（即人的）人的复归，这种复归是完全的、自觉的而且保持了以往发展的全部财富的。这种共产主义，作为完成了自然主义，等于人道主义，而作为完成了的人道主义，等于自然主义，它是人和自然界之间、人和人之间矛盾的真正解决，是存在和本质、对象化和自我确证、自由和必然、个体和类之间的斗争的真正解决。"① 我们理解，马克思的这段话首先告诉我们，共产主义是对资本主义和私有财产的扬弃，在这种扬弃中完全地、自觉地保存了以往发展的全部财富，它不是对于资本主义的简单否定或者彻底抛弃，它还要保留资本主义在物质、精神和制度上的一切积极成果。其次，共产主义的本质特征是人对人的本质的真正占有或向人自身、向社会的人的复归，是人的异化的扬弃，是以人为目的的，让人真正成为人，是人的全面发展，它是把自然主义和人道主义融为一体的。再次，共产主义是人和自然、人和人之间矛盾的真正解决，人和自然、人和社会、人和人之间不是相互冲突的，而应该是和谐一致的。由此可以看出，共产主义是一种和谐社会。

马克思这段话是在《1844 年哲学经济学手稿》中讲的，带有一些人道主义和费尔巴哈哲学的痕迹，但是它应该是成熟的马克思主义的表述，与马克思在《共产党宣言》中的表述是一致的。在《共产党宣言》中，马克思谈到共产主义取代资本主义时说："代替那存在着阶级和阶级对立的资产阶级旧社会的，将是这样一个联合体，在那里，每个人的自由发展是一切人的自由发展的条件。"②

---

① 《马克思恩格斯全集》第 42 卷，第 120 页。
② 《马克思恩格斯选集》第 1 卷，人民出版社 1995 年版，第 294 页。

这段话至少告诉我们三个意思：一，在共产主义中，每一个人都是自由的；二，共产主义是一个自由人的联合体；三，在这个联合体中，个人的自由与他人的自由不是冲突的、矛盾的，而应该是和谐的，人和人、人和社会之间的矛盾已经解决了，每一个人的自由发展是一切人的自由发展的条件。因此，马克思描绘的共产主义也应该是一幅和谐的图景。

追求人的解放、人的全面发展，人和自然、人和人、人和社会的矛盾的真正解决，建立起一种真正的和谐社会，这就是马克思主义的目的。以往马克思主义讲阶级斗争、暴力革命、无产阶级专政等，都是推翻资本主义制度、实现共产主义的手段，并不是目的。马克思主义从来不是为了斗争而斗争、以斗争为目的，而应该是以和谐社会为目的，斗争只是到达最终和谐的一种手段。不斗争，和谐是不会自动得来的。但是，斗争并不是得到和谐的唯一手段，如果能够通过和平手段得到和谐，我们也会立即放弃冲突和斗争的手段。正如在19世纪40年代资本主义发展的早期，阶级斗争比较激烈的时期，马克思恩格斯比较强调阶级斗争和暴力革命；到1870年以后资本主义进入和平发展时期，阶级对抗趋于缓和，马克思和恩格斯主张优先考虑以合法的、和平的手段实现社会改造。马克思强调无产阶级革命应该结合各国的具体国情采取不同手段。"我们知道，必须考虑到各国的制度、风俗和传统；我们也不否认，有些国家，像美国、英国，——如果我对你们的制度有更好的了解，也许还可以加上荷兰，——工人可能用和平手段达到自己的目的。"①

因此，我们应该消除一些历史的误解，以为马克思主义只讲斗争，不讲和谐。应该说，和谐是马克思主义题中应有之义。我们今天提出来建设社会主义的和谐社会可以看作是对马克思主义中"和谐"思想的继承发扬和在新的历史条件下的新的实践。

最后做出一个简短的结论："和谐"思想不是中国哲学中所独有的，在西方的文明中也独立地产生了类似中国的"和而不同"

---

① 《马克思恩格斯全集》第18卷，人民出版社1964年版，第179页。

和"中庸之道"的思想。并不是西方人只讲斗，只有中国人才讲和；马克思主义也不是只讲斗争不讲和谐。西方人对于和谐的研究也有着悠久的传统，马克思主义把和谐作为最高目标，斗争只是达到和谐的手段。可见，"和谐"是人类的共同追求，"和谐"思想是全人类共同的精神文化遗产。我们应该继承、开发和利用全人类共同的精神财富来丰富和发展马克思主义，为我们建设社会主义的和谐社会服务。

媒介传播与和谐社会构建

◎ 张金海

张金海，1951 年 6 月生，湖北省石首市人，武汉大学新闻与传播学院教授、博士生导师。现任武汉大学媒体发展研究中心（教育部人文社会科学重点研究基地）主任，武汉大学学术委员会委员，武汉大学社会科学委员会委员，中国广告协会学术委员会副主任委员，全国广告教育研究会副会长，获选全国十大优秀广告学人、2006 中国广告年度人物。主要从事广告学与媒介研究，系武汉大学广告学与媒介经营管理研究两个博士点的学科带头人。出版著作 20 余部，发表学术论文 100 余篇。所著《20 世纪广告传播理论研究》，是国内第一部系统研究广告传播理论的专著，代表国内广告理论研究的一流水平。其所创立的武汉大学广告学专业，经十多年的建设与发展，居全国领先地位。在媒体研究领域，张金海教授着重从事媒介经济与媒介经营管理研究，是国内知名媒介研究专家。

本次论坛的主题是"和谐之道",既然作为论坛,就不应该是一个纯粹的政治宣讲,而应该是从多学科的角度,对当下中国社会重要的政治话语做一个多学科的解读。我发言的题目是《媒介传播与和谐社会构建》。在这个论题之下,我将重点讨论作为社会信息组织的大众传播媒介,如何发挥在和谐社会建构中的重大作用。

在展开本论题讨论之前,有必要首先厘清两个问题。一是关于媒介的工具性功能问题。在西方传播学中,更多的是从媒介本体的角度来检讨媒介的社会功能问题,也就是说,是把媒介视为一个独立的社会组织,从它独自担负的社会责任与义务、独自享有的社会权利的角度,来审视媒介的社会功能。西方学者据此所提出的媒介监视环境的功能、文化承传的功能、教育的功能、娱乐的功能等,应该说都有积极的理论贡献。但是我们也看到,媒介在整个社会化过程中,它一方面不断地介入社会,同时社会也在不断地加强对媒介的利用。这是媒介社会学的一个基本命题。因此,当我们讨论媒介的社会功能时,既应该看到它作为一个独立社会组织所具有的本体性功能,同时也应该看到社会对媒介的工具性利用。媒介作为一种社会工具,社会对媒介的工具性运用,是一种合理的存在,我们需要审视的只是我们对媒介的工具性运用哪些是合理的,哪些是不合理的。

需要厘清的第二个问题,是关于媒介功能的动态发展问题。媒介的社会功能,随着社会环境的变迁始终处于一个动态的发展过程之中,媒介要发挥它对社会的积极的功能和作用,需要依据社会环境的变迁来不断地进行功能的调适。这种功能的调适不仅仅是媒介为了适应环境以谋求更好的生存和发展,也是社会对媒介的必然要求。

上述两个问题,是我们在展开本论题讨论之先所确立的两个基础性命题。在这两个命题的基础之上,我们讨论的一个核心话题就是,在中国社会发展的特定历史背景之下,大众传播媒介如何进行功能的调适,以发挥它在和谐社会建构中的积极作用。

第一个话题:社会矛盾的凸显与和谐社会的构建

按照国际经验,人均 GDP 达到 1 000 美元,基尼系数超过

0.4，预示整个社会因为收入分配差距的加大，将进入矛盾的多发期。如果不能有效地消解多发的社会矛盾，将导致社会危机。西方发达国家都曾先后经历过这一社会发展时期。改革开放以来，中国经济近30年持续高速增长，根据2005年的统计，国内的生产总值为183 868亿元人民币，人均GDP达到1 600多美元，基尼系数已超过0.4的国际警戒线，为0.56。

这就预示中国社会不仅进入矛盾的多发期，并显示有可能进入一个矛盾的凸显期。在中国经济近30年的持续高速增长的过程中，因为市场机制先天的缺陷所导致的某种市场失灵，也因为制度建设的滞后所造成的政府失灵，它酝酿着也不同程度地激化着多重的社会矛盾：因社会分配的不均，造成贫富两极分化的加剧；因社会保障机制的不健全，造成社会弱势群体的生存无助；因社会资源配置的不公，造成社会各利益主体利益冲突的日益激化；下岗、失业、低收入，引发日益增多的社会群体的生存危机；面积越来越广、程度越来越深的制度性腐败，造成官民、干群、执政者与社会公民对抗情绪的日益加深，等等。这一系列的社会矛盾，这一系列曾被中国经济持续高涨不同程度掩盖的社会矛盾，当中国社会进入一个特定的历史时期时，同时显露，同时激化。

此前，我国政府就曾提出过"科学发展观"，以期调适中国经济单纯追求GDP增长的片面取向，将中国经济发展的重心安放在国民生活水平的提升上，也是力图较好解决上述已发生或即将发生的各种社会矛盾。2004年党的十六届四中全会第一次明确提出构建社会主义和谐社会。构建和谐社会是中国社会进入矛盾凸显期，政府力图调动各种社会的积极因素，来消解多发的社会矛盾，以避免社会危机的重大的国家发展战略。此一国家发展战略，回应着社会公众对中国社会发展的更高期待，成了进入特定历史时期中国社会发展的一个新的关键词。

第二个话题：媒介传播与社会沟通

信息经济学曾经提出信息不对称的理论，认为市场交易的双方普遍地存在买方与卖方信息不对称的现象，从而影响市场交易的公平，因此市场经济主张完全信息原则。我们认为信息不对称不仅仅是一个经济学的范畴，也应该是一个社会学的范畴。从整个社会系统来看，我们的政府和民众就经常处于一种双重的信息不对称状况。正是这种双重信息不对称，往往造成政府与民众之间的关系失谐，由此发生误会，甚至导致冲突。

大众传播媒介作为社会系统的一个子系统、一个重要的社会信息组织，处于政府与公众之间，从而形成政府、媒介、公众的三角结构关系。在这种三角结构关系之中，媒介应该成为政府与社会公众进行信息沟通的一个重要的平台。我这里要特别强调的是，消解信息不对称的信息传播，应该是双向的、互动的，任何不对称的信息传播只可能强化信息的不对称。

在以往关于媒介社会功能的讨论中，对媒介作为人民的喉舌多所认同，但是对媒介作为党和政府的喉舌，可能存在某种理论上的偏见。我们主张媒介作为人民的喉舌来充分地反映民情、民生、民意，这是媒介的公众立场，同时我们也主张政府利用大众传播媒介这一个重要的社会信息系统，来宣传党在各个不同时期的方针、路线、政策，来公示政府的政务，并且通过适时的客观的新闻信息传播来提供全方位的社会扫描，来消解社会公众因为信息的不对称所发生的对社会认识的失谐。

我们认为，大众传播媒介作为人民的喉舌同时也要作为党和政府的喉舌，来实现政府与民众之间充分的信息沟通，才能够有效地消解因信息的阻隔和信息不对称所发生的政府与公众之间的关系的失谐。大众传播媒介作为人民的喉舌、党和政府的喉舌的双重喉舌功能，无论是从理论的层面还是从实践的层面来看，都是一种合理的存在。

第三个话题：媒介传播与社会管理

媒介只是一个社会组织，而不是一个政府的职能部门，与我们讨论的社会管理似乎没有太多的关联。但是我们认为，媒介作为一个社会组织，虽然不能够直接地行使管理社会的职能，但是在现代社会中却能成为政府管理社会的有效工具。社会管理也需要讲究成本和效率。我们所处的大众社会，是一个高度的专业化分工的社会，这种高度的专业化分工，造成大批分散孤独的人群，整个社会呈现一种多元化，甚至说是碎片化的发展状态。在这样一种社会状态下，社会管理的难度就加大了，管理的成本就提升了，管理的效率也相对降低了，尤其当中国社会进入矛盾凸显期，社会矛盾增多，社会矛盾加剧，就更加大了社会管理难度，提升了社会管理的成本。

在以往的社会管理中，我们更多依赖的是整个社会传播系统中的组织传播。但是在现代社会里，大众传播媒介以它巨大的传播网络、巨大的信息覆盖、巨大的传播影响力，深度地介入着整个社会，成为社会管理有效工具的重要选择。我们说，无论从社会管理的成本看，还是从社会管理的效率看，大众传播媒介都可以而且应该成为社会管理的工具，并且具有其某种无可替代的优势。现代社会中，不懂得运用大众传播媒介来管理社会的社会管理者，不能称为明智的管理者。有学者认为，大众媒介具有一种离心力，认为媒介的内容可以制造疏离，导致整个社会价值的解体，导致社会的脱序。也有学者认为，大众传播媒介具有一种向心力，认为媒介的内容具有促进社会整合的功能，带给社会安定的秩序。这是一个问题的两个方面。我们主张媒介作为社会管理的工具，就应该张大它正面的积极的意义，而避免它负面的影响。其中很重要的一点就是发挥媒介引导社会观念趋同、规范和协调整个社会的行为、凝聚整合社会的重大作用，而整个社会观念的一致、行为的协调、人心的凝聚，正是构建和谐社会的必需。如果我们对工具论的理解并不像以往那样褊狭，工具论的存在同样具有一种充分的理论和实践的依据。所以我们认为，大众传播媒介的社会管理功能也应视为媒介工具性功能的重要构成。

第四个话题：媒介传播与社会监督

媒介的社会监督问题，是我们经常讨论的一个重要话题。中国媒介的社会监督有一个动态的发展过程。最初我们所指的更多的是媒介的批评报道，我认为媒介的批评报道还处于社会监督的较浅层次，只有当媒介的社会监督指向权力，中国的媒介才走向了更高更深层级的社会监督。关于权力的分析，社会学中有一种"委托-代理"理论。我们平常说，一切权力都是人民给的，也就是说执政者的权力是社会公众赋予的，是社会公众委托的，执政者的权力执行就是一种权利的委托代理。因此，作为权利的委托者、权利赋予者的社会公众，自然有权利来监督这些受委托者的权利执行。

媒介作为一个社会组织，本身就具有这种法定的行使对权力监督的权利，在政府、媒介、公众的三角结构关系中，公众也赋予媒介同样的权利。也就是说媒介的社会监督具有双重的立场，一是媒介自身的立场，一是作为公众代言人的立场。权力需要监督，权力的失控将会引发一系列严重的社会危机，造成很多的社会矛盾和社会冲突。媒介有效的社会监督在防范权力的合谋、以权谋私、权力腐败等问题上作用重大。我们欣喜地看到，中国的媒介在近几年对权力的社会监督方面所做出的努力很多，所发挥的作用很大，这是中国媒介的巨大的历史进步。但是需要指出的是，媒介的社会监督同样也需要有效的社会控制，这里也存在一个媒介社会监督权利失范的问题。如果媒介社会监督权利失范，同样会引发和加剧多重的社会矛盾，甚至导致社会冲突。社会与媒介的管理者，对媒介的社会监督内容实施必要的审查和控制，不仅是一种合理的存在，也是维护整个社会安定的一种必需。

最后一个话题：媒介传播与社会调节

在现代社会中，尤其是处于矛盾凸显的社会时期，我认为，仅仅强调媒介的社会监督是不够的，我们还有必要突出地强调媒介从社会监督走向社会调节，充分发挥媒介疏导社会矛盾、协调社会利益、警示社会危机的社会调节器、社会警示器的作用。传播学四大先驱之一的拉斯韦尔，早就提出过媒介的社会协调功能问题，强调媒介在促进整个社会整合方面的作用，是具有远见卓识的。遗憾的是，从拉斯韦尔提出媒介的社会协调功能以来，媒介的社会协调功能并没有获得充足地释放。

中国媒介在 SARS 事件中，曾一度集体失语，由此造成小道消息的弥散，并且引发某种程度的社会恐慌。但是在其后所发生的诸如禽流感等公共危机事件中，我们已经看到中国媒介在切实地履行关于社会公共危机的警示责任。近年中国媒介加强了有关社会弱势群体的报道，有关社会突发事件的报道，比方说大家非常熟悉的

2003 年关于孙志刚事件的报道，此类报道不仅体现出媒介对社会弱者的高度关注，并且通过相关的报道催生了社会对流浪人群救助制度的建立。在进入 21 世纪后，我们看到，我国的媒介已经在协助我国政府疏导社会矛盾、化解社会冲突、协调社会利益，应该说这又是中国媒介的一个巨大的历史进步。

媒介此一社会功能的发挥，在中国社会进入矛盾凸显期的时候，对于化解社会的冲突与矛盾，避免社会危机的发生，构建和谐社会，意义重大。

我们在中国社会进入矛盾凸显期的特殊背景下，在关于媒介作为社会工具的工具性功能及其社会功能动态发展两个基础性命题的前提下，从四个重要方向讨论了媒介在和谐社会构建中的功能与作用。我们明确主张，在中国社会进入矛盾凸显期这一特殊时期，中国媒介应该进行功能调适，充分张大其社会沟通、社会管理、社会监督、社会调节的功能，从而更好地发挥它在建构和谐社会中的重大作用。

第二次世界大战与构建
和谐世界基础的奠定

◎ 胡德坤

胡德坤，1946 年 3 月出生，湖北随州市人，中共党员，历史学、国际关系与中外关系史学科点教授、博士生导师。1980年 11 月至 1981 年 3 月、1991 年 10 月至 1992 年 10 月，先后在日本京都大学人文科学研究所、日本创价大学文学部做访问学者。曾任武汉大学副校长，先后分管学校教学、研究生教育、外事、人文社会科学研究、图书及出版等工作。现任武汉大学国际问题研究院院长，武汉大学第二次世界大战与战后世界研究所所长，中国第二次世界大战史学会会长，中国史学会理事，中国世界现代史学会副会长，中国抗日战争史学会理事，湖北省世界史学会会长，中国社会科学院中日历史研究中心专家委员会委员等职。在第二次世界大战战时及战后时期国际关系与中外关系、中国抗日战争在世界历史进程中的地位与作用、20世纪的战争与和平等领域有深入的研究，出版独著和主编著作7部，发表学术论文50余篇，1991年被国务院授予政府特殊津贴，1995年被国家人事部、国家教委授予"全国优秀教师"称号，同年获教育部全国首届人文社会科学优秀成果二等奖，1997年获湖北省高校优秀教学成果二等奖，2001年获湖北省第二届社会科学优秀成果二等奖，2003年和2005年分别获湖北省第三届、第四届社会科学优秀成果三等奖。

我的研究方向是第二次世界大战，和我们现在和谐世界的这个理念与构建似乎有点矛盾，其实不是这样的。因为第二次世界战是人类历史上非常重大的事件，这个事件改变了世界，为战后和平与发展开辟了道路。因此，我们现在能够提出构建和谐世界，应该说是跟"二战"这场世界反法西斯战争是密切相关的。

和谐世界这个理念的提出与我们国内建设和谐社会的目标是一致的，可以说是我国内政的延长。2005年9月15日，胡锦涛同志在联合国成立60周年各国首脑会议上，首次提出了构建和谐世界的外交理念和外交战略，指出了21世纪我国外交的新目标——构建和谐世界，这是我国外交理论和外交战略的重大创新，也是对第二次世界大战及战后世界历史经验的总结。第二次世界大战是人类历史上一场空前规模的正义的反法西斯战争，是正义与反动、前进与倒退、光明与黑暗的生死搏斗。这场正义战争的胜利开辟了人类历史的新纪元。其意义之重大，其影响之深远，是人类历史上任何一个事件都不能比拟的。

我今天的发言可以用简单的一句话来表达，就是反法西斯的第二次世界大战为战后和平与发展，进而为当今和谐世界的构建奠定了基础。我想从三个方面来介绍我个人的一些看法：

第一是第二次世界大战结束了20世纪前半期战争与动荡的旧

时代，开创了战后和平与发展的新时代，成为我们构建和谐世界的第一个基础。

我们知道，近代资本主义是依靠对外征服与掠夺殖民地而发展起来的。到19世纪末20世纪初，资本主义发展到帝国主义阶段，建立了殖民帝国主义的一统天下，亚非拉广大地区沦为殖民地与半殖民地，许多国家攫取了数倍、十数倍、乃至数十倍、百余倍于本国领土的殖民地。如英国拥有3 329.3万平方公里的殖民地，是本土面积24.25万平方公里的137倍；比利时拥有236.5万平方公里的殖民地，是本土面积3.05万平方公里的77.5倍；荷兰拥有203.6万平方公里的殖民地，是本土面积4.15万平方公里的49倍。由此表明，近代资本主义的发展之路就是战争与掠夺之路，没有一个列强不是依靠战争与掠夺起家的。

这就是说，近代资本主义的发展都是依靠对外征服、掠夺、剥夺殖民地来实现的，那么，作为帝国主义的一个重要的特征，就是争夺世界霸权；而帝国主义另外一个特点就是它的发展是不平衡的，后起的帝国主义国家能够迅速地发展并追赶上来，但世界已经被瓜分完毕，后起的帝国主义国家便要求按照新的实力对比重新瓜分世界、攫取殖民地，但已拥有众多殖民地的国家不肯放弃既得利益，于是只能诉诸战争来解决。20世纪上半期的两次世界大战就是在这种背景下爆发的。人类为第一次世界大战付出了沉重的代价，但这场战争未能改变殖民帝国主义的一统天下，"一战"后建立的凡尔赛—华盛顿体系依然维护着殖民帝国主义的世界秩序，世界的基本矛盾只是暂时缓和，而未能从根本上解决。当法西斯兴起后，法西斯国家为争夺世界霸权和势力范围，发动了第二次世界大战。"二战"以反法西斯盟国的胜利而告终，这场正义的反法西斯战争改变了世界，为战后世界和平开辟了道路。

第一次世界大战结束以后，由于它是一场非正义战争，整个殖民帝国主义统治秩序没有得到改变，因此，它维护的仍然是近代以来那种殖民统治，导致它对战后世界的影响，对社会进步的作用非常有限。而第二次世界大战就不同了，第二次世界大战是一场正义的反法西斯战争，这场战争的胜利从整体上看，可以说它改变了世界，尤其是对战后和平作出了重大贡献，战后 60 余年没有爆发世界大战，很关键的因素就是第二次世界大战。我想从五个方面来说明它：第一个方面是这场战争摧毁了法西斯战争势力。"一战"之后对军国主义势力没有进行清洗，因此它又发展成了法西斯，发动了第二次世界大战，但第二次世界大战之后，我们对德国和日本法西斯进行了占领、改造，清除了法西斯战争势力，使这些国家不再成为世界战争之源。这是一个非常重要的方面。第二个方面，这场战争中各国共产党领导的革命力量不断成长壮大，主要是各个共产党领导的武装斗争，在欧洲叫抵抗运动，亚洲叫游击战争，包括我们中国在内。因此在战后能有一系列的国家走上社会主义道路，和（前）苏联一起形成社会主义阵营，成为维护战后世界和平的中坚力量。有些国家的共产党虽然没有夺取政权，但在战后影响非常之大，比如意大利，在战后的选举中，如果不是美国打压，意大利共产党很可能取得大选胜利，成为执政党。第三个方面是殖民体系崩溃和发展中国家的兴起，这是世界范围的大变革。发展中国家的兴起成为世界上另外一支制止世界战争、维护世界和平的力量。第四个方面是"二战"建立了战后国际政治、经济新秩序，尤其是雅尔塔体制的建立，这种体制打破了近代以来以欧洲为中心的国际秩序，破天荒地将社会主义苏联推上了世界两强的地位，有利于各种不同社会制度国家的和平共处与共同发展。那么，"二战"以后建立的雅尔塔体制，同第一次世界大战以后建立的凡尔赛—华盛顿体系最大的不同是，前者是建立在战胜国维护几个大国利益的基础上的，后者是建立在维护不同社会制度国家利益的基础上的，因此，雅尔塔体制在总体上维护的是世界各国利益的一种世界性秩序，尽管矛盾很多，但是同"一战"后相比，确实是进步非常之大。第五个方面就是战后形成了以美苏为两极的世界新格局。我们总结历史的经验，发现两次世界大战都是在多极的情况下爆发的，战后我们形成两极世界，是少极世界，反而使战后的世界和平还更有保障。我们虽然不能说，多极世界就一定会引发世界大战，但是历史证明两次世界大战都是在多极世界格局的情况下爆发的。我们也不能说两极或者一极世界就不会爆发世界大战，但是战后的两极世界和现在的一极世界都没有爆发世界大战。而且，从国际关系的走向来看，虽然局部战争时有发生，但在 21 世纪初期爆发世界战争的几率是很小的，世界和平仍是时代的主题之一。因此，战后的世界和平跟世界格局从多极转变为两极是有关系的。

从以上五个方面来看，战后世界能维持 60 多年的一种整体和平的局面，这是非常难得的，这是我们能够提出构建和谐世界的第一个基础。

第二是第二次世界大战促使西方资本主义列强放弃了以征服与掠夺殖民地、半殖民地发展的旧模式，采用了以平等依存求发展的新模式，走上了自我发展之路，促进了世界经济结构的大变革，推动了世界经济的高速发展，成为构建和谐世界的第二个基础。

近代资本主义是依赖征服与掠夺、剥夺其他国家发展起来的。15、16 世纪是资本主义发迹的开始，西欧各国对资本主义萌芽采取重商政策予以扶植，促进了资本主义经济的发展。资本主义经济的发展本身又需要不断扩大市场。自哥伦布开通大西洋航线之后，资产阶级开始向海外进军，开拓世界市场。特别是 18 世纪中叶以后，西方工业革命的兴起，科学技术的日益进步，经济的迅速发展，使资产阶级谋求世界市场、原料供应地和投资场所的欲望变得更加强烈。科学技术的进步、航海技术的发展，使得汪洋大海成为人类交往的最便利的通道，于是，资本主义国家以巨舰重炮和廉价商品向世界所有落后地区发动剑与火的征服和扩张；到 19 世纪末至 20 世纪初，美洲、非洲、亚洲、大洋洲的各国先后沦为西方的殖民地和半殖民地，资本主义终于建立了殖民主义的一统天下。同封闭分散的封建生产方式相比，资本主义生产方式有力地促进了生产力的进步、经济的发展和社会的繁荣。与此同时，近代资本主义也形成了一种发展模式，即以征服与掠夺他国来发展本国的模式，简称以征服与掠夺求发展的模式。那时资本主义无论是大国还是小国都抓住了这种发展机遇，利用以征服与掠夺他国来发展本国的模式成为世界强国。

因此，这种情况之下，作为殖民地半殖民地国家，这种经济社会的落后也会影响到发达国家的经济发展，而发达国家没有走出这种以征服、掠夺求发展的怪圈，因此大家都是在进一步争夺殖民地，从而引起战乱不已。这样才导致两次世界大战，战争的结果使整个世界的社会经济倒退了。特别是"一战"后，由于没有改变世界旧的发展模式，各国还是沿着这种以征服、掠夺求发展的道路前进，从而又导致了"一战"以后战胜国与战败国的矛盾，然后是战胜国之间的矛盾，这两种矛盾激化的结果导致了第二次世界大战。第二次世界大战胜利以后，有一个非常重要的方面是摧毁了殖民统治的根基，殖民主义整个体系崩溃，殖民地半殖民地国家纷纷独立，因此一些国家赖以生存的殖民地没有了，这就迫使它们要改变一种发展模式，就是过去征服与掠夺的发展模式不能再继续下去了。这就使得这些国家，有的是被迫地要走上自我发展之路，比如德国和日本，不能再进行战争了，只能自己来发展了；然后西欧一些国家，从总体上来看，像法国和英国都大大地衰落了，因此它们也不得不走向一种自我发展之路。

新独立的国家只能自我发展，而不能走侵略战争的老路。社会主义国家当然是自我发展。这样，各种类型的国家共同形成了战后的发展新模式，这个模式就是以平等依存求自我发展的模式，这种模式给世界各国带来的机遇，也促进了世界经济的大发展。大家从下面的统计数字可以看出，"二战"以后的世界发展是多么快。据统计，从1953年到1973年的20年间，世界工业生产总值相当于1800年至1952年一个半世纪的总和，就是说，战后20年的发展相当于过去一个半世纪。而现在每10年的世界生产总值会超过战前几个世纪世界生产总值的总和。相关数据表明，1998年世界生产总值同1500年相比是100多倍，这一年相当于1500年的100多倍，因此，我们现在每10年的生产总值相当于过去几个世纪的生产总值。可以说，这是由于"二战"摧毁了以征服与掠夺求发展的旧模式，而催生的以平等与依存求发展的新模式的一个结果。

我们中国也是这种新兴发展模式的受益国。中国从改革开放以后进入了高速发展期，1980年我们的国民生产总值不到0.6619万亿元人民币，但是到2005年我们达到18.23万亿元人民币，2006年达到20万亿元人民币，2005年同1980年相比是27.5倍。也就是说，我们国家的发展也得益于这种新型的世界发展模式提供的机遇和良好的国际环境，没有这样一个环境我们也很难发展起来。从总体上讲，战后世界经济的整体发展使各国都获得了发展的机遇，各个国家的经济都有了不同程度的发展。虽然发达国家与发展中国家的差距很大，但毕竟每个国家都在进步，都在发展，不像战前殖民地都是为宗主国服务的，这些国家本身没什么发展，即使发展也不是为自己发展的，但战后这些国家都是为自己发展，它们共同构成了战后一种世界经济的繁荣的局面。这在历史上是空前的，也是我们现在能够构建和谐世界的第二个基础。

第三是第二次世界大战的胜利打破了西方列强的一统天下，形成了战后各种不同社会制度、不同宗教信仰、不同文化、不同文明并存共处的多元的国际社会，成为构建和谐世界的第三个基础。

那么，这种多元的国际社会是怎样形成的呢？应该说第二次世界大战是一个转折点。在"二战"期间，为了抵抗法西斯的侵略，世界上各种不同社会制度、不同意识形态、不同宗教信仰、不同文化背景，以及不同国际地位的国家，在反法西斯的旗帜下并肩作战，形成了反法西斯联盟。中国是反法联盟的主要发起国，是当时公认的反法西斯四大国之一。在这个反法西斯联盟之中，有资本主义国家，有社会主义国家（前）苏联，有殖民地半殖民地国家，像中国、印度等很多国家都参加了第二次世界大战。（前）苏联在二战中的杰出贡献，被世界公认为是打败德国法西斯的主力，使它在世界上享有很高的威望。那时，社会主义国家能够在反法西斯战争中做出这么杰出的贡献，是出乎人们意料的，也使得美国、英国在战时都向斯大林求助，有求于斯大林。因此，就是说，资本主义国家和社会主义国家在战时就形成了紧密的联盟。世界反法西斯联盟的发生与发展，为各种不同社会制度的合作共处积累了经验。

在战争期间，大多数的殖民地半殖民地国家都积极参战，它们为反法西斯战争的胜利做出了重大的贡献，它们同宗主国一起作战，战后再要这些国家恢复到殖民地地位，这些国家都不愿意了。因此，"二战"唤起了这些国家民族解放的意识，所以战后才有一个民族解放运动的高潮，这是殖民帝国主义国家无法预料到的。殖民地半殖民地国家为"二战"做的贡献，为它战后争取民族独立和国家解放创造了条件，而战后作为发展中国家的兴起，标志着世界上维持了数百年的殖民制度的彻底崩溃，或者说是被消灭，这是世界范围内的重大变革，是天翻地覆的大事件。正是因为殖民主义的崩溃和发展中国家的兴起，才改变了数百年来世界上少数殖民地宗主国统治与剥削多数殖民地半殖民地国家的不平等关系，形成了战后国家不分大小强弱都有主权和发展权，在国际社会中都有发言权的这种平等的关系。

我们中国也是这样的。我们也是为"二战"做出杰出贡献的国家，这是战后获得国家独立的前提。中国是一个由列强共同支配的半殖民地弱国，却是世界上最早站起来同法西斯战斗的国家，在世界上开辟了时间最早、持续时间最长的反法西斯战场，是亚洲大陆抗击和打败日本法西斯的主要战场。自 1931 年"九·一八"事变始至 1941 年 12 月 8 日珍珠港事件爆发前，中国是东方唯一抗击日本法西斯的国家。自 1937 年七七事变始，中国开辟了东方也是世界上最早的反法西斯战场，直到太平洋战争爆发前，中国孤军奋战，以血肉之躯抗击着日本陆军主力，独自同日本法西斯抗争达 4 年多之久。在整个对日作战中，中国战场抗击的是日本陆军主力和部分海军兵力，而美国在太平洋战场抗击的是日本海军主力和部分陆军兵力。这两大主战场互相配合、两面夹击，使日本腹背受敌，从而加快了日本法西斯失败的步伐。中国抗战有力地支持了盟国先欧后亚战略的实施：一是阻止了日本的北进，才使苏联免遭日本从背后的袭击，得以全力对付德国。二是牵制了日本西进与德国在中东会师的企图，有力地支援了美英盟国先欧后亚世界战略的实施。三是抗击着日本陆军主力，推迟了日本发动太平洋战争的时间，为美英盟国赢得了宝贵的备战时间。太平洋战争期间，中国抗战又使日本难以从中国调出陆军增援太平洋战场，给美英盟国在太平洋战场的作战以巨大支持。所以，我们才能够成为反法西斯大国，成为联合国的主要创始国，也是联合国安理会常任理事国，至今还是发展中国家唯一的代表，这是我们以重大牺牲为代价，坚持抗战换取来的。因此，正是由于"二战"才改变了这些国家的地位，使得战后都有平等的一个地位。

第二次世界大战还催生了联合国的诞生，这是非常重要的事件。1945 年 10 月 24 日，反法西斯盟国在美国旧金山召开了联合国制宪会议，其宗旨是维护国际和平与安全、促进人类进步与发展。它反映了战后余生的广大人民强烈要求有一个和平与平等、合作与繁荣的新世界的美好愿望，会议宣告了联合国的诞生。如果将第一次世界大战后成立的国际联盟与第二次世界大战后成立的联合国相比，则有着本质的差异：前者是由几个大国操纵的工具，后者则是世界各国协调关系的国际舞台；前者是维护殖民帝国主义的世界秩序，后者则是维护各种不同社会制度国家共同构成的国际新秩序。尽管联合国成立后的一段时期内被少数大国所操纵，也为霸权主义所利用，但从总体上讲，联合国在反对殖民主义、霸权主义，支持各国独立与发展，维护世界和平，伸张国际正义等方面，做出了杰出贡献，其影响、威信与作用日益增强，成为世界各主权国家共同拥有的国际政治舞台。在这个舞台上，无论是大国还是小国、富国还是穷国、资本主义国家还是社会主义国家，都有发言权，都能表达本国的心声，都能不同程度地参与国际事务，在国际社会中共存共处。这是战后多元国际社会形成的主要标志，是世界历史的一大进步。

因此，战后不同社会制度的国家、不同宗教信仰的国家、不同文明的国家，无论是发展中国家还是发达国家，共同构成了一个多元的国际社会，总体上讲是和平共处，当然，有战争，主要是局部战争，但是从战后的战争与和平来讲，和平是主流，这样才能为我们构建和谐世界奠定一个基础，就是第三个基础。多元国际社会的形成，这是"二战"带来的。因此，从总体上讲，这场反法西斯战争开辟了世界历史上一个崭新的时代，能够使和平与发展成为我们时代的主题，能够开辟平等与依存、和平与发展的新的发展模式，才带来了战后经济的繁荣和社会的发展。同时，它能够形成一个共生共处的多元的国际社会，这就共同构成了我们现在提出的构建和谐世界的基础。因此，在某种意义上说，战后世界历史总体发展是在"二战"奠定的基础上前进的，尽管战后局部战争连绵不断，东西方冷战持续了近半个世纪，南北矛盾依旧尖锐，霸权主义、强权政治依然是经常出现，但是世界的和平与发展、平等与依存已经成为 21 世纪时代的主旋律，从而为新世纪构建和谐世界创建了更有利的国际环境。在这种形势下，我国提出构建和谐世界的主张，符合世界历史发展方向，反映了全人类的共同愿望，我们国家应该而且完全能够为和谐世界的构建做出巨大的贡献。

论和谐信息社会的构建

◎ 马费成

马费成，1947 年生，武汉大学信息管理学院教授、博士生导师，教育部人文社会科学重点基地武汉大学信息资源研究中心主任，兼任国务院学位委员会"图书馆、情报与档案管理"学科评议组召集人，教育部社会科学委员会委员，国家社会科学基金"图书馆、情报与文献学"评审组副组长，国家自然科学管理科学部评审组成员，中国科技情报学会常务理事，中国信息经济学会常务理事。国际权威杂志《信息科学学报》（Journal of Information Science）编委，《图书情报知识》杂志主编。教育部第三届高等学校教学名师，全国百篇优秀博士学位论文指导教师。主要研究方向为信息经济学、信息资源管理与规划、情报学理论与方法。

我们学校社科部确定了和谐之道跨学科对话这一论坛主题，这对我来讲是一个难题，因为我所研究的和今天上午各位专家所讲的历史、文化、法学，以及后面的嘉宾要讲的社会保障、经济有所不同，他们研究的领域都与和谐社会有着非常密切的关系，而我的这个学科可能从间接的意义上来讲和谐。

如大家所知，20世纪在人类社会科技发展中，最具有影响力的恐怕就是信息技术。20世纪40年代信息科学诞生以来，发明了计算机并很快在各行各业得到广泛应用。微电子技术的发展，不但推动计算机升级换代；其性价比指数提升，又使得以计算机为中心的信息技术迅速普及。在所有的高新技术中，信息技术是发展最快、影响最大、产业化程度最高的技术。在信息技术的推动下，已经出现了五次信息化的浪潮，据专家预测，信息技术对现代经济的推动，要从20世纪50年代一直持续到2050年，整整100年。那么在这100年之中，信息化无疑是我们这个时代的主题，因此它在各个国家的战略规划中占有非常重要的地位。

作为一个经济高速增长的发展中国家，中国面临经济增长的可持续性和高附加值性两大挑战。从社会整体和长远的经济利益来看，我国目前的经济增长很大程度上是依赖于粗放式经济增长，资源消耗量大，是经济增长和产业安全的隐患。利用科学发展观，建设和谐社会，是具有深刻内涵的国家主题，对调整我国经济产业结构和增长模式，建设社会主义物质文明、精神文明和政治文明，提高民众素质，塑造社会活力，建设社会公正具有重要意义，是社会主义市场经济进一步发展的内在要求。

在信息技术高速发展时代，我国一方面不能被时代甩在身后，要紧跟时代信息化的主题；另一方面，和谐社会建设是我国市场经济发展的具体要求，是国家主题，也要切实落实和实施。因而，当前有些学者开始担心二者如何协调的问题。我们认为，一方面信息社会与和谐社会可以相互促进，另一方面信息技术是一柄双刃剑，社会信息化进程可以有效促进和谐社会建设，也可能带来数字鸿沟和信息泛滥的危害，形成新的信息特权，破坏社会和谐。因此，信息化建设与和谐社会推进中应该有一个清晰的定位和发展方向，这也是我们所要讨论的问题。

从概念本身的内涵来看，信息社会建设是社会的科学发展，和谐社会也是社会的科学发展，因而在其发展目标上都是科学发展观的体现，都是面向将人类社会的发展带入更加科学、更加合理的更高阶层。信息社会与和谐社会都强调提高社会生产力水平，提高人类改造世界的能力，但信息社会更注重生产力要素中的技术因素，和谐社会则更注重生产力中人和物的因素。信息社会建设强调由生产力革命推动人类思维发展，提升人类改造社会的能力；和谐社会则强调利用人类的主观能动性，主动调整人类与自然，调整生产力要素中人的因素与物的因素的关系来改善生产力的发展，是生产关系反作用于生产力的社会表现。

从社会实现方式看，信息社会的最终表现形式为社会活动中的信息技术因素产生重要作用，达到社会效率的最大限度发挥。而和谐社会是民主法治、公平正义、诚信友爱、充满活力、安定有序、人与自然和谐相处的社会，是对社会秩序和经济模式的一个界定。虽然其最终表现形式和社会状态可能存在一些差异，但二者都有社会效率优化的要求，在改善现有社会不足、提升现有社会机制、促进社会发展效率的出发点上是一致的。也就是说，信息社会不仅确定了社会发展目标和最终形态，而且界定了其实现途径；和谐社会则是一个强调最终社会状态的开放纲领，和谐社会与信息社会可以互为兼容，互为补充。

早在 1969 年，社会学家涂尔干就提出"后工业社会"的概念；20 世纪 70 年代在梅忠绰夫提出"高度发达的信息产业社会"概念后，日本最先开始了信息化促进战略；而在 1993 年美国提出 NII 后，全球兴起信息社会建设高潮；和谐社会是我国对已有改革开放经验和教训的总结后，在十六大上提出来的高度精练的历史经验。

信息化建设归根结底是信息技术革命与社会发展相结合的产物，它不是社会的终极目的，信息技术之后可能有更加先进的替代技术 X 出现，进而主导 X 社会的实现，因而信息社会是阶段性的概念，是历史概念。和谐社会在过去任何社会发展阶段都是社会发展的目标，可能在具体某一阶段，社会达到和谐状态后，随着生产

力的提高，原有的社会要素出现不和谐状态，需要进一步调整。因而和谐社会是一个持续改进的、相对的社会状态，具有多元社会的普遍适用性，是一个长期的、永恒的概念。

信息社会与和谐社会具有内在逻辑统一，因为二者都强调社会科学发展，强调建设更有效率的社会，但它们在实现途径上并不完全一致。民主法治、公平正义、诚信友爱、充满活力、安定有序、人与自然和谐相处是和谐社会的基本内涵，在这些层面，社会信息化既存在和谐的社会因素，也存在不和谐的社会因素。

社会信息化中存在大量与和谐发展内涵一致的因素，归纳起来，主要有五个方面。

第一，社会信息化与社会公正的统一。社会公正的要求是社会财富和文化成果的获取与其贡献成比例，所有社会成员都遵守统一的社会游戏规则。抛开个别的、偶然的社会不公正现象可能与事件现场环境相关，大部分被社会学家称之为系统性社会不公正的原因是社会激励机制的错位。有学者直接提出，制度失效的根源是搜索违法者并确认其证据的成本过高而导致的。社会公正在很多环节并不是制度本身出了问题，而是维护社会正义的信息搜寻成本过高导致了社会不公正。所以，社会信息化本身就是一个提高信息透明度，减少信息成本的过程，当然也将促进社会公正。

第二，社会信息化与可持续发展的统一。一方面，社会信息作为一种可再生资源，社会信息资源的开发和利用本身就是可持续发展战略。另一方面，社会信息化是为加快信息流通速度，提高社会运行效率，减少不必要的重复劳动，提高包括生产资料、劳动力、资本、技术和经验等社会资源的配置效率的过程。信息技术与社会资源的结合，可以在与原来效用水平相当的条件下减少非可再生资源的投入，提高传统产业的可持续发展能力。

第三，社会信息化与社会活力的统一。信息社会的根本特征是创新，社会信息化就是提高社会创新能力的过程。创新的前提是知识和经验的积累，创新是一个学习积累的过程。学习曲线揭示熟练员工或组织成员的学习成本随知识量的递增而递减，所以训练有素的专业技术人员和知识工作者更擅长社会创新。学习成本是以往社会形态中限制社会创新的主要因素，社会活力缺乏的根源在于社会学习机制的低效。社会信息化则更好地完成了同类知识的聚集和组织，提供了多层面的信息交流渠道和学习方式，建立了更实用的社会信息共享系统，大大降低社会学习成本，提升社会创新能力和社会活力。

第四，社会信息化与社会秩序的统一。社会秩序除了公平正义，还代表社会的安定有序和人与人之间的诚信友爱。诚信友爱往往建立在坦诚布公、充分交流的基础上；矛盾往往来自信息的不对称和社会交流的欠缺。社会信息化营造了更加流畅和多样化的人际交流网络，促进社会个体之间彼此充分交流，促进人际关系的和谐。

第五，社会信息化与生态和谐的统一。社会信息化的生态和谐体现人与人之间的和谐发展，体现人与自然之间的和谐发展。人与人之间的和谐是社会秩序的构建，同时也是人提高自身修养的结果。通过教育信息化和广泛的信息资源共享，以及信息时代学习型组织的构建，人们获取教育资源和教育机会的比例和频率大大增加，促进了人自身修养的提高，促进了人际和谐。而人与自然的和谐是可持续发展与循环经济的产物，信息产业作为一种非破坏性经济形态，对自然资源的保护也有利于创建人与自然的和谐。

信息化进程中社会不和谐因素体现在三个方面：数字鸿沟、信息泛滥和信息特权等新的不平等因素。

第一，数字鸿沟。虽然信息化能够极大地推动社会发展，提升居民生活质量，但是对信息资源的拥有和信息服务的享受是不平衡的。联合国发展署将这种信息技术资源拥有、信息技术利用以及信息创造能力方面显著的差异化现象，称为数字鸿沟。数字鸿沟如同分离状态的漂移浮冰一样，彼此差距会随着信息活动的自由发展越拉越大。数字鸿沟的现象将越来越严重。数字鸿沟最终表现为区域、组织或不同群体之间的竞争力差异，表现为区域、组织或不同群体之间的信息素养的落差，最终可能导致信息合作、信息交流以及相关协同工作的失效。信息鸿沟已经成为影响区域经济一体化，实现资源共享共建的首要不和谐因素。2006 年 5 月正式公开发布

的《国家信息化发展战略（2006～2020年）》将"数字鸿沟有所扩大"列为当前信息化发展值得重视的六大问题之一。国家信息中心主持发布的《中国数字鸿沟报告2006》显示，中国各省（区、市）之间、区域之间、城乡之间、不同性别及不同受教育水平的人群之间存在明显的数字鸿沟，总体格局是：教育数字鸿沟＞城乡数字鸿沟＞地区数字鸿沟＞区域数字鸿沟＞性别数字鸿沟。2005年最高地区平均普及率是最低地区普及率的6倍左右，其中互联网是10倍，移动电话和固定电话6.8倍，计算机4.7倍，彩电1.7倍。最高地区与最低地区的时间差距在7年左右。2006年《信息年鉴》也显示，我国东西部IP分布为62.4:16.3，每万人域名比值40.4:6.8，网站总数和每万人网站总数比分别为79.9:8.8和11:0.2。还有学者曾通过比较区域之间的信息差异和经济差异，发现我国信息差异的程度与经济差异程度的比值大概为10:1。因而，数字鸿沟问题值得关注。

数字鸿沟不是中国特有的问题。早在1984年，麦特兰（Maitland）的报告《缺失的环节》就提出在全球范围内存在着电话接入严重不平等现象（数字鸿沟）。2005年6月，在韩国举行的"数字鸿沟桥梁的多元参与"国际会议上，ITU提出用数字机遇指数（DOI）来评估信息发展程度。通过DOI的测度，发现中国人均无线网络带宽为韩国的1/500，互联网络带宽为瑞典的7‰；移动电话相对费用和固定电话相对费用分别为中国香港的65倍和20倍；互联网络接入更是只有日本的1/700；世界主要发达国家基本已经完成电话通信网络对所有国土的覆盖，而我国仍有27.3%的人口尚未覆盖。所以，我们形容我国的信息化发展状态是缓行快走、立体推进，但美中不足；与我国和谐社会最近提出"又好又快"的发展要求还存在一定差距。

第二，信息泛滥。主要体现在信息的无序、过载、信息垃圾以及对隐私权的侵害四个方面。首先，信息无序。大量的信息资源在传播过程中仍处于原始状态，杂乱无序。无序信息不仅没有提高用户利用信息使社会效率改进，反而因过多信息搜索和浏览时间而降低了信息利用效率，与社会信息化的初衷大相径庭。其次，信息过载。信息资源因无序，超过用户所能理解和甄别的水平造成信息过载，形成资源浪费和不合理使用。再次，信息垃圾。采用受迫传播的方式强行给用户发送不需要的"垃圾信息"，也是信息活动中的不和谐因素。最后，黑客与隐私权侵害。剽窃机密和非常规手段的信息获取、恶意攻击他人信息设备的黑客行为，网络"黑夜产业"（作为社会负面的黄、赌、毒、黑）的滋生，以及网络上的信息欺诈和个人隐私泄露则体现了现代网络难以精确管理的一面。

第三，信息特权。主要体现在信息垄断与信息技术障碍两个方面。首先，信息垄断。信息和谐的另一个要求是市场公正，但是作为信息市场本身，目前的市场格局是电信基础设施运营商和微软等基础软件供应商占据市场垄断，利用"赢家通吃"的市场规则，独占信息市场的领导地位，信息市场缺乏有效竞争。而另一方面，信息管制显然是落后于信息市场，基础信息运营市场缺乏公平竞争机制，侵害中小运营商和消费者的现象时有发生。其次，信息技术障碍。世界信息峰会（WSIS）提出，信息产品的技术含量越来越高，越来越多的专业信息产品必须要经过相当程度的培训和实践才能使用，因而使越来越多的低教育水平或知识结构不相适应的群体丧失了对信息产品公平获取和使用的权利。

信息社会中的和谐因素远远高于工业社会和农业社会，因而可以认为信息化本身也是构建和谐社会的过程，信息化的成果与和谐社会构建的成果是通用的，它们反映的是事物的两个方面：信息化是社会建设中生产力水平以及生产力与社会要素结合的描述；和谐社会则是对社会建设中生产关系调整和生产关系反映在生产力要素和社会环境中的表现。

信息化建设与和谐社会构建反映的是社会建设的"一体两面"，但在和谐社会构建中还存在大量非信息化建设的要求，而信息化建设中也含有社会的不和谐因素。寻找和谐社会构建与信息社会建设的交集是将推进我国社会建设的最优路径和必然选择。

我们认为，和谐信息社会是对信息化和和谐社会二者的综合描述，是强调在信息技术高度利用的前提下居于和谐的社会形态，我国现阶段的目标就是构建和谐信息社会。具体而言，包括4个基本思路：

第一，解决信息社会不和谐的根源。

在信息社会和和谐社会的内涵分析中，已经明确社会不和谐的重要原因是信息化本身的建设质量和资源分布不够理想。因而推动信息化建设，提倡信息资源建设质量和合理配置，通过战略层面的统一规划减少重复，降低 IT 建设成本是当前的必要选择。我国当前的信息化水平整体还比较落后，前面提到的信息接入条件较差和接入成本过高的问题客观存在，但更多的是在信息化建设中配套的法律环境和制度建设与当前建设需要还不太适应。加强对信息化工作制度和管理规范的研究，与信息技术创新同等重要。我国应该把这项工作提升到更高的层次，对信息化建设进行统筹安排，在信息化建设中引入和谐因素，加强信息立法和信息产权制度的建设，协调信息技术的创新应用规模和水平与社会适用性的关系，在信息技术满足传统产业或部门业务需要的同时，充分发挥其产业带动作用。

第二，利用信息化反映社会和谐发展程度。

制定信息化指数和信息化评价指标可以对信息化水平作出客观评价，对信息化建设作协调控制。和谐社会的具体要求无法利用一组简单数据表述，编制社会和谐系数与和谐指标比较困难，而且相同的和谐系数在不同生产力水平条件下内涵也不相同。但是，信息化程度至少可以作为社会和谐程度的一项指标来反映一国信息和谐程度。

第三，利用信息化构建和谐社会竞争力。

诺贝尔经济学奖获得者、瑞典人俄林在国际贸易理论中倡导用比较优势原理展现国家之间的竞争。但信息产业的角色不同于任何其他产业，它是未来地区与地区之间、国家与国家之间、经济体与经济体之间综合能力的体现，不仅仅是短期的经济效率和建设速度问题，而且是未来竞争的平台和载体。虽然我国信息产业总量已经超过日本，居世界第二位，但目前我国信息产业主要集中在信息制造业领域，是"世界工厂"。如果不试图挑战印度"世界办公室"、美国"世界钱袋"的地位，即使目前我们信息产业能够持续增长，却难免在未来的竞争中掉队。

此外，不仅在信息竞争中存在如此全局性影响，在信息合作中也需要有信息能力的对等化。信息合作是强调信息能力对称的项目，缩小地区信息鸿沟才能吸纳更多的全球信息合作，提升我国综合竞争力。

所以，我们应该建设有竞争力的和谐社会，除了信息技术应用促进社会和谐之外，还要突出信息技术相关产业作为竞争力的作用。

第四，充分发挥政府的作用。

政府在和谐社会建设中具有双重角色：规范者和示范者。作为规范者，政府是信息法规的制定者和推动者，组织企业、机构和各种社会组织的广泛参与，建立多元合作的和谐信息化推进体系。作为示范者，政府应该加强电子政府建设，通过示范展示"和谐政府"形象，建设无纸化节约型政府、业务透明的阳光政府和诚实可信的公信政府。

提倡建设和谐的信息社会，是紧扣时代脉搏与社会发展趋势的结合，是地区发展的客观因素与政策环境作用的综合产物。在实践工作中，还是要从具体项目着手，办好政府上网、企业上网、家庭上网等重点信息基础工程，继续加强对信息战略和政策研究力度，加强对信息基础设施建设投资和传统产业的信息化改造，扶植和培育信息产业的发展，提高居民的信息文化素养，建立信息化生活社区，创造全民健康数字文化生活，实现信息化建设与和谐社会建设的协同发展。

最后我讲一点题外话，我在准备这个论坛的讲稿时，得到了一个非常重要的心得，今天提出来跟各位校友和嘉宾分享。刚才我们已经分析了信息化推进过程中的种种不和谐现象，实际上我们已经看到，信息技术的发展和演化，已经出现了自组织和自协调的功能。在座的各位同志不知道有没有用过 web2.0 环境下的许多社会软件，如果你们使用过，你们会发现，web2.0 的环境与 web1.0 环境已经发生了本质的差别。web1.0 环境下，我们称为第一代互联网，是少数精英阶层掌握了话语和信息垄断权，而大众或者草根阶层只能去吸收他们的信息，但是在 web2.0 下我们发现这种趋势发生了很大的变化，web2.0 环境下所提供的一系列社会软件，如blog、wiki、rss 等。如果同志们使用过，你们会发现它已经出现了自组织和有序化的功能，而且是没有人干预的，也就是说网络的建设者已经把复杂的技术搬到了后台，而交给大众和草根阶层的是一些简单的规则，只要我们利用这些简单的规则，我们就能够在这样一个网络上充分地发挥我们获取信息和提供信息的权利。我就联想到中国政法大学徐校长所讲的，你所拥有的权利和你享有的义务是对等的，恰好今天我们看到，在 web2.0 环境下所产生的这种机制，已经具备了这样一种功能，而且这种功能的影响是非常深远的。

比如按照我们的想象，在微机上，每个人都可以自由上网，这个网络最后是要混乱的，是没有办法收拾的。可是现在的情况是，每个人都可以自由地上网，每个人都可以自由地去生产信息，它最后是有序的。那么我们需要研究的一个问题是什么呢？那就是有序的动力是什么？有序的机制是什么？我想这个网络社会的和谐，它的一些规则，把每个规则都交给人以后，它为什么会产生这样一种有序化的机制，为什么我们的一些法律颁布了以后，在我们人类社会中不能够自动产生这样一种机制，这恰恰是我们需要对比和研究的。

和谐社会与社会保障

◎ 邓大松

邓大松，中共党员，1950 年 10 月生，经济学博士、教授、博士生导师。现任教育部人文社会科学重点研究基地"武汉大学社会保障研究中心"主任，武汉大学公共管理一级学科负责人，国家重点学科社会保障专业的学科和学术带头人，美国内华达大学兼职教授。自 1984 年以来，历任武汉大学保险学和审计学两个专业党支部书记，金融保险学系副主任，武汉大学经济学院党总支副书记、副院长，公共管理与社会保障系主任，武汉大学公共管理学院院长。兼任教育部社会科学委员会委员，国务院学位委员会学科评议组成员，教育部首届公共管理类学科教学指导委员会副主任委员，教育部首届经济学学科教学指导委员会委员等。1993 年被评为享受国务院特殊津贴的专家，1995 年被授予湖北省有突出贡献的中青年专家称号。2002 年成为湖北省新世纪高层次人才工程第一层次人选，2003 年获"宝钢"教育奖——优秀教师奖。

党的十六届四中全会明确提出，共产党作为执政党，要"坚持最广泛最充分地调动一切积极因素，不断提高构建社会主义和谐社会的能力"。这是在党的文件中第一次把和谐社会建设放到同经济建设、政治建设、文化建设并列的突出位置。而党的十六届六中全会更加突出和专门作出了构建社会主义和谐社会若干重大问题的决定，指出"和谐社会是中国特色社会主义的本质属性，是国家富强、民族振兴、人民幸福的重要保证"，"社会和谐是我们党不懈奋斗的目标"，并号召全党全国人民"切实把构建社会主义和谐社会作为贯穿中国特色社会主义事业全过程的长期历史任务和全面建设小康社会的重大现实课题抓紧抓好"。然而在中国的社会现实当中，较大的城乡差距、地区差异和不同社会阶层之间日益扩大的收入差距已经成为制约中国经济持续健康发展的重要社会因素，是和谐社会建设中亟待解决的突出问题。

关于什么是社会主义和谐社会，胡锦涛总书记在 2005 年 2 月指出："实现社会和谐，建设美好社会，始终是人类孜孜以求的一个社会理想"，"我们所要建设的社会主义和谐社会，应该是民主法治、公平正义、诚信友爱、充满活力、安定有序、人与自然和谐相处的社会"。党的十六届五中全会也指出，构建社会主义和谐社会，要把发展作为党执政兴国的第一要务，要以科学发展观为指导，坚持以人为本，大力发展生产力。十六届六中全会指出："构建社会主义和谐社会"、"必须坚持以人为本"、"必须坚持科学发展观"、"必须坚持改革开放"、"必须坚持民主法治"、"必须坚持正确处理改革发展稳定的关系"、"必须坚持在党的领导下全社会共同建设"。

可见，如何理解社会主义和谐社会的科学内涵，拟可从以下几个方面来把握。

第一，它是在社会主义初级阶段，为了全面建设小康社会而提出的一个发展战略构想，是立足于中国国情，以社会主义市场经济为基础，以利益格局多样化为条件来实现既定目标，它不是要否定或削弱市场对资源的基础配置作用，更不是追求平均主义。社会主义和谐社会与共产主义理想既有联系又有区别。

第二，它要以一定的生产力发展水平和物质财富为基础，正像贫穷不是社会主义一样，贫穷的社会也不可能和谐。但是富裕并不是和谐社会的唯一条件，还要看财富怎样分配，利益怎样协调。因此，和谐社会要能够不断有效地协调各方面的利益关系，保证基本的公平和正义，使人们普遍分享增长和发展的成果。完善社会保障制度是共同富裕和社会和谐的根本保证。

第三，和谐的社会自然是稳定的、有秩序的社会，但稳定的、有秩序的社会并不必然是和谐的社会。和谐的社会不但要稳定、有秩序，而且不能封闭和僵化，要开放并充满活力，要能够吸收人类文明的一切精华，社会管理体制要能够根据新的现实变化不断创新和完善。和谐社会要让一切劳动、知识、技术、管理和资本的活力竞相迸发，让一切创造社会财富的源泉充分涌流。

第四，和谐社会不仅是指利益层面的和谐，也包括价值层面的和谐。和谐社会当然要能够使人们安居乐业、事业有成、心情舒畅，但也要能够形成社会主义公民意识和良好的公民道德，形成有利于团结群众、凝聚人心和面向未来的社会主义价值体系和意识形态。随着全球化的进程和世代的交替，价值认同的和谐对中国这样一个大国来说，越来越显得重要。

第五，构建社会主义和谐社会是长期而伟大的历史过程，不是一蹴而就的目标，它的基本要求应该与经济社会发展阶段相适应。在这个历史过程中，不平衡、不协调的现象以及各种社会矛盾会始终存在。从这个意义上说，和谐社会也不可能完全消除社会矛盾。旧的矛盾解决了，又会产生新的矛盾，但和谐社会需要有一种能够不断解决矛盾和化解冲突的机制，一种在矛盾中仍能保持和谐和快速发展的机制。

总之，社会主义和谐社会，从经济层面看，是在国民经济健康快速发展、国家综合实力不断增强的基础上，人民生活水平普遍提高、生活相对安康的社会；从社会层面看，是社会结构和利益格局比较合理，能够保证社会基本公平和正义，绝大多数人能够分享改革和发展的成果，具有较完善的社会保障体系的社会；从政治层面看，是社会主义物质文明、政治文明、法制文明和精神文明协调发

展，社会主义民主政治比较健全，社会管理体制不断创新和完善的社会，是政通人和、稳定有序并且充满活力的开放社会；从法制层面看，是法制健全、社会秩序良好和人民安居乐业的社会，是政府依法治国、组织和个人依法行事、社会关系依法调节、人们和谐相处的社会；从文化层面看，是社会团结、文化繁荣、诚信友爱、道德风气良好、人们心情舒畅、社会各方面能够形成基本价值认同的社会；从其他协调发展层面看，是人与自然能够和谐相处，对外开放与国内发展能够相互促进的社会。

如何构建社会主义和谐社会？我们的看法是：构建社会主义和谐社会，关键是处理好七大关系，即经济增长与社会发展的关系、政府与社会的关系、改革与发展的关系、公平与效率的关系、社会各群体间的利益关系、人与自然的关系以及社会和谐与社会保障的关系。而这七大关系的核心问题是什么呢？我们认为，核心问题是社会物质利益的创造和物质利益的分配，是人们物质利益关系的和谐，也就是说，和谐社会首要的是经济基础的和谐，只有经济基础和谐了，才能实现上层建筑的和谐。那么，实现人们物质利益关系上的和谐，需要解决的关键问题又是什么呢？根据马克思主义关于社会再生产理论和社会总产品分配理论，我们认为，实现人们物质利益关系和谐的关键是在社会主义消费品分配原则之外，建立一种社会物质财富再分配的调节机制，国内外，特别是国外历史与现实实践证明，这种调节机制就是社会保障制度，因为：

一、消除收入和财富分配的不平等，保证竞争起点的公平，需要社会保障制度

当前我国收入分配差距已超过国际公认的警戒线。城镇失业人口、农村贫困、失地人口等弱势人群的生存权受到挑战，健康和基本生活水平得不到保障。它对于加快中国经济与政治体制改革进程，对社会的和谐发展形成了障碍。要改变这一状况，政府应在加大对高收入阶层征税力度的同时，采取社会保障这一重要的转移支付和收入再分配措施，完善城乡最低生活保障制度，将社会收入分配差距缩小在公平原则许可的范围内。

二、缩小城乡差距，离不开社会保障制度

由于历史原因和长期的农业支持工业、工农产品价格"剪刀差"的政策使中国出现了较大的城乡差距,这也是当前存在的不和谐因素之一。当前实行的工业反哺农业、取消农业税等政策有利于推动农村发展,但我认为缩小城乡差距仅仅利用这种"输血"功能是不够的。缩小城乡差距、解决三农问题最根本的措施是推进城市化,发展现代化大农业。当前我国城市化进程严重滞后,两亿多乡企职工和农民工游离于城市与乡村的边缘,带来了很多社会问题。这与传统户籍制度的不合理和社会保障制度的落后不无关系。传统户籍制度排斥农民工进入城市,而社会保障制度的不完善使农民工把土地当作养老的根本依靠,虽长期在外打工也不愿意放弃家乡的土地经营权,使得农村难以形成有效的土地经营权流转制度。由此既影响了城市化进程,也不利于土地的集中与规模经营,妨碍了现代化大农业的建立。由此可见,建立健全社会保障制度是缩小城乡差距的必然要求。

三、推动经济持续、健康地发展,需要社会保障制度

一定的经济发展水平是社会保障制度正常运转的基础,而社会保障制度的运行与完善状况也会对经济发展产生巨大的反作用。长期以来,中国社会保障制度改革严重滞后,社会救助制度范围窄、标准低;在传统退休制度、公费和劳保医疗等制度逐步解体之时,新的养老和医疗保险制度却迟迟不能达到预期的保障目标。社会保障制度的不完善、不和谐使人们不安全感增强,对未来的养老、医疗、教育等保障事业产生了悲观预期,有钱不敢消费,导致了1998年以来内需不足,银行存款超常增加,经济紧缩、经济发展过分依赖出口等现象。早在2003年中国经济对外依赖度已经达到60%以上。在全球化引发国际竞争日趋激烈的背景下,这无疑给经济持续发展增添了诸多风险。此外,现阶段社会保障制度的不完善使得部分地方劳动权益保护措施不健全,工人,尤其是私企职工、农民工的劳动环境不合格,操作规范被忽略,高层次技能培训、潜能开发被忽视,工人甚至得不到养老、医疗等基本的保障权益。从长远来看,人力资源是经济增长各要素中最关键的一个,而这种忽视劳动力再生产,忽视人力资源开发与保护,"竭泽而渔"的短视

行为将会影响经济的长期发展。我国南方曾经出现的"民工荒"和频发的矿难事故从不同的角度说明了这一问题。

四、维护社会稳定，推动经济社会协调发展需要社会保障制度

调查表明，中国人的不安全感在上升。这一主观感受反映了中国社会不稳定因素增加的现实。在一部分人先富，且后富者与先富者差距过分拉大的情况下，社会协调机制的不完善导致社会运行规则对公平原则的偏离，社会不同阶层、不同利益集团分化严重，并形成了一些固定的利益团体。强势的既得利益群体利用各种手段阻碍不利于自身利益的改革措施的推行，使弱势群体的利益难以得到改善。"民以食为天"，"不患贫，而患不公"。在社会收入分配不公，对贫困人口缺乏必要的保障措施的情况下，各种社会不安定因素不可避免地出现。犯罪率上升，"仇富"、"仇官"的心态，大规模群体事件等现象对维持我国社会稳定构成了巨大威胁，也是经济可持续发展的巨大隐患。因此，迫切需要利用社会保障制度调节收入分配、增进社会公平，保证全体人民共享改革和发展的成果。正如已故黄菊副总理在首届中国社会保障论坛上讲的，"通过社会保障有效地实现再分配，使人民群众尤其是低收入群体，都能分享经济社会发展成果，构建共同的社会利益基础，才有利于化解社会矛盾，实现社会和谐"。

总之，建立健全社会保障制度，维持必要的社会公平与正义已经成为新时期构建和谐社会的必要条件。那么，我国社会保障的具体情况又如何呢？

纵观我国社会保障制度，可以用两句话来概括，那就是"成绩不少，问题多多"。

一、成绩

主要有：

1. 对社会保障管理模式进行了有益的探索

为把原"企业保险"转变为真正意义上的社会保险，加强社会保障的专业化、社会化管理，提高效率和社会保障管理层次与水平。在社会保障行政管理层面，全国成立了直属国务院领导的劳动和社会保障部，各省、市、自治区成立了相应的劳动和社会保障厅

局，为统一管理全国的社会保险事业奠定了组织基础。其次，大胆引进和借鉴外国先进经验，结合中国国情，对传统的社会保险模式进行改革，初步建立起中国特色的社会统筹与个人账户相结合的社会保险制度。在核心险种养老保险方面，建立起"三支柱"保障机制，第二支柱即企业年金制度，自 2003～2005 年，已进入实施阶段。

2. 社会保障法制建设有了新的突破

国务院和有关主管部门自 1986 年以来专为社会保险实施颁发了十几个条例、决定和规定。虽然我国至今尚无一部社会保险法，但这些"规定、决定和条例"的发布，填补了我国社会保障法制上的空白，并为下一步社会保障立法打下了良好的基础。

3. 社会保障覆盖面不断扩大，被保险人数逐年增加

城镇基本养老保险人数由 1995 年的 8 738.2 万人增至 2006 年的 1.864 9 亿人，增加了 1 倍多。城镇基本医疗保险人数由 1995 年的 702.6 万人增加到 2006 年的 1.573 7 亿人，增加 22.4 倍。参加失业保险的人数由 1995 年的 9 500 万人增加到 2006 年的 1.118 7 亿人，增加 17.8%。参加生育保险的人数由 1995 年的 1 500.2 万人增加到 2006 年的 6 459 万人，增加 4.3 倍。参加工伤保险的人数由 1995 年的 2 614.8 万人增加到 2006 年的 1.026 8 亿人，增加大约 4 倍。此外，2005 年底参加农村养老保险的人数达 5 442 万人，比 1995 年的 5 143 万人增加 5.8%；2006 年末，参加农村养老保险人数相比 2005 年有所减少，但仍保持 5 374 万人。另有 2 538 万人和 2 367 万农民工分别参加了工伤和医疗保险，分别比 2005 年增加 1 286 万人和 1 878 万人。2005 年末，全国城镇领取低保人数达 2 232.8 万人，农村领取低保人数也达 776.5 万人。2006 年底全国 25 个省区市的 2 133 个县建立了农村低保制度，低保对象达 1 509 万人。在未建立低保制度的地区，国家实行了救助制度，救助人数约达 730 万人。

4. 进行了初步的社会保障基金积累，社会保障偿付能力进一步增强

2006 年末，全国社会保险基金结余达 8 006 亿元（未包括企业

年金结余）。另外，2005 年全国社会保障基金理事会积累基金
1 800 亿元左右。

二、问题

应当肯定的是，我国已初步建立起城镇社会保障体系，但是又不能不清醒地认识到，我国今天的社会保障制度是一种不成熟、欠和谐的保障制度。具体表现在：

1. 社会保障形势面临严峻挑战

（1）人口多，就业压力大

我国现有人口 13 亿，其中农村人口约占 70%。13 亿人口中有劳动力人数 7.13 亿。10 年之内劳动力供给将增加到 7.81 亿。在"十五"期间，劳动力供求矛盾就十分突出，每年需安排城镇就业的人数大约 2 200 万人，而每年提供的就业岗位只有 800 万~1 000 万个，五年积累失业人数 5 000 万~6 000 万人，我国实际失业率已超过国际警戒线 12%，约接近于 14%。"十一五"期间，根据各类学校的毕业生推算，每年新进入劳动力市场的人数：2006 年为 1 734 万人，2007 年为 1 752 万人，2008 年为 1 724 万人，2009 年为 1 744 万人，2010 年为 1 835 万人。另外，我国农村至少有 1.5 亿剩余劳动力，目前有 1.2 亿人长年在城市务工，今后几年还有 1 000 万~1 200 万人要向城镇和非农产业转移。在未来 5~10 年，农村每年需要向城镇和非农产业转出 1 500 万~2 000 万人。可见，我国就业形势严峻，需要高度警惕。

（2）生产力发展水平低，经济发展不平衡与二元经济结构并存

中国较为发达的城市经济与欠发达的农村经济并存，现代工业与传统农业并存，城乡差别很大，是典型的二元经济。约 70% 的人口在农村，但农业创造的国民收入仅占国民收入总额的 30%，而 20% 的城市人口却创造了国民收入总额的 70%。近几年来，城乡居民收入差距呈扩大化趋势。据统计，1978 年城乡人均收入差距是 2.57∶1，2000 年达到 3∶1，现在是 3.2∶1。最贫困的 10% 的人口，所得的收入占国民收入总额的 1.8%，而最富有的 10% 的人口，所得的收入占国民收入总额近 30%。由二元经济结构所决定，

中国社会保险也呈现典型的二元结构。约占人口总数30%的城镇居民享受社会保障份额的89%，约占人口70%的农村居民，仅享受社会保障份额的11%。中国在近期内还无法改变这种格局。

（3）人口老龄化进程加快，未来社会的赡养成本压力大

2000年中国60岁及以上人口数达到1.34亿人，占总人口的10.84%。根据中位的人口预测，到2020年，这个比例将升至16.84%；到2050年，老年人口数将达到4.68亿人，占总人口的27.77%；非农业人口中老年人口还要高约2个百分点。2050年以前的老年人口绝对数额取决于20世纪90年代前出生的人数。庞大的老年人口群和退休职工队伍需要巨额的社会保险基金来支撑。2050年，退休金将要超过职工工资总额的30%。这对财政和企业均是一个沉重的包袱，这里还没有考虑广大农村约占中国老年人口3/4的老年人对社会保险的需求。因此，如何度过人口老龄化高峰，减轻未来负担，影响着我国的养老保险模式的选择。同国外相比较，有一点不同的是，我国人口老龄化是在经济欠发达阶段完成的。发达国家进入老龄化社会，人均GDP为4 000美元左右，发展中国家大约2 000美元左右，而中国2000年时，人均GDP不足1 000美元。应该说，我国人口的老龄化来势猛、速度快，国家未富先老，社会保障制度面临严峻挑战。

2. 覆盖水平不高，大部分人群社会保障权益缺失

社会保险覆盖面的大小，是社会保险制度健全与否的主要标志，也是市场经济发育是否成熟的重要体现。我国社会保险覆盖范围偏窄，主要表现为：

（1）社会保险总体覆盖率不高

从全国情况看，首先，机关事业单位还没有建立起同企业单位一样的社会保险体系，仍然执行传统的保障模式；其次，农村几乎没有建立相对统一的社会保障制度；即使已建立起来的城镇社会保障体系，其覆盖率也是不高的。例如，2006年底我国城镇就业人数达28 515万人，而参加养老保险的人数只有18 679万，参保率约为65.5%。其中，医疗保险（25 737万）为55.2%；失业保险（11 187万）为39.2%；工伤保险（10 235万）为35.9%；生育保

险6 446万人，参保率为11.3%。另从参保企业来看，国有企业参保率约达96%，城镇企业为53%，其他类型的企业约有32%，大多数私营企业和外资企业基本上没有参加社会保险。这就是参保人数与应保人数不和谐。

（2）社会保险各项目覆盖率不平衡

参保企业受功利性倾向和社会保险项目推进速度等因素的影响，对社会保险各项目的参与热情不一，致使社会保险各项目覆盖率存在较大差异。截至2006年底，城镇职工参加基本养老保险、基本医疗保险和失业保险的人数分别为18 679万人、15 737万人和11 187万人，参加工伤保险与生育保险的人数分别只有10 268万人和6 459万人，与城镇就业人数差距较大。这是保险各项目参保人数不和谐。

由于社会保险覆盖范围的局限，特别是非公有制企业参保率低，制约了全国统一劳动力市场的建立，影响了劳动力的合理流动与劳动力资源的合理配置，阻碍了国有企业职工向非公有制企业的流动和社会主义市场经济体制的完善与改革。

3. 社会化程度低

社会保险的对象是全体劳动者时，它才能真正起到稳定社会的作用，然而，受我国社会生产力水平和国家财力的制约：（1）社会保险的覆盖面只局限于城镇，而且又主要局限于国有企业，城镇小集体企业和三资企业参保率不高，私营企业、个体工商业人员的社会保险问题有待解决；（2）社会保险统筹层次较低，养老保险虽然实行省级统筹，但社会保险的互济功能还有待充分体现。而其他险种与省级统筹的目标相比还有一定的距离；（3）我国社会保险金社会化发放取得了阶段性成果，但对推进社会保险对象管理和服务的社会化工作进展还比较缓慢，社区职能定位还不明确，社区组织与设施建设还比较滞后，管理能力和服务水平还有待提高；（4）在农村地区，除了拥有若干临时性、地区性的救灾项目以及少数特定社会成员实行了一些较低水平的保障措施以外，对于占人口绝大多数的广大农民来说，农村社会养老、医疗保险及贫困人口救济等问题，尚需从根本上得以解决。

4. 社会保险费收缴难，资金缺口大

社会保险费及时足额征缴是社会保险制度赖以存在与发展的基础，我国近几年来社会保险基金征缴率虽然不断提高，但仍有为数众多的企业欠费严重、基金到位率低，已有不少省市出现社会保险基金入不敷出的问题。据有关部门统计，截止到 2006 年 2 月底，全国累计欠缴养老保险费 383 亿元，出现了一批欠缴大户（欠缴 1 000 万元的大户有 200 多家）。为了弥补基金缺口，1998 年下半年至 2000 年下半年，中央财政仅用于"两个确保"的支出达到 606 亿元。截至 2001 年底，中央财政共向全国社保基金拨入 795. 26 亿元，用于支持社会保险事业的发展。2003 年为支援就业与再就业，中央拨款 47 亿元，两个确保和三条保障线拨款 700 亿元，2004 年增加到 779 亿元，2005 年仅基本养老金各级财政就补贴 651 亿元。从 1998 年至 2005 年 8 年中央财政对企业职工基本养老保险基金补助达 3 000 亿元。总理在《政府工作报告》中说，2006 年，中央财政安排社会保障资金共 1 772 亿元，2007 年中央财政计划安排 2 019 亿元。

5. 社会保障资源配置不够和谐

值得肯定的是，我国社会保障制度的建立，对推进改革深化，加速经济社会发展是有巨大贡献的。不过，从社会保障资源优化配置这方面看，还存在不少问题。一是农村社会保障一直处于试办阶段。二是医疗卫生资源绝大多数配置在城镇。卫生部 2004 年 12 月公布的《第三次国家卫生服务调查主要结果》表明，国家对卫生机构的投入逐年增加，卫生资源总量也明显增加，但投入方向不尽合理。国家和各级政府对卫生投入的 80% 集中在城市，其中 80% 集中在城市大医院，而广大农村只占投入的 20% 。2007 年 1 月 26 日人民日报报导，2005 年全国卫生总经费 8 660 亿元，而 2005 年和 2006 年两年间各级财政用于农村卫生服务体系建设资金只有 155 亿元。三是国家教育资源配置也不够合理，根据中国社科院 2004 年发布的《当代中国社会流动》报告显示，2002 年全社会的各项教育投资是 5 800 多亿元，其中用在城市的占 77% ，而广大农村仅获得了 23% 的教育投资。20 世纪末 21 世纪初，城乡大学生的

比例分别为 82.3% 和 17.7%，比例相当不和谐。2005 年，农民平均受教育年限仅 7.7 年，而城市居民平均受教育年限是 11.3 年。5.04 亿农村劳动力中，高中以上文化程度的只占 13.68%，小学及以下文化程度的占 34.1%，不识字或很少识字的还占 6.87%（《社会科学报》2007 年 3 月 15 日）。如今，各高校每年学费约 5 000 元，而城镇人均年收入在 7 700 元左右，农村人均年收入 2 400 元左右，可见，农村学生上大学是要借债的（《光明日报》2007 年 3 月 20 日）。

6. 改革了的医疗保险制度未能解决"看病难"、"吃药贵"的问题

应当肯定的是，我国的医疗保险改革是有成绩的，这表现在：（1）医疗保险制度改革经过十几年的实践，对传统医疗保障制度向新型医疗保险制度转变进行了有益的探索；（2）多模式多层次的医疗保险体系初步形成；（3）培养了一支爱岗、敬业的医疗保险专业队伍；（4）人们的健康风险意识明显增强；（5）基本医疗保险的覆盖范围不断扩大。截止 2006 年末，全国参加城镇基本医疗保险的人数达 1.5737 亿人，比 2005 年增加 1 954 万人，占城镇人口 5.77 亿人的 27.2%；农民参加新型农村合作医疗制度达 4.1 亿人，占全部农村人口 7.37 亿人的 55.6%。统计资料表明，2005 年末，仅城镇基本医疗保险基金积累就达到 1 278 亿元，其中统筹基金结余 750 亿元，个人账户积累 528 亿元。如今，医疗保险基金结存已达 1 700 亿元。当前，医疗保险存在的主要问题是，不论哪一种医改模式，都没能解决"看病难、看病贵，因病致贫、因病返贫"的问题，都未能解决全国医疗资源分配不均的问题，都未能有效地防止医疗道德风险的发生。

国家投入不足，全国医疗资源分配不均的问题也十分突出。20 世纪 80 年代初，中国政府对医疗卫生的投入由占 GDP 的 2.5% 下降到现在的 1.7%。据卫生部的调查，目前在工业化国家，卫生系统的费用国家承担 73%；在转型国家里国家承担 70%；而在中国，国家只承担 39.4% 的费用。在医药费用支出中，政府支付的比例由 1982 年的 38.9% 降低到 2002 年的 15.2%，而个人负担的比例

则由 1982 年的 21.6% 上升到 2002 年的 58.3%。

我国的医疗现实是，我国人口占世界人口的 22%，医疗卫生资源却只占世界的 2%，而且这些医疗卫生资源 80% 在城市，占全国人口约 70% 的广大农村只占医疗卫生资源的 20%，中国本来就不算多的医疗资源却又如此分配不公，在世界上当属少见。难怪 2000 年世界卫生组织对 191 个成员国在卫生筹资分配公平性排序中，将中国排在 188 位，列倒数第四位。

医疗道德风险盛行也是医改以来众所周知的事。医改以后，由于医保、医药和医院三者之间关系没有理顺，加之医疗市场信息不对称和医疗保险管理不到位，导致医疗道德风险较之改革前更加严重了。例如，运用各种非法手段骗取医保基金。首先，医院内外联系，伪造住院病历，以骗取本来不多的医保金；其次，违规收院，套取医保金；又如大吃药品回扣，引领药价飙升，患者因此苦不堪言。需要强调的是，不论是药商吃回扣，还是医生吃回扣，其结果都是一样的，那就是导致药品价格人为上涨，肥了个人，苦了广大患者。

7. 社会保障基金运营和监管不力，保值增值困难

社会保障基金，是指为实施社会保障制度通过各种渠道而建立起来的专款专用的法定经费。我国社会保障基金的收入主要来源于法定的企业缴费、劳动者个人缴费以及政府的财政拨款。社会保障基金是社会保障制度的经济基础。社会保障制度的稳定运行，有赖于社会保障基金的支撑。

然而，我国由于社会保障基金监管工作起步较晚，基础薄弱，基金收支、管理等环节尚存在一定隐患和潜在风险。一是各项基金收支不平衡，缺口不断扩大，支付乏力。从 20 世纪 90 年代后期至今，全国企业养老保险金收入由于转轨形成的隐性债务和收缴困难，即使在个人账户"空账运行"的情况下，也难以收支相抵，而且年度赤字规模持续扩大，只能靠财政补贴。二是社会保障基金除存入银行和购买政府债券外，没有其他更好的渠道可以投资，投资渠道和保值增值手段单一，导致基金面临贬值风险，保值增值困难。三是基金监管混乱。由于我国长期以来缺乏统一的行政监督和

社会监督机构，加上社会保障基金财务管理制度、会计核算制度不健全，致使随意滥用、挪用社会保障基金的现象时有发生，甚至产生一些腐败现象，对社会保障信用造成严重负面影响。

8. 社会保险法制不健全，管理水平低

我国社会保险尚处于起步探索阶段，时间短、经验不足，社会保险法制不健全，管理水平低，主要表现为：（1）社会保险立法滞后。（2）管理方法单一，手段落后。目前大量采用的还是行政管理方法，忽视了社会保险法制教育，也没有很好地将定性研究方法与定量研究方法结合起来；社会保险还简单地定位在国民收入的再分配与转移支付等思想理念上，缺乏市场经济的激励机制；社会保险信息系统还远未建立，社会化管理还停留在摸索试点阶段，大量的社会保险业务工作还依靠着低水平的手工操作。（3）管理服务工作不到位。受经济发展水平的制约与传统社会保险观念的影响，社会保险管理目标与管理层次不高：养老保险中，注重"老有所养"的问题，对"老有所乐"、"老有所为"重视不够；医疗保险中，重治疗、轻预防；失业保险中，注重解决失业者的基本生活问题，对失业者的技能培训与就业引导关心不够；工伤保险中，注重工伤保险金的发放，忽视工伤预防与职业康复。

从以上我国社会保障存在的问题看出，我国社会保障不论从制度安排，还是从保障内容、保障条件与标准确定看，都存在不和谐之处，国家当务之急，就是要构建一种适应和谐社会需要的社会保障制度。这种和谐社会保障制度的质和量的规定是：

一、按照经济发展与社会发展提供的条件和要求，确定社会保障建设的"度"

社会保障担负着保证必要的社会公平，维护社会稳定的职能。这一职能决定了社会保障发展水平的下限。另一方面，现代社会保障理论和实践研究表明，社会保障不仅仅是一项社会政策、社会制度，同时也是一项重要的经济政策、经济制度。一定的经济发展水平决定了社会保障发展水平的上限。因此，建设和谐社会的社会保障制度，要以维护社会安定的要求为下限，以生产力发展水平和政府、企业、个人等各方的承受能力为上限，确定保障范围和标准，使社会保障与经济发展和社会发展形成良性互动。

二、建立合理分工、相互衔接的机制，促进内部各组成部分的和谐

社会保障制度是一项庞大的系统工程，包含社会救助、社会保险、社会福利等多个子制度，各子制度又包含多层次的多个组成部分。如社会救助又可分为灾民救助、贫困救助、失业救助、农村"五保户"救助、医疗救助等部分；社会保险又可以分为养老、医疗、失业、工伤、生育等不同险种；社会福利又可分为普遍福利、社区福利、企业福利、儿童与老年福利等不同种类。要保证社会保障制度有效发挥作用，必须使其内部各组成部分之间分工明确、相互促进、协调有序。鉴于中国经济发展水平低且不平衡的现实，和谐社会的社会保障制度建设应该转变思路。首先保证城乡统一的"低水平、广覆盖"的社会救助制度的顺利运行，撑起保护全体国民的安全网，维护必要的社会稳定。在此基础上，根据各地具体的经济发展水平和各方面承受能力，按照保障标准从低到高，保障范围从小到大的原则，建立完善社会保险制度，保障劳动人口的基本生活，促进劳动力再生产和经济发展。在此基础上，财力有富余的地区，积极建立完善社会福利制度。其次，对制度内部各个组成部分进行整合。如城乡最低生活保障制度与原有的贫困救助制度之间，国有企业下岗职工再就业中心与失业保险之间相关功能的合并与机构重组；医疗保险与医疗救助，失业保险与失业救助制度之间的衔接与互补；失业保险与再就业体制，工伤保险与职业安全保护制度，医疗保险与预防保健制度之间的衔接与互动等。使各组成部分相互联系、相互依赖、相互衔接、相互补充、相互促进，共同构成一个和谐统一的社会保障大系统。

三、合理界定各相关主体权利与义务，保证各方利益关系的和谐

社会保障制度涉及多方主体，这些主体可分为两类。一类是政府、参保单位和个人等直接主体，另一类是为制度提供服务的间接主体。后者又包含为各保障项目提供普遍性服务的主体，如政府设立的社会保障管理机构，受委托代为收取社会保障费的税务机构，

代为发放社会保障金的银行、邮局等；以及为特定险种提供服务的专业机构，如医疗服务与药品供给主体、基金公司等专业理财机构、职业伤害鉴定机构、再就业培训机构等。诸多主体相互间利益关系复杂，若不妥善处理，将妨碍制度的和谐运行。协调各方主体的利益关系，必须明确界定各主体各自的权利与义务关系。首先，各直接主体的权利与义务关系在不同的社会保障子制度下是不同的。在社会救助制度中，各方主体的权利与义务关系不对等。政府负有向社会成员提供救助制度的单方面义务，而贫困人群等符合法定条件的人口则单方面享受救助权。在社会保险制度中，各方主体的权利与义务对等。政府有建立社会保险制度的义务，但同时有权要求参保人（和企业）按制度缴费；个人有参加制度享受保障的权利，但前提是必须履行缴费的义务（工伤保险除外）。社会福利制度中，部分普遍性福利不要求享受者尽缴费义务，但部分特殊性福利的享受却要以履行缴费义务为前提。其次，各间接主体在制度中的权利与义务关系各有不同。社会保障管理机构具有收取社会保障费用，对单位和个人的缴费状况进行监督检查，对社会保障账户和资金进行日常管理的权利；同时担负着计算并按期准确拨付乃至发放社会保障金的义务。与之类似，税务部门受社会保障部门委托，享有收费并监督企业、个人缴费的权利，同时必须履行定期将所收费用存入银行专户的义务。银行有权接受保障或税务部门收取的保障费，同时，必须严格按照保障部门的指令，定时定量向合格人群发放保障金。为特殊险种服务的特殊间接主体，均担负着按照要求提供专业服务的责任，同时有权根据提供的服务收取相应的费用。我们认为，只有将各个主体的权利与义务关系加以合理规范并严加监管，才能调动各方主体的积极性，齐心协力共建适应和谐社会要求的社会保障制度。

四、加快社会保障法制建设进程

和谐社会应是一个法制比较健全的社会。社会保障作为国家维护社会稳定和保障人民基本生活的一项重要措施，必须在法制的基础上进行运作。政府部门应加大工作力度，广泛深入地了解社会各阶层对社会保障的需求，尽快为全国人大及其常委会等立法机构提供社会保障管理法制化、系统化的各项资料和数据，并加快制定和颁布社会保险以及社会救济等专项法律法规与实施细则，以法律形式确定社会保障的范围、资金筹集方法、给付的条件与标准、管理体制、国家政府在其中的责任、企业和个人应承担的义务等。同时还要健全社会保障法规执行的监察机构，加大对社会保障的监督和执法力度，做到有法可依、有法必依，实现规范运行，把社会保障工作真正落到实处。

五、建立有效的社会保障基金管理和营运体制

随着我国经济的高速发展和社会保障体系的不断完善，社会保障基金规模也已经进入快速增长期。截至 2005 年底，各类社会保障基金累计结余已超过 9 000 亿元，2006 年仅五项保险基金节余就达 8 006 亿元。① 而据有关研究预测，到 2020 年我国仅养老保险的资金结余就将超过 4.5 万亿元。② 基金规模的日益增长，基金的收支、保值增值及对其实施有效的管理也逐渐成为社会保障体制正常运转的重要基础。首先，基金的管理和营运应该分开。建议由政府主管部门作为基金的受托人负责基金管理，而将基金的账户管理、托管以及投资管理委托外部独立的专业机构运营。其次，将社会保障基金收支纳入财政预决算，建立统一的资金管理体系，实现社会保障基金管理法制化，以确保基金的安全。再次，要尽快解决社会保障沉重的历史负债，改变个人账户不实的情况。最后，建立适合社会保险基金运营的机制，确保社保基金增值。现在的问题是：在我国目前金融市场不健全、投资工具不多的条件下，如何规避基金投资风险呢？我的想法是：

第一，建立和完善资本市场以及发展多种金融工具，为社会保障基金从储蓄顺利地向投资转化，或从闲置资金向生产资金转化提供优越的外部环境，这是社会保障基金运营的关键条件。

第二，坚持基金投资多元化原则。多元化投资原则是现代资产

---

① 资料来源：根据各种资料统计。

② 孙建勇主编：《社会保障基金运营与监管》，中国财政经济出版社 2004年版，第 160 页。

管理的基础。资产管理的实质是在高收益与低风险之间寻求一种平衡。从当前的角度来看，并不知道哪些资产形式将来的收益率会更高，因此，拥有多种形式的资产通常是风险与收益的最佳组合。基于投资多元化的原则，社会保障基金在进行投资时，应该注意适度的分散，特别地，既需要购买长期债券等风险小的金融品种，也要购买股票，甚至衍生工具等风险较高的金融品种。

第三，对社会保障基金的投资工具及资产组合实施严格的限制，但必须动态调整。基于对我国社会文化背景和经济金融条件的认识，我们认为，在社会保障基金的投资上，英美等国实施的谨慎人原则，现阶段在我国可能是行不通的，因为改革转型期的我国，投资主体的自我约束能力是比较弱的。相对而言，我国可以学习法、德及拉美、东欧各国，制订严格的有关社会保障基金投资的法律和法规，对社会保障基金的投资工具、资产组合和投资比例进行严格的限制。只有这样才能确保社会保障基金投资的安全性、流动性和盈利性，发挥其所固有的社会稳定器的作用。

此外，美国和智利的经验表明，随着国家资本市场的发展，社会保障基金的投资限制逐步放宽，而且，随着社会保障基金投资金额的进一步积累，社会保障基金也在不断寻找新的投资领域。因此，在中国的社会保障基金管理过程中，法律和规则必须适时修订，以反映社会保障基金保值增值的需要。

第四，将资产分散在各个国家，可以降低投资风险。

六、建立一种医疗成本较低，大家都能受益的医疗保险体系

鉴于我国的医疗保险存在的种种问题，如何完善我国医保制度，建立一种医疗成本较低，但人人都能受益的医保体系？根据2007 年 3 月温家宝总理在《政府工作报告》中提出的"着眼于建设覆盖城乡居民的基本卫生保健制度"的战略构想，我的意见是：

1. 创新医疗保险模式

吸取我国医疗保险改革的经验教训，对原有的医保模式进行适当调整，包括：第一，适当加大政府财政投入，在全国建立一种小病及预防性医疗免费制度，使全体公民都能获得最基本或最低的医疗保障，所需经费主要由中央和地方两级财政定期拨付形成的统筹

基金解决。第二，大病或住院保险则采取社会保险与商业性保险相互配合的方式，实行权利与义务对等原则。首先由企事业单位和被保险个人根据相关规定与实际承受能力缴费形成大病统筹基金，然后医疗保险经办机构作为投保人将大病统筹基金向商业性保险公司投保，当大病医疗事件发生后，由保险公司根据保险理赔原则与事先规定的条件向被保险人给付保险金。大病或住院保险是强制性的，保障程度由向商业性保险公司缴纳的大病统筹基金的数量而定。第三，国家建立医疗救助制度，对那些经收入财产调查证明无医疗能力的居民的基本医疗保险或重大疾病保障给予补助，其所需经费主要由国家财政转拨。

2. 实现医疗保险基金的收支平衡

医疗保险基金收支平衡，这是目前医改中最起码的要求。

3. 实施医疗保险基金预算与财政专户管理

客观地说，在经调整的医保模式实施后，财政部门将履行更重要的管理职能和承担更多的财政责任。为此，财政部门在履行财政专户和收支两条线管理的职能中，还应建立医疗保险基金的预决算审批制度，做好基金预算的编制、审批与执行工作。分析与检查基金的预算执行情况，明确基本医疗保险基金的管理和结算的具体政策和办法；建立统筹基金超支的预警报告，以便及时采取措施；调整对策，确保医疗保险改革的顺利实施。

4. 对离休人员的医疗费用实施有效调控

离休人员这一特殊的社会群体，按现行规定，医疗费全额报销，在医改中超支十分严重。如何保证离休人员这一特殊群体的医疗，给予他们应有的特殊待遇，同时减少浪费，必须尽快建立相应的费用控制机制，以支持医疗保险改革。从目前情况看，应规范离休人员享受医疗服务的范围和标准，建立个人医疗费用台账并予以公布，使单位和个人及时了解医疗费用情况，及时发现问题、予以纠正。对于所花医疗费用低于平均水平的离休人员，可采取适当的奖励政策。同时，离休人员完全游离于医疗保险改革之外的政策也是不明智的，早在1993年海南省曾出台的关于离休人员也要自付1%的医疗费这一地方法规，有其改革的合理性。我国可根据不同行业或职业离休人员的收入情况，按照一定的缴费基准，确定离休人员比其他社会群体低的医疗费自付比例。这样做，既体现了基本医疗的共济性、共享性和权利与义务对等原则，也有利于运用缴费约束控制医疗费用。

5. 多元化筹措医疗保险基金

一是政府应做出年度与长期预算安排，以保证充足的医疗资源，以支持医疗保险改革。二是利用多种金融工具，重视医疗保险基金积累的保值增值，防止积累基金被拆借挪用。三是让公众为自己享受的社区医疗服务承担更多的自付义务，对自己的就医行为负责，让市场的力量来约束医疗支出的过快增长。四是从医疗保险可持续发展的角度联系风险概率、利率变动对统筹费率或税率进行科学的测算、运筹、预测和论证，在坚持以收定支、收支平衡的基础上，从长远着想，适度地动态扩大医疗保险基金的积累，以应对未来社会的不测事件与人口老龄化、高龄化社会带来的沉重的医疗费负担。

6. 设立公立医院与非公立医院

原国家计委、财政部等八部委制定的《关于城镇医药卫生体制改革的指导意见》，决定实行医疗机构分类管理，设立非盈利性质的公立医院与盈利性质的非公立医院，既可以支持医疗保险的改革，又可以满足不同层次人们对消费的需求。人们担心这一改革由于经济利益的驱动，会引起医院人才从非盈利医院向盈利医院的流动，从而使非盈利医院医疗资源得不到充分的发挥与利用。以上问题在一定条件下是有可能发生的，但是，问题的关键是如何建立对非盈利医院职工的补偿机制，这里包括四种补偿机制：一是财政补偿，按照预算支出将其列入社会保障周转基金；二是社会保险部门自身开展替代财源建设，取得合法稳定的收入，增强社保部门自身的"造血"功能，支持医疗体制改革；三是在非盈利医院内部允许设立一些盈利性科室，进行利益的均衡配置；四是在降低医疗费用价格的基础上，调整医疗劳务技术价格，以此提高医务人员的收入。精简医院行政机构，减少冗员，提高工作效率，也是一种间接的补偿机制。

7. 完善定点医院的仲裁制度及结算制度

在定点医院，为了节约医疗费用支出，应由社会保险机构组织专业技术小组，对大病进行准确的医疗界定，对患者在定点医院就医或是否转院诊治，是否需要使用彩色 B 超、动态心电图、CT、ECT、核磁共振、射频治疗、血液流变分析等高新医疗设备，对用药种类和数量、以器质性病变和费用相结合的大病界定等引起的争议，根据出台的用药目录和医疗诊治规范，进行严格的剖析和仲裁，做到因病施治、合理检查、合理用药、防止浪费。

制定科学合理的结算办法，难度较大，它直接效用于医疗费用的有效控制，同时可有效节约管理成本与简化手续，社保与财政部门应在以收定支、收支平衡、略有节余的原则下，综合考虑医疗机构的利益与医疗基金的承受能力，建立医疗费用结算的绩效评估指标体系，总结统计规律，剔除不合理开支，确定合理的医疗费用年度增长系数，对于高于年度增长系数的定点医院规定其自付一定比例。

8. 发挥商业性医疗保险的重要补充作用

我国以前实行的社会医疗保险，主要是面向城镇职工的基本医疗保险，在覆盖人群、保障水平和内容等方面都非常有限。1998年《国务院关于建立城镇职工基本医疗保险制度的决定》，提出了城镇职工基本医疗封顶线上的保障可以通过商业保险等途径解决；2000 年国务院《关于完善城镇职工社会保障体系试点工作的通知》，明确提出了要建立多层次医疗保险体系，为商业健康保险提供了巨大的发展空间。要为全国人民安居乐业提供保障，必须尽快确立适合我国国情的商业医疗保险发展的战略。

改革开放以来，随着我国商业性保险市场进一步拓展，其商业医疗保险有了一定的发展，1998 年至 2001 年，几乎所有内资保险公司都陆续建立了"健康保险部"，全面参加医疗保险改革的各项配套服务，开展多种形式的职工补充医疗保险，积极探索与医疗服务提供者的多方面的合作。中国健康保险承保范围已在全国 200 多个城市展开，不少保险公司开始向与社保全面衔接的业务领域开拓，推出了多种形式的保险产品。据统计，2006 年人身保险保费收入达 4 132.01 亿元，同比增长 11.67%，在总保费中占比 73.24%。其中寿险保费收入 3 592.64 亿元，同比增长 10.65%；健康险保费收入 376.9 亿元，同比增长 20.86%；意外险保费收入 162.47 亿元，同比增长 14.89%。全国共有寿险公司 46 家（其中中资 21 家，外资合资 25 家）。人寿险产品报备数量逐年增加，2004 年为 641 个，2005 年上升为 1 096 个。2006 年达 1 305 个，其中寿险产品 510 个，健康产品 499 个，意外险产品 296 个。人身保险的快速发展，成为社会医疗保险的重要补充。现在的问题是：首先，政府相关政策不稳定。各地基本医疗保险制度的保障范围、程度、主管部门把握政策的尺度等都有很大差异，这种不统一，为商业医疗保险带来了困难。其次，法律法规不完善。如关于告知义务的规定，只规定了保险人和投保人的如实告知义务，没有规定被保险人的如实告知义务，而被保险人的如实告知义务对商业医疗保险的经营，具有非常重要的信息价值。关于未到期责任准备金的提取，规定过于宽泛，不能真实反映未到期的实际责任。缺乏明确的对医疗服务行为的规范。其三，税收鼓励上不配套。国外的经验表明，商业医疗保险需要得到国家立法、税收等方面的支持。其四，诚信制度缺位，欺诈行为严重。其五，医疗服务环境欠佳；其六，市场存在恶性竞争。

积极开拓我国健康保险业务，支持基本医疗保险改革。要采取相应措施应对上述问题，必须尽快理顺健康保险发展进程中的税收优惠政策与资源配置的关系，缓解与我国健康保险及医疗保险密切相关的医药品市场、医疗服务等深层次的矛盾。实现健康保险与基本医疗保险的共同发展，应寻求基本医疗保险与健康保险相结合的思路，提供两者在结合基础上的公共产品，或者让商业保险公司参与其中，通过市场的力量来解决基本医疗保险的技术支持问题。例如，我国基本医疗保险规定了社会统筹账户的最高支付额，参保人进入社会统筹账户之后要负担一定比例的医疗费用等类似基本医疗的具体环节，可参照美国的管理式医疗办法和对老年人医疗照顾计划的做法，让商业保险参与其中，使基本医疗保险改革顺利地向前发展。政府制订政策，发挥行业管理优势，鼓励建立保险公司、医疗机构、投保团体的利益共享机制。在加快医疗服务体制改革的同时，保监会建立专门的监管体系，进而推动商业医疗保险规范健康地发展。

9. 加强医保监管力度

医疗问题是老百姓最关心也是最不满意的社会问题，他们对医疗保险改革抱有很高的期望值。然而，由于各种原因，医保中的违规事件屡屡出现，医保主体间的关系错位，矛盾突出，人们就医保改革产生的一些负面影响痛感失望。为使医保中的不良现象得到控制并逐步消除，第一，应加强医保队伍及其能力建设。按照马克思主义原理，在管理的诸要素中，人为第一要素，是决定管理成败的关键。因此，通过各种渠道培养一定数量且讲政策、懂法规、精通技术、善于管理、勇于开拓、敢担责任、勤于服务的专业化医保队伍，是实施医保监管力度的重要保证。第二，建议医保主管部门借鉴平顶山医保基金管理经验，推行严格检查制度，建立定点医院的医保办主任、科室主任和经治医生为主要责任人的三级管理负责制，防止或减少冒名住院、换床住院现象。第三，加快医疗立法步伐，保证医疗保险管理的法制性和权威性，合理配置全国医保资源，有效协调被保险人、医保机构和医疗单位的物质利益关系，充分调动各方面的积极性，确保医疗质量和效率。第四，加强医疗保险管理，规避和减少医疗风险。建议成立一个全国性的医疗监管机构，负责对医保定点医疗机构以及药厂、药商进行监管。对医德高、医风正、医术精的医疗单位和个人，给予物质和荣誉奖励，而对于那些利用法制及监管缺位之机，采取各种手段骗取医保基金的医疗机构和个人则给予严厉的行政或经济处罚，甚至追究刑事责任。此外，还应十分注意吸收被保险人参加管理，必要时采取由被保险人投票的方式更换医保定点医疗机构。关于对药厂、药商的监管，建议国家就主要药品的生产、药检、销售等环节实行全程监控，彻底解决百姓"吃药贵"的问题。第五，根据现代社会高科技和高度信息化对医疗保险监管提出的要求，继续加大医疗保险信息化建设的力度。大家知道，医疗保险工作是一项复杂的系统工程，涉及部门多、面积广，社会影响大。只有紧贴我国经济社会发展的实际，准确把握医疗保险及整个社会保障制度建设的趋势和特点，利用已有的医疗保险业务平台，整合所有的信息资源，建立起网络医保各部门、各业务环节的数据中心乃至信息中心，方可提高监督质量和效率。

七、建立有别于城镇的农村社会保障制度

关于农村社会保障问题，党和政府相当重视，但由于各方面的原因，农村社会保障一直处于试点试办阶段，未能全面推广。于是，养老基本上靠家庭，看病吃药靠自己。20 世纪 50 ~ 70 年代曾为世界卫生组织赞赏和值得中国人民骄傲的农村合作医疗制度也因市场经济大潮冲击，失去了经济基础而消失，农村大众再度陷入缺医少药、看病难、吃药贵的境地。2002 年 10 月，中共中央、国务院发布了《关于进一步加强农村卫生工作的决定》，强调要建立和完善农村新型合作医疗制度和医疗救助制度。历史仿佛给人们开了一个玩笑，已经基本解决了的问题，重新成了社会关注的焦点。我国农村社会保障制度相对经济发展滞后的现实说明了什么呢？

其中原因是多方面的。例如国家一定时期的政策取向，农村是发展优先还是稳定优先？改革开放后，矛盾的激化先在农村，还是在城市呢？当然，中国农村人口多，且不富裕，农民个人没有具备投保参保的条件；此外，中国国力有限，财政拿不出更多的资金支持农保。由于存在以上问题，农村社会保障制度的建设一直处于试办阶段，到 1998 年还试图取消试点。实事求是地说，农村建立社会保障制度，的确要有一定的经济条件作保证，但也不是绝对的条件。亚洲某些国家在与我国经济条件相同时，就建立了农民社保制度，如印度、越南等国。人口多也不是绝对的制约条件，印度人口也不少。

可见，建立有别于城镇的农村社会保障制度，首先要充分认识规划和改革农村社会保障制度的紧迫性。

中国社会主义经济制度转换导致的对农村社会结构的撞击，很可能就会诱发出农村社会的动荡。农民的行为模式在很大程度上取决于社会的制度环境，小农经济的优势经过两千多年的发展，已基本走向了顶点，中国以产量为目标的农民行为均衡模式，已不可能依靠自身的嬗变来完成向效益型农民的转变。当农民的产量均衡被完全打破的时候，谁又能保证农民"该出手时不会出手"？不及早地干预农民的社会保障制度建设，等到农民要"出手"之时，国家是无充分财力来渡过这一难关的。到那时，不仅多少年的发展成果要毁于一旦，甚至会出现大幅度的倒退。因此，中国政府一改先前对农村社会保障不够作为的方式，决心加大公共财政投入，加快农村社会保障制度建设。毫无疑问，中国政府的这种决策是通过分析国内外经济社会发展的现状和发展趋势后作出的建设社会主义新农村的战略决策；是在市场经济条件下，贯彻落实"三个代表"重要思想，坚持以人为本，保障全体公民生存权和发展权的重要体现；是落实科学发展观，实施以工促农、以城带乡，加快工业化、城市化建设，消除"三大差别"，构建和谐社会的重大举措，符合中国的实际及广大农民的心愿和要求。

其次，农村社会保障坚持与经济发展水平相适应的多样性方向。改革开放后，我国城乡经济都有较大发展，但从整体上看，仍呈二元经济结构。即使农村经济，也凸显东部沿海较发达、中西部较落后的差别。因此，农村社会保障制度的设计、保障结构及形式的安排，务必同农村的经济水平相适应。具体说来，国家在推动农村社会保障制度建设过程中，做到低统一、不设限、不强制、低约束、不平调。所谓低统一，就是建立全国统一的农村最低养老保险制度。养老基金由个人缴纳、集体平均补助和政府配套补贴构成。根据我国农村的实际情况，农村最低养老保险制度采取个人账户形式，以市县为单位进行统筹与管理，保险对象为农村全部劳动力。保险给付原则和给付条件以及养老保险基金政府配套补贴由国家统一规定，养老保险给付标准则由各统筹单位自行规定，但不得低于当地最低生活保障制度规定的标准。所谓不设限，一是对农民为某一险种缴纳的社会保险费数量和集体补助的经费数不设限，允许农民根据家庭的收入状况和集体单位的承受能力缴纳数量不等的保险费；二是对农村开办的保障项目和救助项目的数量不作统一要求，视各地存在保险项目数量上的差别为正常现象；三是对农民社会保障的实际保障水平不做统一规定，准许各地按照社会保障给付原则和权利与义务对等原则支付保险金。所谓不强制，是指对农村社会保障制度模式的设计，除全国统一的农村最低养老保险制度和新型农村合作医疗制度外，其他制度模式的设计全国不搞一刀切，允许各地根据各自的经济与人文条件作出灵活选择，建立多种保障形式并存的农村社会保障体系。例如在经济发达地区，可以推行城乡一体化的保障模式；经济欠发达地区，除了建立农村最低养老保险制度、新农合和"两低"（即农村最低生活保障制度和最低医疗救助制度）外，可以建立互助共济式的保险模式，以及支持农民参加个人储蓄性保险等。所谓低约束，一是指对农村养老保险个人账户基金的使用不搞一刀切，准许农民在领取养老金以前将自筹部分作为其他用途，以解决农民为难之需，增强制度的灵活性。二是指富有弹性地进入和退出机制。允许农民随着搬迁和工作调动将保险关系带走并落户他地，或进入城镇社保体系，也允许城镇职工将保险关系下乡落户。所谓不平调，主要是指在通常情况下不允许在各地区之间调拨农村社保基金，或用某些地区的社保基金来调剂平衡各地的社保财务。

第三，农村社会保障制度建设应从我国农情出发，循序渐进。社会主义新农村的建设是一项系统工程，急需投入的项目较多，国家背负的包袱很重。当前，尽管政府痛下决心加大对农村社会保障制度建设的公共财政投入，但因种种原因，实际上拿不出更多的资金用于发展农村社会保障事业。同时，我国农村仍以传统农业为主，人口多，底子薄，生产力水平极低，且各地区发展极不平衡，农民还很不富裕。因此，我国农村社会保障事业的发展，必须充分考虑到上述实际情况。保险覆盖的范围和举办的保险项目，既要体现社会主义市场经济的性质，体现社会保障的一般原则，又要与生产力发展水平、国家所能提供的财力支持和农民个人的承受能力相适应；保障给付条件和给付标准的确定，既要保障农民最低的生活条件，以"需要"为目的，又要有助于强化农民的风险意识，有利于贯彻按劳分配和权利与义务对等的分配原则，有利于调动农民个人的积极性；农村社会保障的发展速度和发展水平，既要认识加快发展的必要性和紧迫性，同时又要务求稳妥，循序渐进，防止一哄而上，避免发展中的盲目性。

第四，建立农村社会保障制度，必须加强管理。农村社会保障是政府倡导支持的一项重要的社会行为，关系到亿万农民的切身利益。国家虽然在推动农村社会保障制度建设过程中低约束、不平调和不设限，但并不等于放弃对其严加管理。大家知道，从农村社保的保险项目和保险费率的设计到各险种给付原则、给付条件和给付标准的确定，从保费的筹集到社保基金的有效运营，以及全部社会保障方案（包括社会救济、社会福利和优抚等）的具体实施，工作量大、操作复杂，不是由几个监管部门所能完成的。因历史原因，目前我国农村社会保障事业分由几个部门主管，由于部门之间利益原则的存在和行事规则的不同，在处理农村社会保障事务中缺乏必要的协调与配合，以致政令不统一、步调不一致，其结果使得有限的社会保障资源未能实现最优配置。如果说农村社会保障制度尚未建立的过去和今天，由几大部门分管还有一定可行性的话，那么，随着农村社会保障制度的建立和逐步完善的明天，那种"政出多门"、"多头管理"的局面就难以适应了。因此，国家主管机关应利用建设社会主义新农村的大好时机，联合已有的管理部门，成立农村社会保障专管机构，统一协调、配置国家用于农村社会保障的资源和管理全国的农村社会保障事务，减少管理成本，提高管理效率，保证农村社会保障制度建设快速、健康发展。

八、采取积极的财税政策，加快企业年金制度建设，完善多层次的养老保险制度

和谐社会第八条措施就是采用积极的财政政策，加快企业年金制度建设，完善多层次的养老保险制度，这是我要向大家汇报的几个问题。

我演讲的结论就是什么呢？就是构建社会主义和谐社会的核心是人民物质利益关系的和谐和实现人民物质利益关系的和谐的关键，不仅需要建立、完善社会保障制度，而且更需要建设和谐的社会保障制度。

发展的和谐之路

◎ 郭熙保

郭熙保，1954 年 10 月生，博士，教授，武汉大学经济发展研究中心主任，教育部跨世纪优秀人才计划入选者，兼任中华外国经济学说研究会发展经济学分会会长。主要专业领域是发展经济学，已出版著作 20 余部，发表中英文论文 100 多篇。主要著作包括：《农业发展论》（独著，1955 年）、《经济发展：理论与政策》、《发展经济学》、《西方市场经济理论》、《后发优势研究》等，其科研成果多次获得国家社科基金项目优秀科研成果奖，教育部人文社会科学优秀研究成果奖，湖北省社会科学优秀科研成果奖等十多项国家和省部级重要学术奖励。其代表作《农业发展论》，被誉为是我国农业发展研究领域中不可多见的一部创新性著作，该书 1998 年被教育部评为高校第二届人文社科优秀研究成果一等奖。最近几年来，主要从事后发优势问题研究，已发表相关论文 20 余篇，系列论文获得湖北省社会科学优秀成果二等奖，其成果被学术界广泛引用。

上午到下午很多专家从各个不同的角度，不同的学科谈到了和谐这两个字的含义，现在我想从经济学，特别是发展经济学的角度来谈一谈我们中国和谐发展的道路。和谐社会，我的理解就是经济发展、社会公平和环境舒适的协调统一。如果一个社会只是经济发展了、收入水平提高了，但是分配状况不断恶化、贫困没有解决，那么这个社会就不能说是和谐的。如果一个社会经济发展了，但是环境恶化了、人们的生活水平下降了，甚至他的生命、生存受到威胁了，这个社会也是不和谐的。

一、什么是库兹涅茨假说？

和谐社会要实现这三者之间的统一，并不意味着和谐社会在整个发展过程中，在每一个阶段都是协调的、统一的、平衡的。实际上，和谐社会发展的道路不是线性的，而是遵从这样一个发展路径：即在低收入水平上分配比较公平，而且环境保持一种良好的状态；在经济起飞的阶段，环境就开始恶化，收入分配也开始恶化；当经济发展到较高的阶段时，收入分配和环境转而又得到改善。我们把这种发展的道路称为库兹涅茨倒 U 形发展道路。美国经济学家诺贝尔奖获得者库兹涅茨在 1955 年一篇演讲中提出了这样一个经典的论断，他说，在前工业文明向工业文明极为快速转变的经济增长的早期，不平等扩大；一个时期变得稳定，后期又不断地缩小。这个意思就是说，随着经济的发展，收入的分配先恶化后改善，这就是著名的库兹涅茨假说，这就是库兹涅茨倒 U 形曲线，横轴表示人均的 GDP，也就是人均收入，纵轴是一个基尼系数，反映不平等程度的一个指标。在低收入水平上，基尼系数是比较低的；随着经济的增长，人均收入水平的提高，基尼系数也就是不平等在扩大；当发展到一个较高的收入水平上，不平等的程度就开始下降，这就叫库兹涅茨倒 U 形曲线。那么这个库兹涅茨假说，是不是成立，在学术界争论了几十年，有的说是成立的，有的说是不成立的，因为库兹涅茨提出来这个假说，是根据发达国家的历史经验得出来的，可以说是个经验规则，在理论上怎么解释它，他自己没有做过多的解释，所以称为是个假说。

二、为什么收入分配恶化是经济发展的一个必经阶段?

在经济发展过程中，为什么会发生收入分配先恶化后改善这种变化趋势？我们把原因归结为如下几个方面：

1. 发展中国家的经济结构特征

发展中国家存在明显的二元经济结构。二元经济发展理论是由美国著名发展经济学家、诺贝尔奖获得者刘易斯在 20 世纪 50 年代提出来的。他把发展中国家经济划分为两个部门：一个是以传统生产方法生产的、劳动生产率极低的非资本主义部门，也称生存部门，以农业部门为代表；另一个是以现代方法进行生产的、劳动生产率相对较高的资本主义部门，亦称现代部门，以工业部门为代表。经济发展过程也就是一个资本和劳动力从农业部门向工业部门的转移过程，也就是工业化过程。由于工业部门的劳动生产率远高于农业部门，因此，现代工业部门所获得的收入就远高于传统农业部门，收入分配就会向现代部门倾斜，造成现代部门与传统部门、城市地区与农村地区收入差距的扩大，即城市现代部门居民收入水平高于农村传统部门农民的收入水平。由于落后国家的传统部门规模巨大，因此这种转变是一个漫长的过程。在这个过程中，工业与农业、城市与乡村之间的收入差距在不断扩大。

在工业化进行到中期阶段之后，传统部门规模在缩小，而且随着农业劳动力的转移，农业现代化程度在提高，工农业之间、城乡之间的收入差距转而缩小，使收入不平等程度下降。这就是所谓的"涓滴效应"。库兹涅茨认为，即便没有国家干预，经济增长达到一定程度之后，各种动态因素的作用也会使收入分配的差距逐渐变小。

二元经济结构不仅表现在部门之间，而且还表现在地区之间。瑞典发展经济学家、诺贝尔奖获得者米尔达尔提出了一个地区二元经济发展理论。他把落后国家分为发达地区和落后地区，并用累积因果循环理论来说明区域经济的不均衡发展过程。

瑞典经济学家米尔达尔提出来一个地理上的二元经济结构，也就是说一个落后国家存在着先进地区和落后地区之分。发达地区和不发达地区之分。那么先进地区率先发展起来，人才和资金纷纷从落后地区流到蓬勃发展的地区，致使发达地区在一段时间内加速地发展；相反，落后地区因为人才和资金的外流，经济发展越来越缓慢，这就导致了地区经济差距逐渐扩大。米尔达尔把它叫做"回波效应"，这是一种恶性的累积因果循环。当发达地区实现了工业化和城市化之后，由于工资和地租的上涨，生产成本越来越高，投资机会减少，投资收益率下降；再加上城市的拥挤，污染的严重，发达地区发展趋缓。另一方面，落后地区的劳动力成本和地租比较低廉，投资收益率开始提高，结果资金和劳动力资源就开始向落后地区流动，加速落后地区的经济发展，他把它叫做一种扩散效应。因此，由于落后地区增长快于先进地区，地区之间的经济差距开始缩小，地区之间的居民收入差距也开始缩小，这就是地理上二元经济发展理论。

改革开放初期，我国的经济呈现典型的二元经济结构特征，工农业之间，城乡之间和地区之间的经济差距非常明显，当然现在这个二元经济结构仍然没有消除，如果消除就实现了工业化，就实现了初步的现代化。随着经济的快速发展，工业化进程的加速，农业劳动力向非农业部门大规模地转移，收入水平就会向城市现代部门倾斜。城乡收入差距就呈扩大的趋势，东部沿海地区与西部内陆地区的收入差距也在持续地扩大，那么这种部门、城乡和地区之间收入差距的扩大主要可以说是经济发展和工业化造成的，是工业化经济发展的一个必然的趋势。

2. 发展中国家的发展目标特征

刚才我们讲了第一个特点，就是经济结构的特征，现在我们讲第二个特征，也就是发展目标特征。低收入国家在发展初期收入水平很低，只够维持基本的生存需要，那么这个时候国家的首要目标是发展经济，解决温饱问题就成了头等大事，关于收入均等化就退为次要目标。那么要发展经济，现在已经被证明只有实施市场经济体制，实施市场经济体制就要鼓励竞争和资本积累。这样，少部分人凭借拥有的个人财产和人力资本迅速致富，而大部分拥有较少个人财产和人力资本的人就相应变穷了，所以市场经济就会导致两极分化和收入差距扩大，这是市场经济发展必然经历的一个阶段。但是在经济发展的较富裕阶段，教育已经普及，人们之间的人力资本差别开始缩小，工资收入差距也在缩小。其次，在较发达的阶段，国家的财力增强了，通过投入更多的教育，完善社会保障，实施累积所得税和财政转移支付等手段，能够改善低收入阶层的经济地位，防止两极分化。

改革开放初期，我国收入水平很低，因此国家决策者首先把发展经济、解决温饱问题作为首要目标。这个时期政府提出了"效率优先，兼顾公平"、"让一部分人先富起来"的发展战略。要发展经济，就必须改革无效率的计划经济体制，转向市场经济体制，市场经济鼓励了竞争，调动了劳动者的积极性，推动了我国经济的高速增长，同时也导致了收入差别的扩大。因此，我的观点是，我们国家收入分配不均的扩大，就是中国实施增长优先战略和市场经济体制的必然结果。

三、为什么说环境恶化是发展中国家经济发展中必须付出的一个代价？

现在我讲讲环境恶化，环境恶化也是经济发展必须付出的一个代价。发达国家曾经走过了先污染后治理的发展道路，所以库兹涅茨假说在发达国家得到了证明，学术界对此没有异议。当今的发展中国家是否仍然要走发达国家曾经走过的老路，即先污染后治理呢？这在学术界引起了很大的争论，而且否定库兹涅茨环境曲线的这个观点逐渐占了上风，认为当今的不发达国家重复发达国家的老路，是一条代价极高的道路。应该走什么样的道路呢？应该走边发展、边保护环境、边治理污染这样一个发展道路。但是我不同意这样一个观点，我认为经济发展必然会经历一个环境恶化的阶段，发达国家经历过环境恶化，并不是它们没有意识到环境污染的危害，而是它们无法避免这个环境恶化的趋势。

改革开放以来，中国经济高速增长，工业化加速进行，同时环境污染也越来越严重，这也是符合库兹涅茨假说上升曲线的这一部分，那么这种情况的发生是不是一种偶然的呢？我认为不是，它是

109

经济发展中不可避免的事情。要使经济得到发展，环境就必然在一段时间内恶化，这是发展必须付出的代价。我主要从四个方面来谈。

第一个是经济结构的转变必然会导致环境的恶化。经济发展的过程就是结构的转变过程，也就是从农业经济向工业经济转变的过程。传统农业在发展初期基本上对生态环境不会造成很大的危害和破坏，它能使环境生态保持一种自然状态。随着工业化和城市化步伐的加快，资源的消耗量在急剧地增加，越来越多的土地、河流、森林、能源被迫开发利用，这样就必然会对生态系统造成破坏。除非你不发展，一发展肯定会造成破坏；另一方面工业的扩张和居民对工业产品消费的激增，产生的大量的污染物，超过了环境的吸收能力，从而导致环境恶化。在经济发展到较高阶段的时候，产业结构就会变化升级，由工业结构型向服务业型转变。现在发达国家基本上服务业占了百分之六七十，从高耗能、高污染的产业向服务业等环保的产业转变。服务业与工业相比较，消费的资源要少得多，产生的污染排放物也要少得多，因此在发达阶段，在经济发展到更高的阶段，污染状况就会得到改善，这是由产业结构升级所带来的。

第二个原因是人们对于环境服务的需求是随着经济发展逐渐提高的。人们的需要是分层次的，吃饭穿衣是第一个层次，是最基本的需要，只有在基本的需要得到满足以后，人们才会想到要获得一个更高层次的需要。在发展的初期，人们的收入和生活水平都比较低，因此大部分人处在一种贫困状态。在这种状态下，人们首先想到的是要发展经济，解决温饱问题，那么舒适优美的环境，只是一种奢侈品，对穷人来说是消费不起的，它是一种更高层次的需要。在填饱肚子之前，人们没法去享受这样一个优美的环境；只有当人们富裕起来了之后，一个最低的需要得到了满足，人们才想到会有一个更高的需要，想要享受清新的空气、碧绿的草地、清澈的水体、湛蓝的天空。这时环境服务需求就会大幅度增加。有需求就会有供给，良好的生态环境就会被提供出来。结果，在高收入阶段，生态环境变得更好。

　　第三个是环境保护意识也随着经济发展而逐渐增强。在发展的初期，生态环境污染程度比较轻，对人们的生活品质没有造成很大的影响，人们没有感觉到生态环境对他们会有什么样的影响，因此环境保护的意识不是很强烈。既然环境没给人们带来什么影响，他们对环保就没有什么感觉，环保政策也不是很严厉。随着经济发展对环境破坏的加剧，环境恶化对人们的生活甚至生存造成了危害，人们才开始意识到环保的重要性，这个时候才加强环保的一些措施，一些环保的立法和政策开始实施。而且由于人们的环保意识增强了，环保执法也比较容易了。

　　第四个是治理环境污染需要大量的投入。环境污染问题具有很强的负外部性，不可能通过市场机制来解决，政府必须要对保护环境承担主要责任，所以环保问题主要是由政府来承担的。治理污染和保护环境需要大量的财力作为支撑，在发展的初期，政府财力有限，不可能提供大量的资金搞环保，结果环境污染无法得到有效遏制。在发展的后期，收入水平提高了，当然国家的财力也增强了，可以负担得起治理污染的成本。在社会环保意识普遍增强、环境服务需求大幅度增加的时候，政府就会大规模地增加环保的财政支出，治理污染，保护环境，这样环境状况就会得到改善。

　　从以上四个方面，我们可以得出这样的结论：当今后进国家也像先发国家，像工业化国家一样，也必须要经历一个环境先恶化后改善的阶段。

　　我们谈的是和谐社会，那么库兹涅茨假说与和谐社会有什么关系呢？构建和谐社会要实现经济发展、社会公平和环境舒适三者的有机统一，也就是说要协调、要平衡。但是，这三者的平衡并不是要求三个目标同时达到，那是不可能的。要实现这样一个和谐的社会，首先就要发展经济，而不是首先搞环保，搞分配。在经济发展到富裕程度之前，必然会经历一个收入分配和生态环境恶化的阶段。和谐社会的构建是人们追求的最终目标，但实现这个目标的过程是不和谐的，这种不和谐的过程是达到和谐目标的一个必经的阶段。学术界和社会各界不少人带着一种情绪化的忧虑或者是愤怒，对当前我国收入分配和生态环境恶化加以强烈的谴责和批评，认为我国收入差距扩大，环境污染越来越严重，是政府在经济发展过程中片面追求经济增长所导致的结果，实际上是批评政府过去的政策是错误的。而且认为最近中央提出科学发展观和构建社会主义和谐社会对过去政策失误的一个纠正，甚至认为如果科学发展观和构建和谐社会在20年前就提出来了，今天就不会发生收入分配和生态环境恶化这样的局面，和谐社会早就实现了。

这种指责有很强的情绪化因素，而不是一种冷静的分析。我的观点是，改革之初，中央政府把经济发展作为首要目标是正确的，因为那时候人们普遍贫穷，生态环境也不是那么恶劣，收入分配也比较公平，所以提出"效率优先、兼顾公平"的策略应该是适当的，是正确的。当前中央提出经济、社会、环境协调发展的科学发展观，构建社会主义和谐社会也是顺应了发展的趋势、时代的潮流，也是正确的，因为经过了30年的发展，我们的人均收入水平已经大大地提高。我们在改革之初，人均收入比印度还低，到现在我们已经比印度高出一倍还要多，进入中等收入国家的行列，因此我们的环境污染也相应地变得严重了，我们的收入差距扩大了，现在已经到了非解决不可的时候了。所以中央提出科学发展观，构建社会主义和谐社会也是顺应这样一个潮流，也是正确的。从不发达到发达的整个的发展过程中，是要经历许多不同阶段的，每一个阶段有不同的发展重点，如果带着一种僵化的、一成不变的观点来看问题，指责过去以增长为中心的发展策略是错误的，这是不符合马克思主义唯物辩证法的。邓小平早就说过，要一部分人先富起来然后才能实现共同富裕，这就是库兹涅茨倒U形曲线的一个最通俗的说法，只有先富才能够共富。

当然，我们说增长优先，收入分配和生态环境的恶化是发展的一个必经阶段，并不意味着政府在这个阶段中完全放任分配和环境的恶化，相反，政府在整个发展过程中，还是可以采取一些减缓分配不公和环境污染程度的措施。那么过去我们在追求增长的目标的确有一些不重视环境和分配的地方，比如说城乡分割制度、行业垄断、政府官员腐败、环保执法不严等，政府对当前收入分配不公、环境恶化应该要负一部分的责任。但我们始终认为，经济发展是导致收入和环境恶化的主要原因。

　　最后，我再概括一下我的观点：构建经济、社会和环境相协调的和谐社会是我们追求的目标，而达到这一目标的过程是不和谐的，从不和谐走向和谐需要经历一段痛苦的过程。发展的和谐之路就是一个贫穷的社会首先要经济起飞，经济起飞必然会导致一段时间的分配和环境的恶化，当经济发展起来以后，分配和环境又得到改善，最后才能实现和谐社会。

和谐社会视野下的和谐社区建构

◎ 李 光

李 光，生于 1955 年 11 月，教授、博士生导师。现任武汉大学发展研究院常务副院长（主持工作）、武汉大学学术委员会委员、中国科学与科技政策研究会副理事长、湖北省人民政府咨询委员会委员、中共武汉市委及市政府领导联系专家、武汉市科技专家委员会委员。1975 年毕业于武汉大学物理系，1986 年破格晋升为副教授，1993 年 3 月破格晋升为教授，1997 年任博士生导师。1993 年享受国务院政府特殊津贴。长期从事决策科学、科技政策与科技管理、科学社会学的教学科研，著有《现代思想库与科学决策》、《企业合理化建议活动及科学管理》、《科技论衡》、《中国城市社区建设新探索》、《中国和谐社区建设新探索》等，发表论文 200 多篇。完成国家、省部及社会委托项目 30 多项，多次获省部级学术奖励。

目前指导"科学社会学"、"可持续发展中的科技问题"等方向的博士生及博士后研究人员。

我在这里给大家报告的题目是——《和谐社会视野下的和谐社区建构》。我主要是通过分析一个个例,并力图从中得到一些启示。在武汉大学所在的江城武汉,有一个这样的社区,这个社区在开发、建设和管理方面的创新成绩斐然,令世人瞩目。这个社区自居民入住9年来,实现了"十个没有":没有一辆自行车被盗,没有一起刑事案件,没有一起交通事故,没有一桩大的邻里纠纷,没有一个越级上访,没有一起黄赌毒,没有一起未成年犯罪,没有一起火灾,也没有一名法轮功的活动者。这"十个没有"在当今中国城市是不可思议的。这个社区实现了社区居民的高度自治,是中国第一个不隶属于城市街道办事处的社区;是社区居民广泛参与的社区,社区志愿者达到了9 000人,占社区居民总数的10%。这个社区也是政府服务职能得到充分体现的社区,所有服务社区的人都叫社区工作者。这个社区强化"以人为本、以德为魂、以文为美、以和为贵"的核心价值理念,积极地培育社区和谐文化,努力地实现经典作家所说的诗一般的居栖,使社区居民能够享受到中国最好的社区服务。这个社区曾获得国家人居环境范例奖,也是全国的文明社区,获得了众多的荣誉。中共中央宣传部等四部委曾经联合发文,号召全国学习这个社区的创建经验。它的经验至今已引起全国各地的重视,也被不断地学习、"克隆"和创新。大家如果关注社区的话,可以看到"北方百步亭"、"南方百步亭"和"东方百步亭"等提法。如沈阳市有四个城区都在打造"北方百步亭",深圳市有几百人到这个社区学习,考察这个社区的上海人也一拨又一拨。

我讲了半天实际上已经把这个社区的名字说出来了。我们的个例研究,实际上就是研究百步亭花园社区,这一研究我们已经进行了很多年。五年前,我们曾经推出了一本著作《中国城市社区建设新探索——百步亭花园社区研究》,对这个社区在文明社区建设方面的经验，力图进行升华、总结和创新。五年以后，我们基于近年的研究又推出一项新的成果：《中国和谐社区建设新探索——百步亭花园社区研究Ⅱ》。我在这里报告的主要是后一成果的一些内容。因为文字比较多，在这里只能从两个方面来介绍。一个方面是百步亭花园社区建设的新探索，主要介绍近五年来这个社区到底做了哪些重要的事情；另一个方面是百步亭花园社区建设的新启示，主要探讨这个社区给我国和谐社区、和谐社会建设带来了哪些重要启示。

百步亭花园社区是我国文明社区建设的一个典型，也是我国和谐社区建设的一面旗帜。百步亭花园社区十多年开发建设的历程，充分体现了百步亭人对和谐社会的不懈追求，也充分体现了百步亭人对和谐社区的不断探索和创新。尤其是近年来，在科学发展观的指引下，百步亭花园社区的社区建设目标更加明确，社区建设理念进一步完善，社区经营运作逐渐趋于成熟，为建设有中国特色的和谐社区提供了经验和示范。百步亭花园社区提出的"以人为本、以德为魂、以文为美、以和为贵"，更体现了一种思想境界，一种价值目标，一种行为准则，一种社会取向，一种不懈追求。值得指出的是，百步亭花园在构建和谐社区的实践中，多年来始终坚持了共建共享的理念及原则。在五年前提出的"共建"、"共住"、"共识"、"共管"、"共创"、"共享"社区建设理念中，百步亭花园社区就将"共建"和"共享"放在重要位置，并贯穿于和谐社区建设的实践。这种共建共享，表现为共绘社区共建共享蓝图、共商社区共建共享大计、共创社区共建共享文化、共解社区共建共享难题、共获社区共建共享成果。这种共建共享，不仅体现了社区居民和社区工作者在构建和谐社区中的主体地位，而且也体现了他们的首创精神、参与热情和创造活力。当然，这种共建共享也实现了社区、政府、企业和社会的多方共赢。百步亭花园社区立足解决我国城市发展中普遍存在的住房难、上学难、就医难等问题，着重解决社区居民最关心、最直接、最现实的利益问题，并始终将此作为和谐社区建设的出发点和归宿，作为和谐社区共建共享的坚实基础，不断进行和谐社区建设的实践探索和创新。

为构建具有中国特色的和谐社区，百步亭花园社区坚持以人为本的和谐社区发展理念，坚持服务居民的和谐社区工作宗旨，坚持维护稳定的和谐社区管理要求，坚持构建和睦友善的和谐社区邻里关系，坚持营造公平正义的和谐社区良好氛围，在和谐社区建设方面进行了新的实践探索。

第一个探索：大力推进社区居民自治

扩大社区民主、提升社区自治功能是构建和谐社区的重要方向。社区自治是社区居民的自我教育、自我管理、自我服务、自我约束的过程。近年来，百步亭花园社区为构建和谐社区在探索社区自治方面做了一些新的尝试。

一是创建和完善社区居民自治组织体系。社区自治组织是社区自治的载体。百步亭花园社区的居民自治组织架构，采取"议行分离"或"议行分设"的模式，主要包括社区居民（代表）大会、社区居民委员会和社区居民参事会。

二是发挥党组织在社区自治中的领导核心作用。百步亭花园社区自治组织是在社区党委领导下开展工作的，社区党委是社区建设的领导核心，是基层群众自治存在和发展的重要前提和保障。社区党委对社区内的政治、经济、文化和社会发展实施全面领导。百步亭花园社区还充分发挥了党员在社区管理中的先锋模范作用，通过党小组门栋组织制、社区党员联系制、24小时党员责任制，建立了"以单位为基础横向到边、以门栋为基础纵向到底"的全覆盖组织管理网络，将社区居民自治组织的发展与社区党建紧密结合起来，以社区党的组织建设促进社区民主自治的建设。

三是理顺社区自治组织与政府组织的关系。百步亭花园社区坚持"政府依法行政、社区依法自治"的原则，理顺了社区自治组织与政府组织的关系。社区居委会不是政府部门的一个附属单位、派出机关或办事机构，社区自治强调尊重居民的自治权利，发挥居委会自治功能，确立社区居民的主人翁地位和社区居委会的自治地位。政府在百步亭花园社区不设街道办事处，而改设半行政、半自治的百步亭花园社区管理委员会。区政府对社区管理委员会实行

"全面授权、达标上岗、窗口服务、挂牌承诺"的职能管理，直接授权社区管理委员会履行基层政府的部分职能，领导、组织和协调社区组织及各项活动。政府公务员在百步亭彻底转变了工作作风，改变了工作方式，实现了为民服务的高质量和高效率，打造了为民亲民的政府新形象，成为人民满意的公务员。

四是协调居民自治和业主自治的关系。社区（居民）自治强调的是社区居民对社区公共事物的管理，业主自治强调的则是购房业主对自身物权的行使和维护。百步亭花园社区一向重视协调居民自治和业主自治的关系。相互协作，共同做好维护物业管理区域内的社会治安等相关工作。

五是调适社区自治组织与物业公司的关系。百步亭花园社区"三位一体"管理体制的一个重要创新，是百步亭花园社区的专业性物业管理公司——武汉百步亭花园物业管理有限公司作为社区管理机构之一，直接参与社区的社会管理活动，走出了一条"社企结合"的社区管理新路，也为调适社区自治组织与物业公司的关系奠定了良好体制基础。物业管理公司与社区居委会之间的关系非常和谐。

六是培养居民参与社区自治意识。居民的社区参与意识、参与程度是衡量社区自治和社区民主的重要指标。百步亭花园社区通过多种途径和采取多种形式，培育居民的社区意识，增强居民的社区认同感、归宿感和参与社区管理的责任感，将"社区是我家，建设靠大家"的口号变为实际行动。百步亭花园社区的主要做法是：健全和完善社区民主制度，培育社区中介组织和民间组织，组织开展社区志愿者活动，开展各种形式的科教文体娱乐活动。

第二个探索：积极探索企业经营服务社区

百步亭花园社区率先在全国探索的"建设、管理、服务"三位一体的新型社区建设管理模式，将房地产开发建设、政府对社区的管理职能和社区物业管理服务三者结合起来，延伸了开发企业的职能领域，创造了"企业经营服务社区"的概念。企业经营服务社区，就是将社区开发、社区管理、社区服务和社区建设融为一

体，实现社区发展全过程的无间隙链接，通过市场化运作实现社区建设资源的优化合理配置，不断提升社区服务功能，形成社区建设的良性循环。以企业为主体经营服务社区的结果，是加快了百步亭花园社区的建设，也使社区建设主体得到了预期的利益回报，实现了社区、企业、政府和社会多赢，并向社会提供了经营服务社区的经验和示范。

一是积极履行社会责任。在百步亭花园社区开发建设之初，百步亭集团领导层就确定了企业参与社区管理服务的基本思路，坚持追求"长远利润"、"理性利润"和"多赢效应"的义利观，坚持创名牌企业与建文明社区相结合，坚持经济效益与精神文明相结合，将企业发展与社会进步紧紧联系在一起。在社区建设上，着重抓了高品质、优配套的硬件建设和重服务、创新风的软件建设两个方面，努力开发软硬结合的互动效应，获得社会效益与经济效益双丰收的综合效益。

二是拓展企业产品含义。百步亭集团在社区建设的实践中，创造性地拓展了房地产产品的具体含义，将企业的产品定位为社区，由"建设住宅"拓展到"建设社区"；将企业的服务由"物业管理服务"拓展到"社区服务"。在社区采用市场运作方式，由"政府直接管理社区"转变为"企业经营服务社区"。

三是加强社区服务全面转型。企业经营服务社区使百步亭花园社区的服务发生了全面的功能性转变，有利于和谐社区的构建。社区服务由单一型向综合型转变，由粗放型向集约型转变，由福利型向产业型转变。面对居民日益多样化的需求，按照市场机制运行的要求，完善相应的社区建设制度和措施，吸引社会力量参与社区服务，努力为居民提供专业化、多样化、个性化的服务。社区服务的全面转型，解决了与人民群众生活密切相关的诸多具体问题。

四是优化资源配置。百步亭集团坚持"立足百步亭、繁荣百步亭、方便百步亭"的社区建设宗旨，对作为社区重要配套服务设施的商业网点资源进行优化配置。通过市场机制和有效管理，使社区的各种服务或商品的价格公道合理，使社区居民得到实惠，也促使经营服务企业不断提高服务质量和水平，又避免了商家之间的过度竞争，还确保了经营服务企业的经济效益。

五是推行社区就业与再就业。百步亭花园社区将市场运作、企业经营服务社区与社区就业结合起来，积极采取多种措施、多种途径，帮助下岗人员、残疾人、困难户等弱势群体实现就业和再就业，尤其是令人称道的"社区感情再就业"。

百步亭集团企业经营服务社区的实践，不仅为社区居民提供了优质、便利的服务，也使企业自身得到了更大的发展空间。社区居民的服务需求潜藏着巨大的商机，企业围绕社区服务可以不断延伸产业链，实现社会效益和经济效益的双丰收。近年来，百步亭集团在总投资、销售额、信誉度、效益等 12 项指标上均名列武汉房地产开发企业十强榜首。

第三个探索：努力构建社区医疗保健新体系

百步亭花园社区在发展社区医疗卫生服务方面做出了新的尝试，利用社区医疗服务廉价、便捷等优势，降低了卫生服务成本，减轻了社区居民的医疗费用负担，有效缓解了社区群众看病难、看病贵、看病远的问题，提高全社区疾病预防控制水平。

一是社区自主投资兴建社区医院。百步亭花园社区建立了武汉市首家由社区自主投资的社区医院——百步亭花园社区医院，从土地、房产到设施全部由百步亭集团投资。百步亭花园社区和百步亭集团利用自主投资的优势，从一开始就着力于软件和硬件建设，按照科室齐全、设施设备先进的现代化医院标准来建设社区医院。百步亭花园社区医院完全符合基本医疗保险定点所要求条件，经批准成为医保定点单位。

二是依托大型医院联合经营社区医院。百步亭医院由百步亭集团和武汉市中心医院联合经营。一方面，充分利用和依靠武汉市中心医院的先进技术和人才优势，规范培养、在岗培训百步亭医院医护人员，促进医护人员素质和技术水平的逐步提高；建立武汉市中心医院医生向百步亭医院"柔性"流动的机制，突破一般社区医院通常存在的人才瓶颈问题，真正做到"小病能治理，大病能鉴别，慢性病能防御"，使百步亭花园社区居民对社区医院的医疗技术质量、医疗环境质量、医疗服务质量产生认同感和信任感，乐意就近在社区医院就医。另一方面，百步亭医院与武汉市中心医院等大型医院签订双向转诊协议，实行社区医院首诊制、分级医疗、双向转诊。百步亭花园社区居民首先就近到百步亭医院就诊，如果不能在社区诊治的，由百步亭医院出具转诊材料，让患者到市中心医院做治疗，而在中心医院做了治疗后的患者，也可回到社区来做康复治疗，实现"小病不出社区、大病及时转诊、康复回到社区"的医疗服务。

三是构建点面结合的非营利性社区医疗卫生服务网络。百步亭花园社区非营利性社区医疗卫生服务网络，主要由社区卫生服务中心和组团苑区医疗服务站构成。百步亭花园社区卫生服务中心以百步亭医院为实体依托，而医疗服务站则建在各个组团苑区，居民在自己的组团苑区内就可以享受医疗服务，通过大、小医疗网点的合理布局和周密方便的医疗体系服务，使社区居民小病不出苑区，大病首次就诊社区。社区医院与社区卫生服务中心、组团苑区医疗服务站等公益性及非营利性医疗卫生服务机构对接起来，形成点面结合的医疗卫生服务网络，改变了以往单纯的医院内临床医疗为主的传统医疗模式，形成一种院前预防和急救、院内诊断和治疗、院外监测和康复以及社区和家庭医前保健相结合的多元化、多层次的现代医疗卫生系统。

四是以医药分家降低医药费用。百步亭医院实行"医药分家"的医疗服务模式，将药房分离出去，交由医药企业经营，医院只负责看病，医药公司实行"上游利润支撑"模式，进行平价经营。医院医生处方收益与药房药品收益脱钩，各自独立运营；主要药品采购与药品生产厂家对接，最大限度地降低药价；医生诊断、处方与取药分离，这就从源头上切断了社区医院、卫生服务中心以及组团苑区医疗服务站等社区医疗卫生机构的趋利链条，有效地防止医疗腐败和医疗资源浪费，克服了"以药补医"、"以药养医"乃至"以医卖药"的医疗模式。

五是加强对社区医疗服务的有效监管。百步亭花园社区通过以下三点实现社区医疗服务的有效监管：首先是建立监管和监督机制，进一步加强社区医院和医疗服务机构的管理，严格收费管理和药品价格管理，改善医疗服务，构建和谐的医患关系。其次是在社区医疗卫生服务系统深入持久地开展政治思想教育、职业道德教育和廉洁教育，建立教育、制度、监督三者并重、惩防并举的纠风工作长效机制。再次是建立居民评议制度。每年对百步亭医院、社区卫生服务中心以及各个组团苑区的医疗服务站医务人员考核两次，向居民公开述职，工作优劣不只看业务收入指标，更看重工作质量、居民满意度等。这种社区医疗卫生服务体系真正赢得了社区居民的认同和信任，真正把医疗、预防、保健、康复、健康教育和计划生育"六位一体"工作做实，解决社区群众看病难、看病贵、看病远的问题。

第四个探索：精心打造社区和谐文化

在创建以共建共享为特色的社区和谐文化过程中，百步亭花园社区始终注重社区文化品牌的打造，充分发挥社区文化品牌的示范、凝聚和影响作用，凸显百步亭花园社区的特色和温馨。

一是以景观文化陶冶人。创新以中国亭文化为特色的百步亭花园社区景观文化，以"亭文化"为主题，巧妙地将各种亭阁的观赏性和功能性结合起来，使社区居民时刻感到生活在具有传统文化意蕴的家园中，享受"诗意般的居栖"，增强了社区居民的家园意识。

二是以民俗文化感染人。百步亭花园社区利用春节、元宵节、端午节、中秋节、重阳节等中国传统节日及相关民俗，甚至创造具有百步亭花园社区特色的新民俗，创新了以中国"亲情友情邻里情"为特色的百步亭花园社区人文文化。

三是以学习文化教育人。百步亭花园社区的学习文化建设主要体现在，通过加强硬件和软件建设，促进学习型社区建设。

四是以公益文化教化人。在社区居民群众的自觉、自愿和自治的基础上，百步亭花园社区成立各种志愿者队伍。通过参与社区公益文化和公益服务活动，既锻炼了社区居民的自治能力，真正实现了居民的"自我管理、自我教育、自我服务、自我监督"，又使社区居民从其公益活动中受益。

五是以群体文化凝聚人。百步亭花园社区是全国社区文化的先进之一，群众不出社区就可开展丰富多彩的、有组织的文化活动。

六是以高雅文化提升人。社区居民文化需求的多样化，要求百步亭花园社区文化建设做到品位多元、雅俗共赏。百步亭花园社区在满足需求中努力提升社区的文化品位。

七是以时代文化鼓舞人。百步亭花园社区经常举办经验交流会、形式教育报告会、先进事迹报告会、社区居民恳谈会。积极倡导社区"五种精神"，即以雷锋精神鼓舞人，以仁爱精神感动人，以刻苦精神教育人，以敬业精神服务人，以团队精神熏陶人。

百步亭花园社区坚持"以人为本、以德为魂、以文为美、以和为贵"的和谐社区核心价值理念，将"和谐"作为社区建设的一种价值取向和一种文化境界，最终把"和谐"的思想内涵体现在社区物质文化、活动文化和精神道德文化的方方面面，形成一种具有百步亭花园社区特色的和谐文化。这是一种科学的和谐发展文化、先进的和谐治理文化、高尚的和谐人际文化、良好的和谐生态文化。这种具有百步亭花园社区特色的和谐社区文化，成了一种社区文化建设的品牌，也因此以"人文社区"的面貌而为世人所知，成为中国和谐社区建设的一个典范。

百步亭花园社区建设取得的绩效引人注目，给人们以深刻的启发和不尽的思考。我讲的第二个方面就是百步亭花园社区建设带来的新启示。

启示之一：和谐文化是和谐社区建设的重要基础

社区是社会的细胞，社区和谐是社会和谐的基础，建设和谐文化是构建和谐社区有效的途径。百步亭花园社区着力营造了极具特色的和谐文化。

一是高度重视和谐文化的基础设施建设。百步亭花园社区高度重视和谐文化的基础设施建设，为社区居民创造一个良好的文化环境。这些设施极大地满足了居民多方位的文化休闲需求，为活跃社区人文文化创造了必要的条件。

二是积极倡导社区和谐的价值取向。百步亭花园社区是一个极具特色的人文大社区，也是一个名副其实的精神家园。百步亭成功地培育了具有强烈时代特征、以"热心公益、友爱互助、追求崇高、重视德行"的社区公共价值观，并以此为纽带构建了融洽和谐、互帮互助的人际关系，营造了深厚的人文环境、浓郁的社会主义道德氛围和健康向上的社区风气，塑造了独具魅力的百步亭人形象和百步亭精神。

三是大力促进和谐文化活动的推广和创新。文化活动不仅具有服务功能，能吸引人、愉悦人，而且具有教育功能，能使活动主体在潜移默化中得到熏陶。百步亭花园社区广泛开展"爱党爱国爱社区、亲情友情邻里情"、"人人争做文明市民"等丰富多彩的文体、教育活动。

四是不断强化社区精神的提炼和培育。百步亭花园社区党委积极倡导社区"五种精神"，着力于培养社区居民"向上向善向美"的情操，培育社区居民的现代公民意识。

五是努力进行社区形象的塑造和展现。社区形象是一个社区的内部与外部公众对该地区的整体印象与评价。百步亭花园社区树立的良好形象，展示了社区和谐文化建设的成果，展示了社区居民的精神风貌，提高了社区的知名度、美誉度，增强了社区的吸引力、辐射力和凝聚力，而且激发了社区居民的自豪感、自律感和使命感。

和谐文化是无形的，但它作为重要的价值观，主导着社区发展的方向。应充分发挥和谐文化在构建和谐社区中的功能，确立社区和谐文化建设的发展方向，构建健康向上、协同进步的文化体系，营造和谐的文化氛围。用先进的和谐文化培育人、塑造人，丰富人们的精神内涵，提升人们的文化精神，使之拥有良好的精神风貌、振奋的精神状态、高尚的道德情操，从而奠定和谐社区的精神基础，进而推进和谐社区的建设进程。

启示之二：社区建设多目标协同产生整体效应

百步亭花园社区的创新实践表明，社区建设多目标协同产生整体效应。百步亭花园社区发展模式集中可以概括为"党的领导、政府服务、居民自治、市场运作",具体表现为"四个三"。

一是开发、管理、服务三位一体协同。百步亭花园社区的管理体制是政府指导、市场运作,尤其是以企业为主导经营服务社区,政府变直接管理为间接管理,较好地体现了"小政府、大社会、强管理、优服务"的发展要求。在百步亭花园社区,福利性服务、个性化服务、公共性服务和商业性服务,分别由社区居委会、物业管理公司、社区慈善援助会、教育援助会、群众互助组织和各种商业服务网点来承担,体现爱民为民、便民利民的宗旨。

二是民主、民建、民享三者整体推进。百步亭花园社区将"民主、民建、民享"融为一体,将三者整体推进。这里所说的"民主"就是形成了一整套议事决策的规则和程序,使社区能够集中民意,开发民智、顺应民情,凝聚民心,让居民成为社区真正的主人,使其有知情权、发言权,决策权,民主渠道畅通。"民建"是指以民营企业为主导经营服务社区,从房地产开发、物业管理到社区建设。"民享"是指社区的家园意识植根于社区居民的心中,大家能共同分享社区建设的成果。

三是政府、企业、居民三方有机合作。百步亭花园社区模式成功之处还在于,在社区建设和管理中充分调动企业、政府、社区居民三方的积极性、主动性和创造性。政府高度关注和支持,社区居民积极参与,企业主动履行社会责任,使社区建设资源得到了空前的合理配置和优化配置,使相关社会资源得以尽可能充分的利用,有效地减少了社区建设的社会成本,有效地减少了社区建设中的矛盾,提高了社区建设的效率。

四是物质、政治、精神三个文明协同联动。百步亭花园社区是物质文明、政治文明、精神文明协调发展的成功范例。三个文明的建设不是单打一,而是协调发展、良性互动和相互促进。物质文明奠定基础,精神文明提供动力,政治文明保证方向。

百步亭花园社区多目标协同产生整体效应,其发展模式体现了我国城市建设与管理体制改革的基本要求,是社会主义市场经济体制下社区建设管理的成功模式,是在新历史条件下社会的事由社会办的有益实践，确实具有方向性、突破性和普遍性意义。

启示之三：社区—企业合作实现多方共赢

百步亭花园社区推行的社区—企业合作，以其成功的经验向我们展示了作为经济组织的企业与作为社会组织的社区有机地结合起来，形成一种真正建立在义利调节机制上的利益共同体，能够实现社区建设资源的合理配置和多方共赢。

一是社区—企业合作与时俱进。作为经济组织的企业与作为社会组织的社区相结合，是百步亭花园社区模式的一大特色。这里的社区—企业合作不是企业办社会的简单延续，而是企业经营服务社区，是企业不断拓宽自身发展空间的结果，是企业追求经济效益和社会效益相结合的结果。这样既可以降低政府在社区的行政成本，又可以调动企业经营服务社区的积极性。

二是社区—企业合作促进企业的自身发展。社区—企业合作实现了企业的自我提升。由于百步亭花园社区的经营服务者——百步亭集团积极参与百步亭花园社区的管理工作并得到社区居民的认可，从而带动了住宅楼的销售，取得了显著的销售业绩，实现了良好的经济效益。百步亭集团现在已成为集房地产开发、社区建设、物业管理、文化产业、船舶制造、酒店和医药经营等为一体的跨行业、跨地区综合性大型民营企业集团，拥有20家下属企业。

三是社区—企业合作加快政府职能转变。以企业主导经营服务社区加快了政府退出社区建设一些具体事务的进程，政府变直接管理为间接管理，注意力转向政府应当承担的宏观调控方面。在建立社会主义市场经济体制的过程中，政府应该把该做的事情做好，不该做的或不宜由政府直接去做的坚决不做；凡是市场能做的，应放手让市场去做；凡是中介组织能做的，就交给中介组织去做。基本方向应该是政府向社区授权，向有条件的、尤其是积极履行社会责任的企业和社会组织分权。

四是社区—企业合作促进社区管理民主化。企业经营服务社区还为社区管理的社会化、民主化提供了一种内在发展机制，这种机制主要表现为市场链。在市场链中，社区居民既是消费者，同时又是社区建设主体；企业是产品和服务的提供者，同时也是社区建设主体。在这一双向调适过程中，企业与居民面对面互动，可以通过相互沟通、相互协调、共同建设社区，从而促进整个社区管理的民主化、社会化。

启示之四：社区非政府组织日趋重要

百步亭花园社区非政府组织众多，志愿者服务内容十分丰富，包括美化环境、帮困助弱、维护治安、智力咨询、文化娱乐等，初步建成了满足人们日常物质和精神文化需求的服务系列。百步亭花园社区的这些志愿服务组织和团体，把社区内分散的、孤立的个人和家庭动员起来，协调合作，组织成为积极的社会力量，共同推动社区的全面进步和发展。

一是非政府组织是沟通政府与居民的桥梁。随着"小政府，大社会"格局的逐步形成，企业剥离出来的部分社会职能，政府转移出来的部分服务职能，必须由社区来承接。原来完全依靠单位的"单位人"正在向"社会人"、"社区人"转变，人们越来越多的生活需求问题要靠市场和社区来解决，基层社区将成为人们的主要活动基地。在这种背景下，公益性、志愿性、非营利的民间组织的介入，可以有效地解决这个问题。

二是非政府组织是实现政事分开的重要载体。目前，政府机构正在按照"政事分开"的原则推进，那些承担着中介组织职能的政府机构，那些直接从事社会福利和社会公益事业的单位，将逐渐和政府脱钩并向社会中介组织转制。非政府组织可以弥补政府资源的欠缺，大大弥补政府资源的不足。

三是非政府组织促进社区建设专业化发展。非政府组织进入社区，必然会促进社区建设的现代化、专业化进程，不断满足迅速发展的居民个性化、多样化的需求。非政府组织把贴近社区居民、满足社区居民的基本需求放在首位，通过参与社会救助和福利服务、便民利民服务、社会化服务、再就业服务等，不断拓展社区服务的功能。

四是非政府组织培育社区居民参与意识。社区居民是社区参与的主体，社区居民参与是社区建设的基础，社区居民的意愿是推动社区发展的根本动力。非政府组织作为联系政府与百姓的桥梁和纽带，表达着民众的利益诉求和愿望，社区居民可以通过非政府组织参与社区与政府的交流与对话，参与对社会事务的管理，为社区创造良好的环境和条件。

五是非政府组织促进社会资源整合。非政府组织在社区建设中提供的各种服务，为促进社会整合、维持社会稳定起到了重要作用。非政府组织的发展有利于提升社会资本，促进公众之间的相互信任，弘扬利他行为和公益行为，动员社会力量援助弱势群体，回归崇尚道义的社会，扩大社会公平，缓解社会矛盾，维持社会稳定。

非政府组织在百步亭花园社区建设发挥了重要作用，为我国的城市社区建设提供了新的启示。在社区这一自治性极强的领域中，非政府组织相较于政府而言，在整合社区资源、满足社区生活多样化需要、援助弱势群体、推动社区自治、增加就业机会等方面具有独特的优势，是社区建设的一支日益重要的力量。在和谐社区建设中，必须坚持政府指导与社会参与相结合的原则，充分利用包括非政府组织在内的各种社会力量，合理配置社区资源，不断完善社区功能，促进社区的可持续发展。

启示之五：信访制度创新能有效减少社区矛盾

百步亭花园社区在信访工作中"着眼于源头、着力于基础、着手于小事"的做法，具有创新性、普适性和示范性，是建设和谐社区的成功经验。

一是信访工作着眼于源头。信访工作着眼于源头的实质是以人民利益为重，从源头上消除可能产生的社会矛盾和信访问题的可能性，尽可能以多赢互动来体现和满足不同利益群体的利益需求。百步亭花园社区尊重每个社区居民的正当利益，坚持以人为本、服务群众、居民利益高于一切的创建理念。开发商自觉追求理性利润并承担企业的社会责任，物业管理坚持"社区居民利益为最高服务原则"，不断提高社区服务质量，不断拓展社区服务范围。

二是信访工作着力于基础。信访工作着力于基础的实质是服务群众，服务群众就是要尽可能解决群众最关心、最迫切需要解决的问题。百步亭花园社区坚持从实际出发，从群众需要出发，千方百计地服务群众，力求"上为党和政府分忧，下为居民群众造福"，使社区环境怡人、配套完善、治安良好、服务周全、充满关爱，使社区居民舒心、安心、放心和开心。百步亭花园社区注重努力解决基层应该解决的矛盾和问题，将化解社会矛盾和信访问题隐患融入全心全意服务群众的过程中。百步亭花园社区有高效率的信访渠道，可以尽快解决基层应该解决的问题，使信访人的要求能得到倾诉，其压力得到释放，其问题得到解决。

三是信访工作着手于小事。信访工作着手于小事的实质，是"群众利益无小事"，尽可能做那些得人心、暖人心、稳人心的好事实事。凡是涉及群众的切身利益和实际困难的事情，再小也要竭尽全力去办。百步亭花园社区在开发、建设和管理中，始终关注和重视涉及群众利益的大事小事，并确立办事的原则和标准，形成了信访"首问负责制"等一套办事的规范程序。百步亭花园社区从抓小事着手，从防患于未然着手，有效地化解了一些社会矛盾和信访问题，并努力在基层将矛盾、问题消灭在萌芽状态。

百步亭花园社区将信访工作作为系统工程统筹考虑的做法，符合信访工作的客观规律和时代背景，"着眼于源头、着力于基础、着手于小事"的创新实践，已取得明显的成效。这不仅表明许多信访问题是应该也能够在基层解决的，而且给我们带来了重要启示：群众利益无小事，应努力服务群众，尽可能将社会矛盾和信访问题在其形成过程中、在基层化解。在我国加大改革力度、加快经济发展且社会矛盾集中反映的背景下，我们应该从重视对事情的结果，过渡到重视对演化过程的控制；从着力于问题发生后的被动解决，过渡到对问题产生的积极预防；从矛盾激化后的善后处理，过渡到矛盾酝酿过程中的化解；从一些矛盾产生后的层层上交，过渡到主要将矛盾在基层解决。

启示之六：和谐社区建设促进生活质量跃升

百步亭花园社区以人性化的标准为社区建设定位，在为居民提供一个一流的外部生活环境和优良的社区服务设施的同时，通过各种方式提高居民的自身素质，培养居民的文明意识，构建了一种健康、文明、科学的生活方式。百步亭花园社区文明和谐的邻里亲情和安宁祥和的居住生活，吸引了无数的人们，被广大市民称赞为"绿色社区、安全港湾、温馨家园"。社区居民们感慨地说："选择百步亭，就是选择幸福生活。"百步亭花园社区居民以生活在该社区为荣，他们的幸福感普遍比周边其他社区居民要明显高一些。

其一，社区环境是构成社区生活质量的基础。百步亭花园社区以业主利益为建设的最高准则，在社区规划设计、配套建设、服务管理上都注重科学性、合理性、前瞻性，实现了建设绿色社区、温馨家园、安全港湾的目标。优越的社区环境是百步亭人具有较高生活质量的客观基础。让老百姓买得放心、住得安心、活得舒心。

其二，权益保障是社区生活质量的重要指标。百步亭花园社区新型的社区管理体制以及利益协调机制、诉求表达机制、矛盾排查调处机制和权益保障机制，实现了"三个关系"的和谐：一是实现了开发商与业主关系的和谐；二是实现了物业管理者与业主之间关系的和谐；三是实现了管理者与被管理者关系的和谐。这三个关系的和谐维护了社区居民的合法权益，也确保了社区居民生活质量。

其三，广泛参与是社区生活质量的重要内容。与社区环境"硬指标"相比，社区参与和社区权益都是构成社区生活质量的"软指标"。百步亭花园社区居民的家园意识、参与意识强，居民参加社区自治管理，不仅有发言权，还有决策权，社区居民提出的许多合理性意见和建议均被采纳。社区居民感受到自己在社区的价值，激发了他们的家园意识、责任意识、主人翁意识，也增强了对社区认同感、归属感和责任感。

百步亭花园社区用事实说明，社区建设实质上是建设一种高质量的生活方式，必须高度关注民生、民计、民权、民情、民心，坚持社会发展目标上的以人为本，积极解决人民群众最关心、最直接、最现实的利益问题，把实现好、维护好、发展好社区居民的根本利益作为出发点和落脚点，尽可能地满足人们的生存需求、并为其发展提供广阔的空间。百步亭花园社区积极构建和谐社区、实现生活质量跃升给人们以重要启示：百步亭花园社区为发展中国家和谐社区建设探索出一条新路。对于发展中国家和发展中地区而言，由于其现代化启动晚，普遍存在经济发展相对落后、国民人均收入水平比较低、政府公共财政能力有限、社会保障体系不健全、社会不稳定因素较多等问题。百步亭花园社区的建设实践表明，在发展中国家通过社区建设管理体制的创新、经营社区观念的强化、社会相关资源的整合、社区建设主体的构建以及义利机制的调节，能够有效地建设和谐社区和可持续发展社区，并使之成为社区居民的温馨家园和精神家园，从而使他们对实际生活水平的主观感受和真实生存状况超过社会现实经济发展水平，从而实现生活质量的跃升。

百步亭花园社区作为创建全国文明社区、和谐社区的先进典型，在社区、企业、政府以及社会多方合力的推动下，不断取得创建的成果，不断实现了自身的超越。纵观百步亭花园社区近年的发展，社区管理模式成效显著，社区服务功能全面提升，社区发展环境更加优化，社区品牌效应不断强化。这些都是不争的事实。但是，百步亭花园社区作为中国和谐社区建设的一面旗帜，作为中国和谐社会建设的一个缩影，这个知名品牌具有深远的历史传统意蕴，也具有深刻的现代动态内涵。这个由社区、企业、政府和社会共同打造的知名品牌，并非优而无疵、洁而无瑕、尽善尽美，还需要提升和放大，还需要精雕和细琢，还需要不断与时俱进，还需要不断在实践中以创新求发展，还需要人们不懈的追求，也还需要社会各方面的关心呵护。

最后，我想说，百步亭花园社区在不断发展，那么我们对百步亭花园社区的长期跟踪研究还将持续下去。

131

和谐社会、资源环境约束与自主创新

◎ 简新华

简新华，1947 年 8 月出生。武汉大学经济与管理学院教授、博士生导师。享受国务院颁发政府特殊津贴专家，国家社会科学基金重大招标项目首席专家。现任教育部人文社会科学重点研究基地——武汉大学经济发展研究中心副主任，湖北省高校人文社会科学重点研究基地 —— 武汉大学人口、资源、环境经济研究中心主任，武汉大学战略管理研究院副院长。兼任中国工业经济学会副理事长，中国《 资本论 》 研究会常务理事，世界政治经济学会理事，中国工业经济学会产业经济学专业委员会委员，中国人口学会人口学科发展专业委员会委员，湖北省经济学团体联合会常务理事，湖北省人口学会副会长，武汉市宏观经济学会常务理事，暨南大学产业经济研究院特约研究员，中国地质大学讲座教授，北京工商大学客座教授，河

南大学、浙江财经学院、石家庄经济学院兼职教授。曾任武汉大学经济学院副院长、武汉大学经济研究所执行所长、江汉大学发展研究院首席教授。主要研究方向是中国经济改革和发展。先后承担国家社会科学基金，自然科学基金，教育部人文社会科学研究重大课题，一般项目，国际合作、省、市科研项目10多个。先后在包括《经济研究》、《管理世界》、《求是》等权威刊物上发表学术论文160多篇，参加编写出版学术著作和教材10多本，担任其中8本的主编。科研成果获得包括中共中央宣传部1994年度"五个一工程"一本好书奖、教育部第二届全国高校出版社优秀学术著作特等奖、国家人口和计划生育委员会颁发的中国人口科学优秀成果著作一等奖、湖北省社会科学优秀成果二等奖等省部级奖在内的10多项奖励。

我重点讲人和自然的关系，准备讲五个问题，一是和谐社会与资源环境两者之间的关系，二是中国的资源环境的现状，三是实现人与资源环境和谐的途径，四是关键在于自主创新，五是如果有时间的话，提一下实现自主创新的措施。主要的观点有四个，一是人与自然的和谐，是和谐社会的物质基础；二是中国目前人与资源环境是不太和谐的；三是人与自然和谐的关键是自主创新；四是中国已经进入以自主创新为主的阶段。

大家知道所谓和谐社会主要包括两个方面，第一个是人与人的和谐，第二个是人与自然的和谐。人与资源环境和谐意味着资源环境能够支撑人类社会经济可持续发展，人类可以通过节约、高效开发利用并保护资源来保护、改善和优化环境。人与资源和谐的社会是资源节约型社会，人与环境和谐的社会是环境友好型社会。人与资源环境不和谐则意味着资源短缺、低效利用、浪费破坏、环境污染、生态失衡，人类社会经济发展不可持续，和谐社会也就无法建设。人与资源不和谐的社会是资源浪费型社会，人与环境不和谐的社会是环境恶化型社会，所以和谐社会必须要做到人与自然环境的和谐。人与资源的和谐实际上是建设和谐社会的物质基础，是不可缺少的。

多年来我们认为我们国家的资源是非常丰富的，经常说中国地大物博、物产丰富，但是实际上中国的人均资源拥有量大大低于世界平均水平。举几个例子，比如说作为生命之源的淡水，我们的人均淡水仅仅只有世界平均水平的1/4；作为财富之母的土地，人均耕地不到世界的1/2；作为黑色黄金的煤炭，人均探明的可采储量仅仅只为世界的62%；作为工业的血液的石油，人均探明的可采储量只有世界的7%，大大低于世界的平均水平。我们国家现在正在实现工业化和城市化，但是我们现在实现工业化和城市化的资源条件比起发达国家来说是非常差的。发达国家在工业化、城市化的过程中，它们的资源和环境条件比我们现在要优越得多，那时候环境非常好，几乎没有什么污染，很多资源都没有开发，没有应用，资源非常丰富；但是中国现在的工业化和城市化，资源严重短缺，环境严重恶化，所以我们面临的困难比发达国家要大得多，这是中国资源状态的第一个方面。

第二个方面就是资源消耗非常多，为什么多呢？就是因为中国正处在工业化的中期，大家知道以工业化中期的产业结构是什么特点？那就是以重化工为主导。中国现在进入了一个再一次发展重化工业的阶段，从1999年开始一直到现在八年多的时间里面，重工业的比重是最大的，发展是最快的，投资是最多的，利润也是最多的，而且这个增长的势头仍然在继续，这个阶段以重化工为主导，同时城市化也在加速。我们国家改革开放以来，城市化的进程大大加快，我给大家介绍一个数据就可以说明这一点。20世纪80年代我们国家的城市化率，也就是城市人口占总人口的比重，平均每一年提高多少百分点呢？0.7个百分点；20世纪90年代我们国家城市人口增加的百分点也就是城市化率提高的速度是多少呢？年均一个百分点；进入21世纪，一直到去年，每年城市人口的增长率，也就是城市人口的比重提高多少呢？1.3个百分点。你看从0.7到1到1.3，这就表明中国的城市化进程大大地加速了。而且，中国正处于一个基础设施大规模建设的阶段。大家知道我们整个中国从80年代开始一直到现在都是一个基本建设大工地，必然要消耗大量的钢材、大量的电解铝、大量的水泥、大量的机器设备、大量的能源，这也是一个非常重要的原因，是中国所处的经济增长的阶段所决定的。再加上我们的技术水平比较低、管理落后，我们的增长方式是粗放的，而且市场机制的作用还发挥得不充分，特别是人为压低资源的价格，造成了不必要的浪费，所以我们的资源消耗特别多。

第三个特点就是中国资源的利用效率比较低。这里要举几个例子，比如说我们每一吨的能耗实现的 GDP，仅仅只是世界水平的30%；2004 年我们生产了世界 GDP 的 4.4%，但是我们消耗的资源情况怎么样呢？消耗了全世界原油的 7.4%，原煤的 31%，铁矿石的 30%，钢材的 27%，氧化铝的 25%，水泥的 40%。总产值只有 4.4%，但是我们消耗的这些最重要的资源达到了 20% ~ 30%，甚至 40%。这样一种资源的现状严重地制约着中国的经济社会发展，在我们的经济生活中也可以看出来，前几年我们国家出现了严重的煤荒、电荒、油荒、气荒，这就表明我们的资源状况是相当严峻的。

那么怎样克服资源环境的制约，真正实现人与资源环境的和谐呢？首先看人与资源怎么做到和谐？

这里提出两个途径，这都是大家非常清楚的，那就是开源节流。怎么开源？所谓开源就是增加资源。我们资源严重短缺，消耗又很大，怎么办呢？那就要增加资源。增加资源一个就是我们自己，本国要开发新的资源；另外一个还要充分、合理地、尽可能地利用国际资源。这里我想展开说明一下，现在我们国家进口的外国资源已经开始增多了，于是他国就纷纷指责我们，说我们抬高了油价，说我们把国际上的铁矿石的价格也抬起来了，指责中国消耗了太多的国际资源。好像是中国就不应该发展！我觉得这种指责是非常不公平的，甚至可以说是不地道的，为什么呢？因为，翻一翻世界经济发展史，世界上没有哪个工业化国家完全是靠本国资源实现工业化和城市化的，从英国开始一直到后来的法国、德国、美国，甚至到日本，大家去看看它们的发展史，它们哪一个是完全依靠本国资源实现工业化的？没有。更何况中国这么一个大国，这么多人，而且人均资源占有量大大低于世界平均水平，怎么可能完全靠自己的资源去实现工业化和城市化呢？中国为什么就不能利用世界资源来实现自己的工业化和城市化呢？所以我觉得中国要解决我们的资源问题肯定也要合理地、尽可能地运用国际资源。当然我们不是去掠夺别人的资源，而是要等价交换、优势互补，实现双赢，既满足了自己资源的需要又促进了别的国家的经济发展。

第二个途径是节流，那就是节约高效利用资源。具体来说就是通过提高技术水平、转变增长方式，发挥市场机制的作用，特别是价格杠杆的作用；通过优化产业结构，发展循环经济，加强管理这样一些措施来实现人和资源的和谐。

我觉得这所有的措施主要可以分为两个方面：一个就是技术进步，最重要是通过技术创新来实现技术进步；第二个就是制度完善，通过制度创新来实现这个制度完善。

怎么实现人与环境的和谐呢？总的来说就是要保护环境、防止污染，具体来说就是要增强环保意识，健全环境法制，加大环保投入，采用环保技术，发展环保产业。从我们刚才讲到的这些实现人与环境和谐的措施来看，实际上也可以分成两个方面：另一个就是制度创新，另一个就是技术创新。环保意识增强，加强环境的法制，增加环保投入，主要靠制度创新；那么环保技术、环保产业主要是靠技术创新。我们可以说制度创新是动力和保证，而技术创新是关键，其中，最关键的是自主创新，但是我这里还没有说明为什么自主创新是关键，需要进一步加以解释。

要想说清楚这个问题，首先涉及我们国家在进入21世纪以后提出一个重要的战略方针，那就是要努力地自主创新。这个方针提出来以后，在我们国家理论界出现了争论，首先就为对这个概念的理解是不是具有科学性，提出了质疑。有的学者提出了不同的看法，觉得这个概念本身就是不科学的，什么叫自主创新，凡是技术创新都是自主的，不存在什么自主和非自主的创新之分，所以认为提出这个概念是多此一举。因此要想正确地认识自主创新问题，首先就必须回答自主创新这个概念是不是科学的。作为我个人来看，我觉得这是一个科学的概念。因为，技术进步是指拥有、采用先进技术，先进技术则分为两大类，即非新的先进技术和新技术，而技术进步可以通过两条途径——技术引进和技术创新来实现。技术创新是指开发新技术，又可以分为两种类型：一种是外依型创新即主要依靠外部力量、自己无知识产权的技术创新，也就是国外的、别人的创新，这种创新产生的新技术只能通过引进而拥有、采用；二是自主型创新即主要依靠内部力量、自己拥有知识产权的技术创新，这种创新产生的新技术自己能够直接拥有、采用。由此可见，自主创新概念具有科学性。

自主创新的争论，最重要的还不在于这个概念的争论，争论的主要问题是什么呢？那就是中国现在要不要自主创新，能不能够自主创新。我个人认为，中国现在已经进入了自主创新的阶段，现在必须要进行自主创新，并且已经初步具备了自主创新的条件。

为什么呢？我下面从五个方面简单说明一下原因在哪儿。

第一，中国现在正在转变增长方式，而经济增长方式的转变必然要求自主创新。因为这么多年来我们主要是靠低生产要素成本，包括劳动力的低成本、资源环境的低成本来实现经济增长的，但是现在生产要素的成本价格全部要上涨，劳动力价格要上涨，资源的价格要上涨，环境的成本要提高，治理环境的成本也要增加，所以转向高的要素成本，原来那一种粗放型的增长方式现在根本没办法维持下去，必须转向集约型的增长方式。那么集约型的增长方式靠什么？就是靠技术进步、靠管理的科学，不创新做得到吗？做不到，所以成本的压力就推动着中国必须自主创新。

第二，就是技术进步的必需。改革开放以来，可以说中国的技术进步经过了两个阶段。第一个阶段主要是以技术引进为主的阶段，我们特别注意发挥了我们国家拥有的后发优势，引进国外现成的先进技术，现在我们已经掌握了比较先进的一般技术，中国的技术要再进步怎么办？那就需要掌握高新技术。高新技术怎么才能取得？仍然靠引进行不行？现在已经不行了，所以中国现在实际上进入了以自主创新为主的技术进步的第二个阶段。因为我们现在所需要的是高新技术，我们的技术必须再上一个台阶，但是从发达国家引进技术受到非常大的限制，西方发达国家的高新技术对我们是实行封锁的，拿钱都是买不到的。大家可能看到报道，从 6 月 19 日开始，美国政府又扩大了对中国出口高技术的限制，在很多领域，高新的技术全都不允许美国公司把这些技术和设备出口到中国，它的范围还扩大了，时间关系我这里不详细介绍这个范围了。那怎么办？现在我们已经进入了需要高新技术的阶段，发挥后发优势又买不来，引进不来，当然就只能自主创新了，所以技术进步的压力也要推动中国必须走向自主创新。

第三就是提高国际竞争能力的必要。大家知道我们现在的外贸顺差过大、外贸依存度太高、贸易摩擦不断、出口受阻、国际竞争激烈、外贸条件恶化，数量扩张型的外贸难以可持续发展。我们的轻纺工业、劳动密集型产业的出口量很大。这里我举个例子，我们国家每年可以生产 90 亿双鞋，那么世界现在有多少人？65 亿人，我们为每一个人生产一双鞋子还要多，总不能把所有的鞋子都给中国人生产吧！那么这样一种外贸方式，增长方式还能不能继续？显然是不能。所以我们国家现在提出来要转变外贸增长方式，不只是我们的经济增长方式要转变，外贸的增长方式也要转变，怎么转变？要由数量扩张型转向质量取胜型，要由低生产要素成本、低价格取胜转向由高品质、好品牌取胜，要由停留在产业链的低端转向产业链的高端，要提高我们的加工度，要增加我们的附加值，要由低技术转向高技术，要由低效益转向高效益。大家知道我们现在在为别人打工，我们现在出口很多，不断地提高位次，世界第三了，但是我们赚了多少钱呢？我们赚的钱是非常少的。大家感觉很奇怪，中国现在的经济增长这么快，全世界第一，总量的位次不断提高，进出口的贸易也是总量的位次不断地提高，排在世界前列，但是老百姓感到自己的收入增加不多，为什么？因为我们停留在产业链的低端，我们的加工度、附加值太低了。这我也举个例子，一只鼠标在美国的市场上卖 41 美元，但是中国人得到多少？3 美元，只得到 3 美元哪！所以现在急需要提高我们的国际竞争能力，特别是要由原来的低生产要素成本、低价格，转向自主创新技术，形成自己的自主品牌，这样一种竞争的压力也迫使我们不得不进行自主创新。

第四个方面，就是满足国内市场需求的这样一种要求。改革开放 20 多年以来，我们的经济增长很大程度上是依靠出口来推动的，那么作为一个最大的发展中的大国，经济增长能不能完全是外向，能不能主要靠出口来推动？显然是不行的。所以进入 21 世纪初的时候，当时担任总理的还是朱镕基，朱镕基总理在他的政府工作报告里面就提出来了，21 世纪中国经济增长的根本之策是什么？扩大内需。扩大国内的需求是根本之策，所以我们必须由出口导向为主转向扩大内需为主。那么现在在我们国内的需求没有得到满足的是什么呢？并不是轻纺工业品，也不是劳动密集型的产品，因为这些我们已经生产过剩了，现在我们缺的就是先进的装备、关键的零部件、核心的技术，这些都是我们严重短缺的，需要大量进口的。我们现在每年要花 1 000 亿美元从国外进口先进的技术设备，还要花 1 000 亿美元进口关键的零部件。我们是造船大国，那么船舶最核心的部分——发动机，主要是靠进口，加起来就是 2 000 亿美元。我们现在每年引进的外资是多少呢？五六百亿美元，也就是说我们要拿引进外资的三倍多的钱到国外去买我们所需要的先进设备、关键零部件和核心技术，急需要进口替代，自己生产、自己创造，所以从满足国内需求来看，现在我们也必须要自主创新了。

第五个方面，我们有没有自主创新的条件呢？应该说我们已经初步具备了研发条件了。今天的中国已经不是 1978 年的中国了，已经初步具备了必要的技术力量和基础。首先技术要进步、要创新，必须要有钱，要有资本，那么我们现在有没有资本呢？应该说我们现在的资本已经比较充足了。我们国家有一些非常有名的经济学家，一直到现在为止，认为中国还只有一个优势，什么优势？就是劳动力丰富价廉，除此以外没有任何优势了。我觉得 28 年以前这样说非常正确，但是 28 年以后的今天还这样说，我觉得不太符合中国的实际了，我认为中国现在的资本已经是比较充足了。为什么能得出这个结论呢？我们也用事实来说话，中国现在的资本，是不是还是那么短缺？我们说已经不是了，资本的供给状况已经得到了非常大的改观，一个就是我们城乡居民存款积蓄的余额，多少？达到了 17 万亿元人民币。这是一个非常庞大的数字，每年引进外资五六百亿美元，外汇储备 1 万多亿美元，银行的利息率按照我们物价的指数一算，实际上是负利率，把钱存在银行里，不仅不能增值甚至连保值都保不了，无论你从哪个方面来看，能说中国现在还是资本短缺吗？显然不是的，我觉得中国资本现在已经比较充足了。20 世纪 80 年代是有项目找不到钱，现在是有资本、有钱，找不到有利的投资场所，找不到好项目。所以中国完全有自主创新的资本条件了，所以不能认为中国现在还只有一个优势——劳动力丰富价廉。除了资本条件具备以外，还有一个是中国已经掌握了一般的先进技术，也就是说我们的技术水平已经有很大的提高了，在有些领域我们甚至达到世界的先进水平，少数领域甚至是领先的地位，并拥有一支数量可观的科学技术队伍，所以从技术基础来看，应该也具备技术创新的条件了。当然我不是说现在我们的条件就非常好，跟美国一样了，差距还很大，但是应该说我们已经初步具备自主创新的条件，特别是我们市场推进技术进步的作用已经开始显现出来了，所以总体来看，中国已经进入了必须以自主创新为主的阶段，所以怎么才能解决人和资源环境的协调，解决我们现在不协调的现状，我觉得最重要的是自主创新。理由就是我刚才讲的五个方面。

哲学社会科学发展与评价论坛

∷∷∷∷∷∷∷∷∷∷∷∷∷∷∷∷∷∷∷∷∷∷∷∷∷∷∷∷∷∷∷∷∷∷∷∷∷∷

　　2007 年 4 月 7 ~ 8 日，由武汉大学中国高校哲学社会科学发展与评价研究中心和高等学校社会科学科研管理研究会共同主办的"哲学社会科学发展与评价论坛"在汉隆重举行。武汉大学原校长、人文社会科学资深教授、高等学校社会科学科研管理研究会理事长陶德麟先生致开幕词，教育部社会科学司副司长袁振国教授、吉林大学党委书记张文显教授、南京大学党委书记洪银兴教授、武汉大学党委书记顾海良教授先后作了精彩的主题演讲。

　　袁振国教授围绕"质量提升与科研评价"、张文显教授围绕"理论创新"、洪银兴教授围绕"坚持和创新：防止马克思主义被边缘化"、顾海良教授围绕"着力创新，力求精品"等问题分别作了主题演讲。本刊编委会将这组引起极大反响的演讲整理后依据发言先后顺序在本期《珞珈讲坛》予以编发，以飨读者。

在哲学社会科学发展与评价论坛上的致辞

◎ 陶德麟

陶德麟，1931年10月生，湖北武汉人，马克思主义哲学家。1953年毕业于武汉大学经济系，留校任李达同志学术研究助手。1956年在《哲学研究》上批评前苏联《简明哲学词典》的论文受到国内外高度重视。1961年李达同志受毛泽东同志委托主编马克思主义哲学教科书时，为主要执笔人。1978年积极投入反对"两个凡是"的理论斗争，参与真理标准大讨论，在《哲学研究》、《光明日报》等刊物上发表《关于真理标准的几个问题》等一系列有重大影响的论文。同年受人民出版社委托，修订出版李达同志生前主编的《唯物辩证法大纲》；与他人共同编辑出版四卷本《李达文集》；任《中国大百科全书·哲学卷》总论及辩证唯物主义部分副主编。1984年被国家人事部授予首批有突出贡献中青年专家称号。是武汉大学马克思主义哲学学科博士点和国家重点学科的创建人，被同行专家评价为"我国马克思主义研究领域最前沿的、最有影响的前辈学人之一"。1985 年起先后任国务院学位委员会哲学学科评议组成员和召集人，全国普通高校哲学教学指导委员会主任委员，全国博士后管理委员会专家组（哲学）召集人，国家社科"七五"、"八五"规划哲学组成员和"九五"、"十五"规划哲学组副组长，中国马克思主义研究基金会常务理事，教育部邓小平理论研究中心副主任，中国学位与研究生教育学会副会长，湖北省社会科学联合会主席，教育部社会科学委员会委员，中央马克思主义理论研究和建设工程哲学教材组主要成员、美国依阿华大学亚太研究中心国际顾问等兼职。论文《逻辑证明与真理标准》获普通高等学校人文社会科学研究成果奖一等奖；作为第一作者的《在实践中坚持和发展马克思主义》获中宣部"五个一工程"奖；主编的《社会稳定论》获中国图书奖。

　　由全国高校哲学社会科学科研管理研究会和武汉大学中国高校哲学社会科学发展与评价研究中心共同主办的"哲学社会科学发展与评价论坛"，今天在美丽的东湖之畔拉开了帷幕。我谨向论坛的举办致以热烈的祝贺！

　　论坛的中心议题是哲学社会科学的发展与评价，这个问题的重要意义是不言而喻的。对于社会发展来说，哲学社会科学和自然科学如车之两轮、鸟之两翼，缺一不可。没有自然科学和技术，不能认识和运用自然规律，人就是自然界的奴隶；没有哲学社会科学，不能认识人自身和人与人的关系的规律，人就是自己的奴隶。在一定的意义上，做自己的奴隶比做自然界的奴隶更悲惨，因为在这种情况下，人可能把自己创造的成果变成奴役自己的力量，用自己的"智慧"做愚蠢的事，直到身受其苦还不能自拔。历史和现实反复证明，没有哲学社会科学的正确指导，中华民族救亡图存的斗争不可能胜利，社会主义的新中国不可能诞生，我国的社会主义建设不可能取得今天这样举世瞩目的成就，中华民族的振兴不可能实现。"实践是检验真理的唯一标准"、"科学技术是第一生产力"这样决定中国命运的命题都并不是自然科学的命题，而是哲学社会科学的命题。我们党是一贯重视哲学社会科学的，但是由于种种复杂的原因，轻视哲学社会科学的思想仍然在社会上有相当大的市场。近些年来，我们党作出了推动哲学社会科学繁荣发展的重大决策，采取了一系列相应的有力举措，繁荣和发展哲学社会科学已经成为响彻神州大地的嘹亮号角，这是国家之幸、民族之幸，也是广大哲学社会科学工作者之幸。

但是，我们也应该看到，真正把党中央的战略决策落到实处，实现哲学社会科学的持续繁荣和发展，还有很长的路程，还有广阔的未知的领域，还有很多亟待深入探索和合理解决的重大问题。例如，马克思主义的指导与贯彻"双百方针"的关系问题，创新与传承的关系问题，关注沸腾的现实生活与潜心学术研究的关系问题，竞争与合作的关系问题，学术共同体与个人创造力的关系问题，整体水平的提高与杰出学者产生的关系问题，学术批评的严格与宽容的关系问题，行政管理与发挥研究人员主动性的关系问题，学术评价的标准和机制问题，总结以往学术研究的经验教训并在新条件下予以发展的问题，倡导优良学风与抵制学术不端行为的问题，如此等等，可以列出很长的清单，而且随着形势的发展和经验的积累，这个清单还会不断地加长。我个人的体会，所有这些问题说到底就是如何尽可能准确地把握哲学社会科学的发展规律，按规律办事，营造一种最有利于学术发展的生态环境的问题。或者说，就是如何保护和促进学术生产力的发展，而避免束缚和阻碍它的发展的问题。学术规律是精神生产的规律，在一定的意义上比物质生产的规律更复杂、更难把握，哲学社会科学的发展规律又比自然科学的发展规律还要复杂。不但有一切学科的共同规律，还有不同学科的特殊规律。对这些规律，我们还远不能说已经认识得很清楚。探讨这些规律本身就是一项难度极高、需要多年艰苦努力的课题，至于把研究的成果运用到高校哲学社会科学管理实践中去就更为不易，并大有研究的余地。我们今天举办的论坛，正为我们思考、研究和回答这些重要的问题提供了极好的机会。我真诚地希望这个论坛持续地举办下去，成为哲学社会科学发展与评价研究的高层次学术交流平台，成为哲学社会科学研究与管理新思想、新见解发表与碰撞的重要论坛，努力为我国哲学社会科学的繁荣发展做出应有的贡献！

祝会议圆满成功！祝同志们身体健康！

进一步做好哲学社会科学研究评价
——在"哲学社会科学发展与评价论坛2007"上的演讲

◎ 袁振国

袁振国，曾任教育部社会科学司副司长，现任中央教育科学研究所所长。在教育政策、教师教育等研究领域取得了重要的成果，其专著《教育政策学》曾获得首届全国高等学校人文社会科学研究成果二等奖。主要论著有《当代教育学》、《非智力因素与学习》、《新世纪教师教育丛书》、《中国教育政策评论》、《教育政策学》、《世界教育大事典》等。

大家好，刚才陶德麟教授的致词，是一篇非常精彩的学术论文，特别是他提出的当前哲学社会科学发展中一系列迫切需要解决、需要回答的问题，相当有启发。

去年，教育部下发了《关于大力提高高等学校哲学社会科学研究质量的意见》，明确提出哲学社会科学研究要"立足创新，体现质量"。目前，"立足创新，体现质量"这八个字已经深入人心，很多高校关于哲学社会科学发展的"十一五"规划，都充分地反映了这八个字的精神。"立足创新，体现质量"这八个字怎么落实？尤其是从教育部的角度来说，怎么推进？我们会有一系列的措施，有一系列的想法。其中有一个比较共同的认识，就是高校哲学社会科学的评价问题是一个重要的问题，是一个导向，我们现在的科研评价对高校哲学科学的繁荣发展起到很大的作用，对队伍的成长、成果的产出、良好氛围的营造，产生了很好很大的作用。但是，我们也感觉到，目前我们绝大部分关于科研评价的指标、办法，总体上是一个数量的标准。哲学社会科学研究要实现从重数量向重质量转变，其中一个重要的环节就是改变这种科研评价。这个问题的解决，难度非常大，我在此谈些想法。

改进哲学社会科学科研评价，我们应该认真思考一系列问题，如什么是评价？什么是科研评价？为什么要进行文科科研评价？我们评价什么？用什么去评价？评价的重点是什么？谁来评价？怎样进行评价？评价的结果如何使用？对评价本身如何评价？

一、文科科研评价的原则和对象

评价就是要对所评价的对象进行价值判断。文科科研评价的目的是以评促建、以评促改、以评促发展，这就是我们觉得为什么要进行评价。服务于这个目的的文科科研评价，应坚持几个原则。首先，文科科研评价应该有利于创新。创新是文科科研的灵魂，科研评价要有利于研究人员把自己创造性的成果拿出来，而不是让大家急急忙忙地把不成熟的想法弄出来，或像钱钟书先生说的"从书架上拿下若干本书，然后再把原来的书放回去的时候增加一本书"。其次，文科科研评价应该有利于文科科研按照文科科研的规律和特点进行，而不是违背规律进行工作。再者，文科科研评价应该有利于研究成果的转化。目前文科科研的成果转化比较薄弱，怎么通过评价激励科研成果实现转化？使转化的成果得到肯定？根据这些原则，我想提出的口号就是要建立以质量为导向的文科科研评价体系。

文科科研评什么？用什么来进行评价？评价的角度，评价的对象一定是可观察的、客观的。反映一个人的能力，反映一个人的水平，可考察的因素很多。我觉得文科科研要尽可能剥离其他的因素，以研究成果为主要考察评价对象。

二、文科科研评价的政治标准和学术标准

评价的标准有两个，第一个是政治标准。哲学社会科学的很多学科都具有强烈的意识形态性，我们建设中国特色、中国风格、中国学派的哲学社会科学，必须以马克思主义为指导，不能偏离政治方向。政治上不符合我们国家、社会、民族利益的话，我们要坚决抵制。如何坚持政治标准，如何坚持马克思主义的指导，如何适应中国特色社会主义现代化进程的需要而不断与时俱进，是哲学社会科学发展中必须认真思考的重要问题。第二个标准是学术标准。学术标准的核心是创新，要把创新看作文科科研评价学术标准的核心指标。关于成果的创新性问题，去年我们在文件上提了六个方面：有没有发现新问题，是否挖掘新材料，有没有采集新数据，是不是应用新方法，有没有提出新观点，有没有构建新理论？创新也有不同层次，不同层次在文科科研中如何反映出来？怎么通过对不同层次的创新的标准的制定，判定学术成果的成就和价值，是我们特别关注的问题。

从前年开始，我们对一系列的项目评价、成果评价，包括第四届成果奖的评价工作，作出了重大改革。在整个评价过程中，完全依靠专家、信任专家、尊重专家；由专家独立判断，不讨论、不研究、不开会。专家认为好的，按照创新程度、优秀程度进行排序。他们独立评审之后，我们的统计人员把他们的结果拿出来统计、排序，70％的优秀奖项不用讨论就产生了。不同的专家没有讨论，没有开会，但是他们拿出来的结果，一致性高度相关，说明什么问题呢？说明尺度标准是人人心中都有的。现在我们要做的工作，就是把人人心中有的这个评价标准，变成文字上、书面上的东西。从评

价的工具指标来说，我们觉得有两个是主要的：一个是被引率，一个是转化率。看一个学术水平成果的水平高低、受欢迎程度、学术价值的大小，到目前为止最好的办法，就是看它的被引用率。可能被引用率有一些缺憾，但是实践历史证明，诺贝尔奖的成果，从文献统计结果证明和它的被引用次数是完全相关的，反过来看，诺贝尔奖获得者的成果被引次数在历史上都是排在最前，都是排在前一百名的。正过来看，被引用率最高的论文最后都得到了诺贝尔奖。正反两方面都证明了基础研究中被引用率的权威性。基础理论研究最有效的评价工具就是被引用率。

作为自然科学、工程科学的另一个重要评价标准就是转化的经济效率。应用成果看它产生了多少经济效益。哲学社会科学的应用、转化，怎么衡量？现在的办法是看它被采纳的程度，被党政机关、企事业单位采纳的程度。被国家采纳，被省、部采纳，具有很高的价值。在学校、企事业单位被采纳，也说明了它的价值。从评价的角度来说，要看这个东西。

三、鼓励代表作

一个人的学术能力一定是体现在他的代表作中。通过对代表作的评价，就能够判定一个人、一个机构甚至是一个国家的研究水平。我们只要有一本书在全世界广为流传，就是中国学术走向世界。从全世界的角度来说，人家知道孔子、孟子、庄子、孙子，这就是中国文化。目前，除了建筑、饮食、风景外，我们能不能拿出这样的作品来，就是拿出代表我们国家和民族哲学社会科学水平的代表作？就学校来说，评估基地，重点学科，代表作是什么？是否代表全国的水平？是否代表本学科的水平？在文科科研水平评价中，将来我们主要的标准就是看代表作。重点基地评估的重大改革，就是看代表作有没有？水平有多高？怎么把创新程度、被引率，应用于评价代表作，是我们要做的工作。数量和质量的问题要结合起来考虑，要辩证地看，但是我们鼓励代表作。我们缺少的不是数量，我们高校现在每年出版专著 25 000 部，发表论文 250 000 篇。我们需要数量，但我们更关心的是代表作。

四、文科科研评价的主体和程序

文科科研谁来评价？应该是学术共同体。学术共同体是有共同理想、共同追求、共同专业背景、共同学术规范的松散的学术团体。没有健全的、受到尊重的共同体，不可能有好的学术评价。学术共同体有一个无形的标准，有它的权利、义务、责任，有其道德方面和制度的规定，它应该以追求真理为前提。学术共同体的每个成员都有发言权，又都能承担责任和义务。光有权力没有责任和义务，学术共同体建不起来。我们要逐渐强化学术共同体的概念，逐渐把权力、义务、荣誉、责任统一起来，着力推进学术共同体的建设达到更高水平。

文科科研怎样评价？这就是评价程序和评价规则的问题。文科科研评价应该公平、公正、公开，公平，就是程序和规则对所有人一样；公平和公正的必要条件就是公开，不能暗箱操作，标准、程序、办法要公之于众，接受大家监督。我们现在正大力推进这项工作。我们现在的重大攻关项目，一般是当场答辩、当场讨论、当场投票、当场决定，程序上完全没有问题。我们也是保护专家队伍，让他们不受外界干扰，没有压力，将真正好的东西评出来。

理论创新是哲学社会科学的第一要务

——在"哲学社会科学发展与评价
论坛 2007"上的演讲

◎ 张文显

张文显，1951 年生，法学硕士、哲学博士，吉林大学理论法学研究中心主任、教授、博士生导师，现任吉林大学党委书记、国务院学位委员会委员、第五届法学学科评议组成员、中国法学会副会长、法理学研究会副会长、教育部法学学科教学指导委员会副主任委员、国家哲学社会科学基金法学评审组副组长、国际法律哲学和社会哲学协会执委。并在北京大学、中国人民大学、南京大学等 10 多所高校担任兼职教授。主要研究方向是法理学、当代西方法哲学。1986 年以来，连续四个五年计划主持国家哲学社会科学规划重点课题 4 项,连续三个五年计划主持起草教育部人文社会科学研究规划(法学部分)。出版学术专著和国家统编教材 10 余种，主要有:《法学基本范畴研究》、《法哲学范畴研究》、《当代西方法哲学》、《二十世纪西方法哲学思潮研究》、《马克思主义法理学——理论、方法和前沿》、《法理学》（"九五"、"十五"国家级重点规划教材），在《中国社会科学》、《中国法学》、《法学研究》等国内外学术理论刊物上发表论文120余篇，代表性论文有《中国步入法治社会的必由之路》、《市场经济与现代法的精神》、《市场经济与法理学的变革与更新》、《当代中国法哲学研究范式的转换》等。有9项研究成果获得省、部级奖励，2项成果获得国家级奖励，其中《法理学》（第二完成人）获国家优秀教学成果一等奖，"法理学的改革和建设"（第一完成人）获国家优秀教学成果二等奖，"法学理论研究生培养"（第一完成人）获国家优秀教学成果奖二等奖，《法学基本范畴研究》获中国图书奖，《建立社会主义民主政治的法律体系》、《法理学》于1998年和2001年分获吉林省社会科学研究优秀教学成果奖一等奖。

创新是一个日新月异的时代所必然产生的社会意识和动力。我们的时代是新理论生成和广泛传播的时代，是理论创新的时代。我们的时代是需要理论创新的时代，也是理论能够创新的时代。创新是一个日新月异的时代所必然产生的社会意识和动力，是21世纪的最大时尚。有媒体做过统计，2005年到2006年互联网上出现频率最高的概念有三个："创新"、"和谐"和"超女"。"超女"是生活性、娱乐性的，可以不管。从中我们可以看到，人们普遍关注创新与和谐。

在所有的理论创新中，哲学社会科学理论创新越来越受到人们的重视，越来越被人们所强调。正如党的十六大报告所指出的，实践基础上的理论创新是社会发展和变革的先导，理论创新推动制度创新、科技创新、文化创新以及其他各方面的创新。十六大以后，以胡锦涛同志为总书记的党中央反复强调哲学社会科学创新，中央实施的马克思主义理论研究和建设工程也十分注重以发展着的马克思主义指导哲学社会科学创新。创新对于哲学社会科学研究具有根本性意义。2004年5月28日胡锦涛同志在中央政治局第十三次集体学习时有一段十分深刻的论述,他说:"在马克思主义指导下,紧密结合新的实践不断创新,是我国哲学社会科学繁荣发展的必由之路。哲学社会科学界要切实担负起自己的历史责任,瞄准学术发展前沿,打开认识视野,拓展思维空间,既立足当代又继承传统,既立足本国又学习外国,大力推进学术观点创新、学科体系创新和科研方法创新,努力建设具有中国特色、中国风格、中国气派的哲学社会科学。"(据新华社2004年5月29日电)教育部在《关于大力提高高等学校哲学社会科学研究质量的意见》中进一步提出:"创新是哲学社会科学研究的灵魂。创新是马克思主义理论的重要品质,是推动高等学校哲学社会科学研究不断深化的不竭动力。大力提高哲学社会科学创新能力,是大力提高高等学校哲学社会科学研究质量的内在要求,也是进一步繁荣发展哲学社会科学的根本保证。"

在哲学社会科学的创新体系中,核心与灵魂是理论创新。那么,如何才能实现哲学社会科学的理论创新呢? 我认为应当把握以下几个方面:

一、要实现理论创新,必须毫不动摇地坚持以当代中国的马克思主义为指导

当代中国的马克思主义有三个组成部分,即邓小平理论、"三个代表"重要思想、以及党的十六大以来以科学发展观、社会主义和谐社会理论为内核的理论成果。这三个组成部分代表了马克思主义中国化、当代化的最新理论成果,是建设中国特色社会主义、构建社会主义和谐社会的指导思想。因此,也必然是我国哲学社会科学研究的指导思想,是哲学社会科学理论创新的理论资源。邓小平、江泽民、胡锦涛同志以及以他们为代表的政治家集团是解放思想、实事求是、与时俱进的典范,从邓小平的"中国特色社会主义"命题和"社会主义市场经济"命题,到江泽民的"三个代表"命题,再到胡锦涛提出"科学发展观"与"社会主义和谐社会"理论,无一不是解放思想、与时俱进的理论成果。我们在学习当代

中国马克思主义的时候，也要学习我们党的领袖在理论创新方面的勇气和能力。

二、实现理论创新，要做到立足"两个前沿"，即实践前沿和理论前沿

一是"实践前沿"。实践前沿不仅是当下正在做的事情，而且代表着或预示着社会发展方向或趋势。在当代中国，最前沿的实践是党领导下的亿万人民群众全面建设小康社会的伟大实践，包括实现中国经济和社会全面协调可持续发展，构建社会主义和谐社会，建设资源节约型社会、环境友好型社会，建设创新型国家，构建和平、合作、和谐世界等。在这个上位层次的实践前沿之下，在经济、政治、法治、文化、外交、城市、农村建设等领域又有下位层次的前沿问题。例如，在法治建设领域就有民主与宪政建设，司法改革，法律全球化，可持续发展与法治，知识经济与法制创新，人权保护及社会弱势群体的权利保护，党风廉政建设和反腐倡廉，依法治国与以德治国等重大的实践前沿问题。

二是理论前沿。在当代中国，最显著的理论前沿就是用科学发展观为统领，提出和解答中国经济和社会发展中的一系列重大理论问题。

一般来说，理论前沿与实践前沿是重合的，重大理论问题都是重大现实问题。实践前沿和理论前沿往往表现出高度的一致性、同步性、互为折射性。站在理论前沿，才能实现理论的创新，站在实践的前沿才能发现理论的本源，才能体现理论的价值。恩格斯曾经说过，工业对科学的需要会比几十所大学更能推动科学的发展。这个论断完全适用于当今中国的哲学社会科学。实践需要哲学社会科学，也解放和推动着哲学社会科学。全面建设小康社会的伟大实践不断地向哲学社会科学研究者提出各种各样的课题和素材，促使研究人员思索和创新，同时也为研究人员提供了在社会实践中应用、检验、修正、完善理论的广阔场所和无限的机会。只有立足于实践前沿，研究实践中的新问题，总结实践中的新经验，才能形成新观点、凝练新概念、产生新理论。总之，哲学社会科学研究成果是否

155

具有创新性，关键是看它是否站在经济社会发展的实践前沿，是不是有利于解放和发展生产力，有利于建设和谐社会，有利于社会全面发展；是否站在学术和理论前沿，回答实践提出的重大课题，揭示了经济和社会发展的客观规律，深化了对研究对象的认识，体现了科学研究的自身价值。

三、要实现理论创新，必须具备鲜明而强烈的问题意识

近代以来，科学知识的生产和增长有两种比较流行的、最为有效的方式。一是通过科学范式的引领和转换，即通过提出一套全新的发现问题和解决问题的思维方式和理论框架推进知识更新和科学革命。二是通过批判，即通过证伪与纠错检验理论假设、纠正理论错误，推进知识增长。这第二种方法的核心是问题意识。马克思说："一个时代所提出的问题，和任何在内容上是正当的因而也是合理的问题，有着共同的命运：主要的困难不是答案，而是问题。因此，真正的批判要分析的不是答案，而是问题"；"问题就是公开的、无畏的、左右一切个人的时代声音。问题就是时代的口号，是它表现精神状态的最实际的呼声。"① 当代著名的科学哲学家卡尔·波普尔（Karl Popper）关于科学知识增长模式的理论也聚焦于"问题"。在他的"P1→TT→EE→P2……"科学知识增长模式中，P1（problem 1）表示科学家原来所提出的问题（最初遇到的问题）；TT（tentative theory）表示关于问题的试探性理论或暂时性理论，即"猜测"、"假说"等；EE（error elimination）表示对试探性理论的检验，排除其错误；P2（problem 2）则表示排除旧有错误之后提出的新问题。按照这一模式，"科学始于问题"，科学的进步和革命取决于"提出更加深刻的问题"。波普尔的这个模式是对科学和哲学的巨大贡献。其贡献就在于抛弃了经验科学研究的归纳法。按照归纳法的观点，一种科学的假说（命题）可以为不断重复出现的实际观察结果所证实、证明。波普尔的这个模式告诉人

---

① 《马克思恩格斯全集》第 40 卷，人民出版社 1995 年版，第 289～290 页。

们，要证明科学假说（命题）是正确的，必须用"证伪标准"进行演绎。科学家应去发现不符合他的假说的例外。没有矛盾的证据出现便证明他的理论是正确的。当人们坚信正面结果越多越能证明理论的正确性这种哲学的时候，人们拼命去寻找正面的结果，而且往往宣称自己的理论是真理，甚至是绝对真理；而当人们接受波普尔的科学哲学之后，他相信自己的认识是阶段性的，深入研究可能证明是错误的，因而会致力于寻找矛盾的证据，去不断提出问题，不断地否证。所以，波普尔的哲学是一种"问题"哲学。

树立"问题意识"就是要使我们始终处于不断"发问"的状态，引导我们善于发现问题、敢于提出问题、勤于思考问题、努力解答问题。哲学社会科学研究不仅要有问题意识，而且要有问题的"质量"意识。问题越有质量，则研究越有质量。一个好的问题就是理论创新的前提，对一个问题能够做出正确的理论回答，那就是很好的理论创新。

四、要实现理论创新，应当有高尚的理论勇气

理论勇气来源于为社会主义现代化建设建言献策、提供智力支撑和服务的社会责任；来源于对学术进步、思想进步、社会进步的执著追求；来源于对真理的信仰和热爱。没有理论勇气，就不可能做到"四个分清"、"三个解放"、"两个突破"、"一个追求"。

"四个分清"，即分清哪些是必须长期坚持的马克思主义基本原理，哪些是需要结合新的实际加以丰富发展的理论判断，哪些是必须破除的对马克思主义的教条式的理解，哪些是必须澄清的附加在马克思主义名下的错误观点。这是对待马克思主义经典论断的马克思主义态度。

"三个解放"，即自觉地把思想认识从那些不合时宜的观念、做法和体制的束缚中解放出来，从对马克思主义的错误的和教条的理解中解放出来，从主观主义和形而上学的桎梏中解放出来。

"两个突破"，即突破思想禁区和不良的学术传统。改革开放以来哲学社会科学的发展表明，科学研究始终存在着禁区，科学进步必须突破这些禁区。优良的学术传统必须继承，必须发扬光大；

但对于不良的学术传统，妨碍学术进步和理论创新的传统，必须废除。如果没有"两个突破"的话，也不可能有创新和进步。

"一个追求"，即追求真理。追求真理，是哲学社会科学研究的最高境界和最高使命。为社会主义现代化建设服务、为人类的进步和幸福服务、为知识创新和革命服务，都是通过追求真理实现的，这些服务的过程也必然是追求真理的过程。追求真理，难免有挫折，有风险，甚至要蒙受委屈，在极端情况下可能丢掉各种桂冠和"乌纱帽"。在追求真理的道路上要经受住各种挫折、风险和打击的考验。想一想很多资产阶级革命的启蒙思想家（包括中国清末民初的思想家在内），想一想马克思、恩格斯、列宁、毛泽东等马克思主义经典作家，哪一个不是以巨大的理论勇气成就了人类进步和社会发展？想一想我国改革开放以来那些主张实践是检验真理的唯一标准的哲学家，那些主张经济市场化、全球化的经济学家，主张政治民主化、法治化的政治学家和法学家，主张还中国社会历史本来面貌的史学家、还中共党史本来面貌的史学家，哪一个没有遭遇过挫折、风险或冲击？正是由于他们敢于突破理论禁区和政治禁区，才推动了思想解放，推动了学术进步，推动了中国经济发展和社会全面进步，也正是由于他们无私无畏的理论勇气赢得了学术界、思想界和社会各界的尊敬；同时，也为党的决策、战略方针乃至党的基本路线的制定，起到了真正的服务和支撑作用，受到党和政府的肯定。幸运的是，当今中国政治开明、学术自由平等，"打棍子、抓辫子、扣帽子"的现象已经成为历史。在这样一个前所未有的宽松时代，我们还有什么顾虑不去解放思想、创新理论？我坚信，在社会主义中国，只要是坚持马克思主义，只要是为社会主义服务、为人民服务，任何理论创新都是应当受到保护的。百花齐放、百家争鸣、容许失败、宽容失误，是党中央繁荣和发展哲学社会科学的基本方针和政策。党的十六大指出："创新是一个民族进步的灵魂，是一个国家兴旺发达的不竭动力，也是一个政党永葆生机的源泉"，"实践基础上的理论创新是社会发展和变革的先导。"十六大还指出："创新就是要不断解放思想、实事求是、与时俱进。实践没有止境，创新也没有止境。我们要突破前人，后人也必然会突破我们。这是社会前进的规律。"中共中央关于十一五经济和社会发展规划建议书中关于哲学社会科学的那段话，核心就是要求哲学社会科学理论创新。这些光辉论述和政策规定十分鲜明地告诉我们，理论创新是哲学社会科学的第一要务，必须坚定地走以创新升质量、以创新增繁荣，以创新促发展的道路。

五、哲学社会科学应注重其研究成果
的概念化、范畴化、体系化

概念和范畴及其体系是人类在一定历史阶段理论发展和理论体系形成的水平的指示器。"任何一门科学成熟的标志，总是表现为将已经取得的理性知识的成果——概念、范畴、定律和原理系统化，构成一个科学的理论体系。这种理论体系不是零碎知识的汇集，也不是一些定律的简单拼凑，更不是许多科学事实的机械凑合，而是有其一定内部结构的、相对完整的知识体系，或者说，是反映对象本质、对象发展规律的概念系统。"① "在一门具体科学中，其科学概念的形成特别是该学科的基本概念的形成与其理论的形成过程是不可分割的。一门科学的一些基本概念的形成有赖于科学理论系统的建立，而这些概念的形成以及相应的基本规律的确立，是该科学理论得以形成的前提。该理论中的其他一些概念则只有在整个概念体系中、在整个理论结构中才能获得其完全科学的意义。"②科学研究是最高的理性认识。理性认识的发生和发展是一个形成概念范畴，并将概念范畴序列化、体系化的过程，也同时是理论和理论体系形成和发展的过程。"属于科学发明的事务中，最奇妙的就是科学概念。它们实际上是科学思维和对话的尖端工具和高超技术。"③ 如果在认识过程中没有产生新的概念、范畴，那就意

---

① 彭漪涟：《概念论——辩证逻辑的概念理论》，学林出版社1991年版，第2页。

② 彭漪涟：《概念论——辩证逻辑的概念理论》，学林出版社1991年版，第156～157页。

③ ［美］瓦托夫斯基著：《科学思想的概念基础——科学哲学导论》，求实出版社1982年版，第12页。

味着对客体的认识还停留在感性阶段，还没有进入理性思维阶段，还谈不上理论活动和理论表现。列宁曾把客观世界比作复杂的自然现象之网，而在实践基础上产生的范畴，则是人们认识和掌握自然现象之网的网上纽结。"网"和"纽结"是生动的比喻。人们在认识客观现象之网的过程中，通过一个个的范畴把认识的成果凝结起来，如同打上了一个个的结子，这样就能把纷繁复杂的现象理出个头绪来。范畴的这种认识功能还表现为对现实的规范作用：科学范畴以其内涵和外延的确定性标准促进认识的精确化和完善化，以其包容的想像力、新思维、新视野推进认识的发展和深化，以其对事物本质和客观世界规律的正确认识反映指导人们的行为、提高实践活动的能力和自觉性。范畴对现实的规范作用可以从21世纪以来科学范畴以及以科学范畴为基石的理论知识对科学技术革命和社会发展的推动加以说明。"受激辐射"范畴的提出推动了激光技术的发展，"基因"范畴的提出为遗传工程技术提供了科学依据，以"生存权"、"发展权"、"和平权"、"环境权"等权利概念组成的现代"人权"范畴的提出推动了全世界人权运动的发展，"知识经济"范畴的出现正在引导人类进行新的经济革命。

可以说，没有概念范畴体系，就没有理论体系；没有理论体系，科学是不完整的。马克思主义作为科学的重要标志之一，就在于有一个内容丰富、逻辑严谨的概念体系和理论体系。我们要创新理论和发展新理论，也必须像经典作家那样，善于凝练新概念，建构新概念体系。

六、要实现理论创新，还必须认真对待古今中外博大精深的思想文化资源，在分析批判的基础上继承和吸纳其精华，以丰富中国哲学社会科学的理论宝库

七、提高哲学社会科学研究创新能力，不断推进理论创新，必须高度重视学术规范建设

最近若干年，哲学社会科学的标志性成果启示我们进一步领悟了学术的真谛，理解了高尚的、创造性学术活动应当遵循的内在

规范；而学术界发生的一系列学术失范、学术违规、学术腐败案件，又从反面说明学术规范建设的重要性和紧迫性。

以我个人的理解，学术规范有广义和狭义的区别，或者说微观与宏观的区别。通常人们是从狭义（微观）来理解学术规范。狭义（微观）的学术规范就是学术活动应当遵循的基本规范，亦即知识生产过程的行为规范，如研究课题的设计，学术论文的选题，学术论著的技术规范（特别是引文和注释），对学术成果的评价，等等。广义（宏观）的学术规范包括学术道德、学术精神、学术范式、学术秩序、学术自由、学术风气等。

从科研管理部门来说，学术规范建设要着重创造这样一种环境：它有利于学术自由和学术民主；有利于学术传统的生成和学术的长期繁荣；有利于知识创新，原创性知识的生产，以及知识创新基础上的理论创新和技术创新；有利于学术资源的合理开发、利用以及民主、公正、富有效率的配置；有利于学术事业的可持续发展，科学研究形成较强的竞争力。从教师的层面，学术规范和学风建设着重培养良好的学术精神，学习和实践高尚的、创造性学术活动应当遵循的内在原则，养成对学术的浓厚兴趣，对优秀学术传统的认可，对学术良知的信仰，对前人和他人知识成果的尊重，并自觉遵守有关知识生产、传播、使用、保护的规则。

在哲学社会科学研究领域，学术规范建设涉及两个基本问题。一是我们需要什么样的学术规范？我想它应该有利于学术自由和学术民主；有利于学术传统的生成和学术的长期繁荣；有利于知识创新，原创性知识的生产，以及知识创新基础上的理论创新和技术创新；有利于学术资源的合理开发、利用以及民主、公正、富有效率的配置；有利于学术事业的可持续发展，使我国的学术在国际上有较强的竞争力。这样一套学术规范必然是德治和法治的有机结合，自律与他律的有机结合。道德约束依靠个人对学术的浓厚兴趣，对学术传统的认可，对学术良知的信仰；法律约束则依靠有关知识的生产、传播、使用的明确规则，依赖知识权利和知识义务的明细。

另一个问题是如何建构适应哲学社会科学性质、特点、发展规律的学术规范体系？哲学社会科学与自然科学存在着很大差异，即使抛开政治意识形态，两者之间的差异也是明显的。教育部社会科学司多年来作了大量工作，并在教育部社会科学委员会下面成立了哲学科学学风建设委员会，各个高校也进行了积极探索，现在需要整合这些研究成果，形成哲学社会科学学术规范体系，逐渐打破自然科学对学术规范体系的垄断局面（重点学科评审等）。

学术规范体系可能包括：哲学社会科学研究规范、研究范式、研究成果的评价规范等；哲学社会科学研究者的学术精神、学术道德；哲学社会科学界的学术传统、学术风气。陶校长刚才的讲话所提出的问题，都是属于学术规范范畴内的问题。学术规范建设的核心价值是为提高哲学社会科学创新能力提供制度环境、营造良好风气。

坚持和创新：防止马克思主义被边缘化

——在"哲学社会科学发展与评价论坛2007"上的演讲

◎ 洪银兴

洪银兴，1950 年 9 月生，汉族，江苏常州人，经济学博士，教授、博士生导师。2003 年 11 月起任南京大学党委书记。中共江苏省委委员、十七大代表。社会兼职有：国务院学位委员会理论经济学学科评议组成员、江苏省人大常委会委员、江苏省哲学社会科学界联合会主席、教育部社会科学委员会委员（经济组召集人之一）、《经济学家》杂志副主编、中国《资本论》研究会副会长。1991 年获国务院学位委员会和国家教委颁发的"做出突出贡献的中国博士学位获得者"称号。1992 年享受政府特殊津贴。1994 年获"国家级有突出贡献的中青年专家"称号。2000 年 9 月作为中美富布莱特（Fulbright）杰出学者出访美国。主要研究方向为经济运行机制、经济发展和宏观经济的理论和政策。主要著作有：《经济运行的均衡与非均

衡分析》（上海三联书店 1988 年版）、《可持续发展经济学》
（商务印书馆 2000 年版）、《资本市场：结构调整与资产重组》
（中国人民大学出版社 2002 年版）、《公共经济学导论》（经济
科学出版社 2003 年版）、《发展经济学与中国经济发展（第二
版）》（高等教育出版社 2005 年版）、《〈资本论〉的现代解
析》（经济科学出版社 2005 年版）、《以制度和秩序驾驭市场
经济》（人民出版社 2005 年版）、《市场秩序和规范》（上海三
联书店、上海人民出版社 2007 年版）等。

　　非常荣幸能够有机会在这里和大家谈一下我个人的体会。这次
会议的主题是对哲学社会科学的评价，而我要谈的内容就是和评价
相联系的一个问题——如何防止马克思主义被边缘化。我认为无论
是从国家的层面看还是从繁荣哲学社会科学的层面看，这一问题都
是非常重要的。

　　从大的方面，对哲学社会科学最为重要的评价应该体现为以下
两个方面：一个是对其意识形态属性的评价，因为大部分哲学社会
科学具有鲜明的意识形态；二是对其指导作用的评价，如果一个理
论没有指导实践，那么它的作用就是有限的。具体到我们国家的情
况，一个方面从意识形态上讲，我们还是应该旗帜鲜明地坚持马克
思主义；另一个方面我们还必须要创新马克思主义。创新是我们国
家社会经济发展的需要，在当今发展状况下如何实现马克思主义的
中国化，这本身就是一个非常重要的评价对象，围绕这一观点，我
谈四个问题。

一、坚持马克思主义经济学在我国经济建设中的指导地位

　　我是研究经济学的，所以我用经济学为例来谈这个问题。现在
大家的担忧集中在两个方面：一个是马克思主义政治经济学可能被
边缘化；二是马克思主义政治经济学在我们国家的指导地位可能被
削弱。我觉得这两个问题的确是应该引人担忧的。现在博士生、硕
士生、本科生写论文的时候都喜欢用"主流经济学"、"主流经济

学家"的概念。这就存在一个问题，所谓的"主流"究竟指的是什么？过去我们国家的主流经济学当然就是马克思主义政治经济学，但是现在主流经济学指的却是新古典经济学，也就是说现在很多人是把西方经济学里面的主流部分视为我们国家经济学的主流。我不知道其他学科是不是也使用"主流"的概念，是不是也存在类似经济学的问题，但是我总觉得这一现象应该得到足够的关注。我们真正的主流经济学应该是马克思主义政治经济学，但是现在从某种角度而言，它已经被排除在主流经济学之外了。对于这一点，我们应该做一些具体的分析。我有一个基本判断，或者有一点我是坚信的，就是马克思主义政治经济学在我国经济建设中的指导思想没有被削弱。在我们国家，马克思主义是指导思想的理论基础，马克思主义经济学对我国改革开放的重大决策和相应的进程已经并在不断做出巨大贡献，这一点我们应该充分肯定。无论别人怎么说，但是我认为我们国家所进行的市场化是以中国化马克思主义的理论指导的，而不是以所谓的新自由主义指导推进的。中国20多年来的改革实践已经证明了这一点。当然我们也不能排除其他的一些学科在其中起到的作用，但是总体而言，中国的改革是在中国化的马克思主义理论指导下进行的，我们也清楚地看到中国改革开放的每一次重大突破都是由马克思主义经济学领域的重大突破来开辟道路的。比如社会主义初级阶段及其基本经济制度理论，就是对中国改革开放产生重大影响的政治经济学理论的突破，再比如社会主义市场经济理论、公有制可以有多种实现形式和股份制可以成为公有制主要实现形式理论、按照各种生产要素的贡献取得报酬的理论，以及科学发展观理论等。所以，我觉得我们研究马克思主义政治经济学的人不能够妄自菲薄，不要因为现在新自由主义炒得很热闹，西方经济学炒得很热闹，就觉得我们的政治经济学没有什么用。事实证明，政治经济学的理论突破对我们国家的改革开放确实起了很大的作用，这也就间接证明了马克思主义政治经济学在我们国家经济学的指导思想的地位并没有被削弱。

那么，为什么马克思主义政治经济学的指导地位没有被削弱？其根本原因就在于马克思主义政治经济学本身具有与时俱进的科学本质。所以，我认为在发展和创新中坚持，是防止马克思主义经济学边缘化的根本途径。马克思在100多年以前建立的经济学，如果没有发展就无法解释今天的现实，无法解释当代资本主义和实践中的社会主义与理论的不相符合。由此可能产生的态度是：要么对马克思主义产生怀疑，要么批判现实。实践中的社会主义与马克思当年预见的社会主义有很大距离。马克思主义经济学研究需要面向实践中的、发展中的中国实际，对现实中的社会主义做出科学的分析。所以我想我们特别关注的是马克思主义的中国化、马克思主义的现代化问题。马克思主义的指导地位没有被削弱，其关键就是我们在中国大地上解决了马克思主义中国化问题。马克思主义理论创新主要是马克思主义的中国化，从邓小平理论到"三个代表"重要思想，再到科学发展观，都体现了马克思主义的中国化。我的一个判断就是：马克思主义在中国的指导思想地位没有被削弱关键就是马克思主义中国化起的作用。

我在这里还要强调的是，从事马克思主义经济学研究和教学的专家，当然也包括其他的专家，能够发挥的作用。面对中国改革和发展所产生的新问题、新现象对理论提出的需求，马克思主义经济学专家应该当建设者，不是当批判家，这点很重要。为什么有时候我们研究马克思理论研究的人被边缘化？为什么人家烦你？原因就在于我们有一部分的专家在充当批判家而不是当建设者的角色。所谓批判家，就是中国改革开放的实践在发展，但是往往有一部分专家把马克思的某些个别论断作为教条去批判现实的改革开放，这既不符合马克思主义，批到最后也把自己边缘化了。他们用马克思主义理论中的某些个别论断批判现实的改革开放政策和措施，由此产生的后果是将马克思主义经济学同市场化改革对立起来，要么怀疑改革开放的科学性，要么怀疑马克思主义经济学的真理性。但是如果我们研究马克思主义的人不去当批判家而是当建设者，把马克思主义的基本原理同我们现在的实际结合起来，用马克思主义的理论范畴、马克思主义原理对现实问题做出回答，对中国的改革开放提出建设性的意见，就可以证明马克思主义理论的真理性。我觉得我们党几代领导所提出的思想，邓小平理论、"三个代表"重要思想、科学发展观，实际上都是用了马克思主义理论范畴、马克思主义原理来分析现实所取得的重大成果。

二、以创新的理论来指导社会主义实践

一个理论体系不被边缘化的基本标准是它能持续地指导实践。马克思主义经济学特别是社会主义政治经济学只有在保持其对社会主义现代化建设的指导作用时，才能表明其没有被边缘化。指导作用不是靠强制，而是靠其理论的力量来实现的。理论的力量就在于其在创新中发展。我们在研究中关注的一个重要的问题是用政治经济学说明现阶段的社会主义和资本主义时面对的挑战。马克思创立的政治经济学分析的资本主义和社会主义在时间上是继起的。而我们现实中的资本主义和社会主义在空间上是并存的，这是最重要的一个挑战。马克思是处在资本主义社会推导当时还不存在的未来的社会主义经济。他研究的任务是社会主义代替资本主义。而现实中资本主义与社会主义是在空间上并存的两种社会制度，而不是时间上继起。我认为，这是哲学社会科学在对资本主义和社会主义进行研究的时候所面临的一个很大的挑战，要求我们理论上能够做出创新。

这个创新首先就是政治经济学中阶段划分的创新。我们传统的政治经济学一般分为资本主义和社会主义这两大部分，这是根据它的研究对象来划分的，即分为政治经济学资本主义和政治经济学社会主义。现在，资本主义与社会主义在空间上是并存的，因此我们的政治经济学应该有新的阶段划分，也就是从政治经济学研究所处的阶段作新的划分：处于资本主义社会的政治经济学和处于社会主义社会的政治经济学。两者均可包括资本主义和社会主义部分。马克思的政治经济学不论是讲资本主义还是讲社会主义都是处于资本主义社会。而我们所要写的政治经济学既要写资本主义，又要写社会主义，但是是处于社会主义社会的政治经济学。处于不同社会阶段的政治经济学都要分析资本主义和社会主义。例如，处于社会主义现阶段的政治经济学分析的社会主义是实践中的社会主义，分析的资本主义经济不是前社会主义的资本主义，而是与社会主义并存

的资本主义经济。这是我们理论上必须注意的，就像我们写政治经济学教科书，你就不能像马克思一样说是社会主义以前的资本主义，而要说是和社会主义并存的资本主义。如果我们在阶段划分方面有这么一个突破的话，对分析现代资本主义和实践中的资本主义将有重要的价值。进而，在这样的阶段划分之下，我们分析资本主义的任务是什么，分析社会主义的任务又是什么呢？首先看分析资本主义的任务，我们的前提条件就是在两种社会经济制度并存的条件下，属于社会主义的经济学分析资本主义的任务，就不再像过去那样简单地分析资本主义必然被社会主义代替了，而是应该去研究如何通过分析资本主义来发展社会主义经济的问题。因为我们所说的社会主义代替资本主义，其更重要的含义在于通过发展社会主义经济，社会主义在竞争中胜过资本主义，进而代替资本主义，而不是像过去所说的工人阶级通过暴力手段来推翻资本主义。

我把分析资本主义的任务概括为三条：一是借鉴。面对两种经济制度并存，许多经济活动和经济组织存在相互学习和相互融合的过程。分析现代资本主义国家与先进社会生产力相适应的经济形式和经济组织，对此进行学习和借鉴，可推动社会主义国家的生产力赶上甚至超过资本主义国家。二是竞争。面对并存的两种制度的竞争，分析现代资本主义经济本身可以为社会主义最终在经济竞争中战胜资本主义提供对策性理论。三是信念。资本主义发展到现代阶段，单靠传统的政治经济学理论难以说明其为社会主义取代的必然性，需要揭示其新的矛盾，从而在新的经济条件下坚定社会主义取代资本主义的信念。

再一个政治经济学分析社会主义经济任务上的创新。我们社会主义经济学的任务就是以改革和完善社会主义经济制度，促进发展先进社会生产力、增加国民财富为目标。与此相适应，对政治经济学的研究和教学思路应有两个方面的转变：一是由以阶级斗争为纲转向以经济建设为中心。政治经济学面对资本主义社会是阶级斗争的武器，而在当今的社会主义社会则是经济建设的理论指导；二是由把政治经济学理论作为教条转向作为行动的指南。马克思在100多年前批判资本主义时，合乎逻辑地推导出的社会主义社会的某些特征，不应成为今天建设社会主义的教条，而应该成为行动的指南。不应固守马克思当时提出的某些个别结论，应该根据实践发展马克思关于社会主义的理论。

马克思主义政治经济学对西方经济学应有怎样的态度？马克思主义政治经济学和西方经济学都是具有阶级性的。如果不考虑各自所代表的阶级性，仅就其经济分析的层面，马克思主义经济学偏重研究经济关系，西方经济学偏重研究经济变量及其运行。这两个方面对现实的经济分析都是需要的，现在需要解决的是两者应该统一于研究共同的中国现代化问题。两大经济学体系的矛盾目前主要体现在改革层面，马克思主义经济学是要坚持社会主义的改革，西方经济学是要使中国走向资本主义；另一方面，如果立足于寻求增进我国的国民财富的理论，马克思主义经济学和西方经济学两者还是可以共存并共同繁荣的。所以我们关键是要解决两个方面的问题，即马克思政治经济学必须要解决好现代化，西方经济学必须解决好中国化，以使这两个方面能够结合起来。

三、马克思经典理论的现代意义

我最近写了本《资本论的现代解析》，获得了中华优秀读物奖，就是试图把马克思《资本论》中很多我们过去忽视的但是对我们现在建设社会主义又有用的内容整理出来。我在对《资本论》进行解析的时候有一些体会。以《资本论》体系为代表的马克思主义政治经济学是以资本主义为研究对象的，其对社会主义经济关系的某些预测和规定，也包含在其分析资本主义的框架之中。在今天，我们学习和研究政治经济学，一个重要而艰巨的任务，是要根据变化了的情况，明确对于马克思主义政治经济学要继承什么、发展什么？要在继承马克思主义政治经济学基本原理、基本方法的基础上，抛弃原来的一些不科学的认识，发展马克思主义，实现理论的创新。这里我列举了几个方面的问题，首先要说明的是，我国转向市场经济后，资本属于市场经济的范畴。我给南京大学的经济学博士生专门上一个学期的《资本论》研究，我原来不主张开这门课，但是一些学生包括一些老师考上了政治经济学的博士之后，问我《资本论》对经济发展有什么用，于是我开设了"资本论"，但是这门课主要研究的是《资本论》中和我们当前的社会主义建设相关的问题，至于资本家怎么剥削工人的，剩余价值怎么来的这些问题不是我分析的重点，我就是想通过我的分析证明《资本论》中间对我们现实经济的用处。我在讲课和讨论中深深地感受到在中国社会的变革过程中，"资本"确确实实是属于市场经济的，并且资本的用处越来越大，与我们的现实也越来越密切。而且我觉得在经济运行层面上，《资本论》中的许多经济范畴和原理都可以直接用到建设新社会的实践中去。我举个例子，"资本"这两个字长期以来是不能用的，在社会主义经济学中，国有企业只讲资产、资金，不提"资本"的，资本来到人间从头到脚都充满了血和肮脏的东西，但是现在看来，不用"资本"这一范畴，我们就缺少了增值、保值、流通等资本的形式。现在我们的国家已经不再叫"公有资产"，而是确认"公有资本"的范畴，中央的文件还明确了"公有制经济"就是公有资本的概念。资本的概念已经使用了，这样，资本在价值增值、保值增值、投资和运作等方面的内涵和要求在社会主义条件下也存在。绝大多数大学经济系都在使用高等教育出版社的《政治经济学》，这本教科书中把资本放到一般原理里面，而不是放在资本主义部分里面，这在当时争议是很大的，很多老师都不赞成，但是现在大家却越来越认可。修订的第三版同样还是将其放在一般原理去。我国已经确认了公有资本的概念，因此在社会主义经济分析中属于经济运行层面的资本不应该有"姓社"、"姓资"的区分，两者在这里具有同质性，否则无法解释不同所有制的资本在同一个企业中的混合，以及资本在不同类型企业中流动问题。比如，在一个企业里面公有资产进来了，民营资本进来了，一个企业变成股份制了，民营的是资本，国有的是资产，怎么混合到一起啊？这显然不行。所以我们的资本可以在不同的企业中去流动，国有资产可以去收购民营企业，必须要有其同质性才能进行。所以，我觉得马克思在《资本论》中所分析的资本范畴，排除它的雇佣劳动关系建立的属性，在价格政策、投资、增值、保值、流通方面都是有它的共同的因素的。

其次，某些被马克思所诅咒的可能产生资本主义罪恶的范畴和规则，在社会主义条件下不一定要全盘否定。如竞争、积累等造成两极分化，但其对经济和社会发展的推动作用则是需要充分肯定的。但是两极分化问题要引起高度的重视，对和谐社会的建设一定要做好对两极分化问题的解决。但是竞争和积累对社会发展的推动作用就需要有综合性的分析。

再次，个人财产、私人资本在资本主义分析中，因其属于私有经济的范畴而被视为剥削的工具，财产一无所有的无产者则被作为该社会的掘墓人而得到肯定。而在社会主义经济分析中就不能固守这种理论。在社会主义社会，工人阶级作为主人翁和建设者应该也可能成为有产者，有无个人财产和个人财产的多少都不能成为政治上先进和落后的标准。

因此，马克思主义政治经济学的某些原理也需要有新的发展。马克思在100多年前写《资本论》时，尚处于自由资本主义阶段，生产力发展水平处于机器大工业的初期阶段，企业制度处于工厂制阶段，股份制经济刚开始萌芽。100多年后的今天，无论是资本主义所处的阶段，还是生产力的发展水平和企业制度都发生了重大变化，社会主义社会的发展实践也与马克思当时预测的状况不完全相同。所有这些都要求政治经济学的原理适应实践的发展而发展。比如，马克思创立劳动价值论时所依据的经济条件和现代资本主义的经济条件有很大的不同，因此用劳动价值论分析现代资本主义时需要依据变化了的情况做出新的解释。对现阶段的社会主义经济来说，更要结合新的实际，深化对社会主义社会劳动和劳动价值论的认识。

四、优化哲学社会科学生态环境

我觉得哲学社会科学研究的生态环境太重要了，以至于马克思主义政治经济学被边缘化等问题实际上都是和我们的生态环境相关的。尽管我前面讲到马克思主义经济学的指导地位在我们国家没有被削弱，但是同时我们要清醒地注意到边缘化的问题仍然存在，并且主要表现在以下几个方面：第一，某些高校的经济类学科中取消了政治经济学课程，即使还保留也只是作为公共政治课来开，这就使马克思主义经济学在高校中的地位明显削弱。第二，从师资力量来说，政治经济学师资力量也明显下降，现在能够在政治经济学上讲课的基本上都是老教师，好的年轻的教师都去讲西方经济学、产业经济学或者股票投资这些能够来钱的学科去了，政治经济学变成坐冷板凳的学科。师资力量下降，教学质量下降，学生越来越不重视政治经济学，这样一来就产生了恶性循环。所以，高校防止马克思主义经济学被边缘化的根本途径是加强马克思主义经济学的学科建设和师资队伍建设。第三，经济学学术期刊不能歧视或轻视马克思主义经济学研究成果。现在我们感觉到最大的问题就是搞政治经济学，即使依靠自身不懈的研究做出成果，却找不到可以发表的地方，很多学术期刊不登这样的文章，反而吹捧几个数学公式。这也是我们现在生态环境的影响。所以，要防止马克思主义政治经济学被边缘化的根本途径有三点：一是加强马克思主义学科的建设，二是加强师资队伍的建设，三是我们学术期刊的问题。

另外，我之前在北京的会议上也有说过，对于我们哲学社会科学研究，无论是评价也好还是发展也好，都有一个顶天和立地的问题。所谓"顶天"就是指站在国计民生全局的重大课题前沿，直接服务国家目标，造福人民群众，瞄准国际先进水平和国内一流水平，在世界知识宝库中有所发明、有所创造，为世界文明的发展作出贡献；在基础理论和应用科学研究上推出一批有理论性、前瞻性、指导性的成果。在这里我还要讲一个"顶天"的问题——哲学社会科学国际化，即成果的国际化、人才培养的国际化。我有一个体会，现在我们的国际合作日趋热化，我们所接触的留学生、外国专家、国际活动基本上都要到我们中国来，因为我们有些学科确实是世界的前沿的地位。

同时，我们的哲学社会科学也需要"立地"，即能够服务于地方的经济社会发展目标，贴近政府、企业、社会和人民群众，回答和解决他们在生产、生活中碰到和提出的问题。为地方服务可以按照"以服务求支持，以贡献求发展"的原则，积极主动承担部门和企业的委托研究课题，或与实际部门工作人员开展合作研究，面向各级政府及社会各界开展咨询服务，提高解决重大实践问题的综合研究能力和参与重大决策的能力，为政府制定全局性的经济社会发展政策提供前瞻性的咨询服务。为地方服务的形式，由过去单个项目和课题的合作，向战略合作和重大项目合作转化，向共建研究基地转化。

我今天立足我的专业——经济学，专门回答了防止马克思主义政治经济学被边缘化的问题，其他专业的情况我不敢乱讲，但是我想其他学科还是有一些共同的，而我的发言供大家参考。谢谢大家！

独立创新，力求精品

——在"高校哲学社会科学发展与评价论坛"上的演讲

◎ 顾海良

顾海良，汉族，上海市人，1951 年 1 月出生，经济学硕士。现任武汉大学党委书记，教授、博士生导师。公开发表论文250 余篇。出版和翻译著作 10 多部，其中《画说〈资本论〉》获 1996 年"五个一工程"奖，《世界市场全书》获 1996 ~1997 年度中国图书奖，《邓小平的经济思想》获第二届中国高校人文社会科学研究优秀成果二等奖，《马克思劳动价值论的历史与现实》获第四届中国高校人文社会科学研究优秀成果一等奖。先后获北京市优秀教师奖、宝钢优秀教师奖、国家教委"国家级教学成果奖"。主要社会兼职有：国务院学位委员会学科评议组理论经济学组成员，全国马克思主义经济学说史学会会长，全国科学社会主义学会副会长，中国《资本论》

研究会副会长，湖北省社会科学联合会主席，北京市社会科学界联合会副主席。

今天我演讲的题目是《独立创新，力求精品》，我想讲一些对当前哲学社会科学研究和发展的看法，因为目前我们高校的重要任务之一是从事哲学社会科学研究，所以我讲的内容主要是结合高校的情况。

现在，中国高等教育面临着一个非常现实的问题，就是如何提高高等教育质量。国家已经明确提出了国民教育体系构建的三个层次：普及和巩固基础教育，大力发展职业教育，着力提高高等教育质量。把高等教育质量放在重中之重的地位。这不仅是现在，而且是今后一段时期高等教育发展的一个极其重要的问题。我国高等教育已经实现了从精英教育向大众教育的转变，但不少人认为精英教育是高质量教育，大众教育是普及化教育，实际上这个认识是错误的。精英教育向大众教育的转变只是表明毛入学率在量上发生的变化，国际上以毛入学率达到 15% 作为从精英教育阶段到大众教育阶段转变的标准，毛入学率达到 50% 被认为是向普及化教育阶段发展，这些是量上的变化。但是不管处于哪个阶段，即使处于大众教育阶段、普及教育阶段，教育的质量、教育的水平和层次总是放在第一重要的地位。任何一个国家，一部分高等教育、高等学校，特别是重点高等学校从事精英教育也是一个必然规律。所以大部分高等学校并不是进行我们平时讲的大众化的或者普及化的教育，仍然要讲求质量。在大众化教育阶段，重点高校仍然要进行精英教育，这说明了教育质量在高等教育发展中的重要性。与此相应，着力提高高等学校人文社会科学研究的质量，同样是当前高校科学研究发展的最为重要的目标。

高等教育的教学、人才培养必然和高等教育的科研结合起来，因为有什么样的科研水平就有什么样的教育水平。在这种情况下，提高高等教育的质量必然会涉及到人文社会科学研究的质量，所以着力提高人文社会科学研究的质量是当前高校科学研究发展，特别是人文社会科学研究发展最为重要的目标。

提高高等教育质量，提高人文社会科学研究质量，核心是创新。有没有创新、能不能创新、是不是实现了创新是检验一个学校、一个学者能不能保持自己人文社会科学研究质量的一个最为重要的衡量指标。高质量的人文社会科学研究成果在于它的高度的创新性。

无论是提高质量还是独立创新，其根本在于人文社会科学研究要出"精品"、出"上品"。创新的载体是人文社会科学的成果——产出精品和上品。没有精品，没有上品，就不可能有我们讲的质量。所以抓质量的关键就是：强调质量、独立创新、力求精品。

下面，我从精品切入，开始讲我的观点。

一、关于精品和上品的问题

我们前面提到了精品和上品的重要性。为什么精品、上品如此重要？

首先，精品和上品是一个国家人文社会科学发展水平的象征。一个国家人文社会科学发展的水平用什么来作为标志？就是这个国家在一段时期产生的精品和上品。

其次，精品和上品也是一个国家社会文化综合实力的集中体现。国家的综合实力包括它的经济实力、国防实力、科学实力、民族凝聚力，也表现在它的文化综合实力。文化综合实力集中地表现于精品和上品，它同时也是一个民族文化积累的基石。一个民族不管延续多少年，构成这个民族的文化的精髓都是世代寻求的精品和上品。精品和上品就像一块一块石头垒起了这个民族文化的水平，形成这个民族文化的特色，体现这个民族文化的辉煌。

再次，精品和上品也是一个时代先进文化前进方向的标志。先进文化体现在一个一个精品和上品上。每一个时代先进文化是怎么体现出来的？就表现为精品和上品。

所以，精品和上品对一个国家、一个社会、一个民族、一个时代都有着极其重要的意义。我们用什么来衡量世界上的文明国家？

往往要看这个国家、这个民族所形成的精品和上品。民族的精品和上品，就构成了我们民族文化辉煌的重要标志。

精品和上品，对于高校来讲，也有三个方面的重要作用。首先，高校产生精品和上品是检验高校人文社会科学发展方向的重要手段。因为精品和上品不只是专著、论文，也包括我们对国家的政治、经济、文化、社会发展有重大影响的各种各样的成果，包括提出一个理论判断，包括提出一项改革思想等。其次，精品和上品也是反映人文社会科学学科建设总体水平的重要标志。因为任何一个时代，具体到任何一个学校，人文社会科学学科建设的水平并不只是体现在队伍的庞大，也不只是体现在经费的众多，而是体现在有没有精品和上品。一所高校，如果出版了重要的专著和论文，提出了影响了国家经济政治社会文化发展的重要思想，成为国家发展和民族振兴的思想库，这就代表了这所高校人文社会科学研究的水平，代表了这所高校人文社会科学学科建设的水平。再次，精品和上品反映高校在国家繁荣和发展人文社会科学中的地位和作用。高等学校的人文社会科学是国家人文社会科学研究的生力军，或者叫重要的方面军，这个重要方面军的作用就体现在能够形成一批又一批的精品和上品。

精品和上品在当前要体现在三个适应上。第一个适应，就是要适应21世纪中国特色社会主义经济、政治、文化和社会建设的新要求，为之提供更强有力的智力支持、人才保证和精神动力。这是我们讲的反映时代的精品、反映社会进步的精品、反映先进文化发展方向的精品。脱离现实中国社会主义社会的发展，我们很难判断它是不是精品和上品。只有与中国特色社会主义的经济建设、政治建设、文化建设和社会建设密切结合，能够提供智力支持、人才保证和精神动力的重要成果，我们才可以称之为"精品"。

第二个适应，就是要适应现代科学技术的巨大进步，及其引起的世界经济、政治、文化格局的新变化，能够培育出更多具有战略思维和世界眼光的人文社会科学人才。精品的产生过程必须基于两个基本事实：首先，精品不只是中华民族、中国特色的精品，而且还要能够反映当今科学技术巨大进步的成果，反映世界经济、政治、文化格局新变化的成果，所以它又是开放的。其次，精品产生的同时也要培养出更多的具有战略思维和世界眼光的人文社会科学人才。现在一些成果堪称优秀成果，但是难以得到海外人士的承认，因为这些成果并不能反映当今世界发生的重大变化，并不能反映当今世界变化中文明进步的成果；同时，在这个过程中培养的人的眼光和素质，难以在国际学术论坛上发表自己的见解，难以使我们的科学成果融合到世界范围人文社会科学的发展之中去。

第三个适应，就是要适应全面实施素质教育和人的全面发展的新需要，能够提升高校人文社会科学教学、科研和学科建设的水平。高校人文社会科学的精品和上品，必须实现转化。不仅实现向社会的转化，还要转化为高校的教学和科研，转化为高校的学科建设，使我们的科研成果直接服务于教学、科研和学科建设水平的提高。

这三个"适应"，是我们人文社会科学研究的精品和上品所必须达到的要求。

二、关于研究方法创新的问题

学术观点创新、学术体系创新、研究方法创新构成了人文社会科学研究创新的主体内容。

在三个创新中，我认为研究方法的创新具有首位重要的意义。我们现在苦恼于学术观点创新不够，苦恼于学术体系创新不够，究其根本在于研究方法的创新不够。现在，很多人文社会科学研究是基于唯物史观和辩证法，但是这个研究的最终目的，还是为了证明唯物史观和辩证法的正确性。所以，很多论文以唯物史观和辩证法作为自己的方法，绕了一圈以后得出的结论证明是符合唯物史观和辩证法的，这并不能形成现代人文社会科学研究的一种好的思维、好的思路、好的方法。唯物史观和辩证法确实给人文社会科学研究提供了方法论和世界观，但是人文社会科学也需要其他的一些方法。

在一定的时代，社会科学的变化、自然科学的变化提出了很多人文社会科学研究方法的创新。马克思的经济学研究是建立在黑格尔辩证法基础上的，但同时他也使经济学研究能够尽量数学化，所以他在给恩格斯的信中说过：我们把关于经济危机理论的研究用数学公式加以表达，这个理论就精确了，就完善了。马克思本人是在经济学研究中，或者说是在经济思想史上率先利用经济模型来反映他的具体观点的。在 150 年以前，马克思已经用"I（v+m）= II c"这样一个数学模型来表达社会基本简单再生产。这就表明，研究方法的创新除了唯物史观这样根本的方法之外，还会有很多很多的方法。更何况，现在人文社会科学的新发展给我们提供了很多很多科学研究的新方法。

我们现在讲借鉴，讲得比较多的是学术观点、学术理论的借鉴和利用，而在方法论上的借鉴和利用、方法论上的创新，还远远不够。我认为研究方法的创新是学术观点和学术体系创新的前提，更是人文社会科学理论体系创新的基础。所以，研究方法的创新是一个核心，有了研究方法的创新才可能有学术观点的创新，有了学术观点的创新也才可能有学科体系的创新。我们现在讨论的层次，更多的是在学科体系创新这个比较宏观的，也是比较接近于大家能看到的现象上的创新，但是学科体系的创新是建立在一个一个学术观点创新基础上的，没有学术观点的创新，不可能有学科体系的创新。而真正的学科体系创新，首先要求研究方法的创新，只有研究方法创新了才可能有学术观点的创新，才可能有学科体系的创新。目前，作为一个结果性的工作，我们探讨学科体系中的创新比较多，而过程中的学术观点的创新探讨得比较少，根本性的、基础性的研究方法的创新探讨就更少了。所以，我认为研究方法创新是核心，学术观点的创新建立在研究方法创新的基础上，而学科体系创新更是建立在研究方法创新和学术观点创新的基础上。

因为我的专业是经济思想史，所以举的例子可能多是经济学思想史上的例子。在马克思主义经济学发展过程中，历史证实了研究方法创新的重要意义。只有在研究方法创新的基础上，学术观点才能创新，学科体系才能创新，研究方法起到了非常重要的基础性作用。

例如，马克思经济学理论体系的创立就是以方法论的创新为基础的。马克思的经济学方法自然源于德国黑格尔的辩证法，正如马克思自己在《资本论》第一卷"第二版跋"中所说："我要公开承认我是这位大思想家的学生……有些地方我甚至卖弄起黑格尔特有的表达方式。"但是，马克思也明确告诉人们："我的辩证方法，从根本上来说，不仅和黑格尔的辩证方法不同，而且和他截然相反。"所以青年马克思正是在黑格尔辩证法的创新上、变革上才有他自己的方法论的。

马克思经济学方法的创新并不限于此，它也是对英国经济学方法的吸收和吸纳，特别是对大卫·李嘉图的经济学方法的吸收与吸纳。比如在19世纪40年代初，马克思和恩格斯对李嘉图研究劳动价值论的抽象方法是持否定态度的，不承认已经有的英国古典经济学的抽象方法。由于他们不承认李嘉图的抽象方法，所以也不承认和这个抽象方法相联系的劳动价值论，认为劳动价值论并不科学。恩格斯在1844年有一个结论：越靠近我们现在的经济学家是越反动的。也就是说，马克思和恩格斯认为靠近他们的李嘉图和斯密的反动程度超过配第等远于他们那个时代的经济学家。为什么呢？恩格斯认为，资本主义竞争是无处不在的，而李嘉图把竞争这个时时处处存在的经济现象抽象化了，所以就是反动的。因此，抽象了竞争的李嘉图理论是毫无价值的，所以马克思和恩格斯一开始是否定与这个理论相联系的劳动价值论的。

随着马克思对经济学研究的深入，特别是唯物史观的创立，马克思在世界观和方法论上赋予李嘉图劳动价值论新的内涵。在1847年《哲学的贫困》中，马克思第一次运用唯物史观来探讨经济学问题，由否定李嘉图的抽象方法论转变成赞成李嘉图的抽象方法论。也就是说，在唯物史观创立的前后，在1845年《神圣家族》和1847年《哲学的贫困》中，马克思开始由反对、不赞成李嘉图的思想方法转变成赞成和赞赏李嘉图的思想方法，他还用李嘉图的一些方法来反对和批判蒲鲁东的经济学方法。由于马克思承认，或者说改造了经济学的抽象方法，使得马克思从一个劳动价值论的反对者转变成劳动价值论的赞成者，以及劳动价值论的创新者。所以，结论就是，经济学研究方法的创新不仅使马克思由对劳动价值论的异议者转向了赞成者，而且成为劳动价值论这一理论的发展者和创新者。可见，方法论的创新使得马克思很快接受了当时古典经济学的最新的、最高的成就，在这个基础上实现了理论观点的创新和理论体系的创新。

马克思在进行经济学观点和理论体系创新时，适逢西方主流经济学变革时期。马克思批判地继承了当时欧洲主要国家，特别是英国、法国等国家经济学发展的思想精华。马克思本身是德国人，他对德意志民族文化极其崇敬。以至他在为《资本论》第一卷作最后润色时，不无自豪地对恩格斯讲过这样一些动情的话：你明白，在像我这样的著作中细节上的缺点是难免的。但是结构、整个的内部联系是德国科学的辉煌成就。但是，马克思从来不拒绝对德国之外文化的吸收。他认为，对德国来说，政治经济学一直是外来的科学，是作为成品从英国和法国输入的。他说："当他们能够公正无私地研究政治经济学时，在德国的现实中没有现代的经济管理系统。而当这种关系出现时，他们所处的境况已经不再允许他们在资产阶级视野内进行公正无私的研究了。"① 也就是说，马克思对德国经济学方法论上的失误和缺陷看得相当清楚，他并不因为吸收了黑格尔的辩证法，就自然地接受了德国的经济学方法论。相反，他引进了英国和法国的经济学的方法论，实现了方法论上的变革。可以说，马克思主义历时一个半世纪仍然具有强大的生命力，正是因为他拥有了这种独特的理论创新的精神，拥有了独特的方法论的创新品质。所以，我们坚持以马克思主义为指导，重要的是坚持马克思主义的理论创新的品质。

三、关于学术自由和学术流派

我们都知道，要在人文社会科学中求得创新，求得精品，必须有不同的学术流派、学术观点和不同的学术理论体系共同发展这样一个良好氛围的形成，不同的学术流派、不同的学术观点、不同的理论体系的共存是推进人文社会科学发展的重要基础。我们甚至可

---

① 《马克思恩格斯全集》第 23 卷，人民出版社 1972 年版，第 16～17 页。

以说，在一个社会、一个时代，假如不存在不同的学术流派，不存在不同的学术观点，不存在不同的理论体系，就不可能有人文社会科学的繁荣，更不可能有人文社会科学的精品和上品的出现。不同学术流派、学术观点和理论体系的形成和发展是推进中国特色、中国风格、中国气派的人文社会科学建设的基本前提。为什么这么讲？我们可以看到，在中华民族曾经有过的文化发展的华彩乐章，曾经有过的文化发展的辉煌时代，都和不同的流派、不同的学术观点、不同的理论体系的百家争鸣有着密切的联系。春秋战国时期的"百家争鸣"造就了中国文化的渊源，中国后来2 000多年文化发展的基石都是那个时代铸就的。甚至到现在，它仍然影响着中国文化的发展，影响着中国人文社会科学的发展。不同学术流派、学术观点和理论体系的百家争鸣、同时并存与共同发展，曾经创造了中华民族文化发展的华彩乐段、辉煌时代，这为中国文化发展的历史所证实，我们还可以举很多很多的例子来证明这一点。可以说，只要没有不同流派、不同学术观点、不同理论体系并存的这种局面，就不可能产生文化精品，也不可能产生人文社会科学的精品和上品。

要形成不同的流派、不同的学术观点、不同的理论体系，我觉得有三个相互支撑的条件：一是要有学术自由，一是要有学术流派，一是要有学术协作。这三个方面是形成百家争鸣局面的重要基础。

（一）要强调人文社会科学研究的学术自由——这是产生"精品"、"上品"的根本前提。我认为，学术自由主要有三个要点：

1. 学者要能够自由发表自己独立研究的成果。当然，学术自由不是胡言乱语。我们现在把学术自由理解成学者能对任何他懂或不懂的问题发表观点，我想这不是学术自由的表现，学术自由就是要阐明自己深入研究的学术观点。

2. 学术自由是一种社会责任的体现。因为人文社会科学研究有着巨大的社会性、历史性。所以，学术自由表现在一种社会责任。学术观点的宣扬不仅是个人研究的结果，而是能够直面社会，能够勇于承担社会责任，引领社会的进步，引导社会文明的发展。

能达到这种要求，这种学术自由的表达就是有意义的；不能达到或起到相反的作用，这种学术自由的表达就是没意义的。

3．学术自由也是学术尊重的一种体现。尊重学者、尊重学术是学术自由的一种境界。学术自由不是贬低别人抬高自己，学术自由也不是违反学术道德，或者出现学术的失败、学术道德的败坏。学术自由是尊重学者、尊重学术的一种体现或者一种结果，这种结果不是指本人，而是所有的同行学者和不同行学者。尊重学术，不仅是自己的学术，而且包括所有同行和所有人文社会科学研究的学术。

这三个要点是学术自由的基本特点。在学术研究中，我不太主张学术民主，因为民主是由投票方式来表达的，学术研究应该讲自由不应该讲民主。民主的最规范方法投票、表决，评判学术的真或伪，要用民主的方式来解决。应该允许学者自由地表达自己的学术观念，自由地表达别人反对自己的学术观点后的不同意见。对学者的学术表达，我认为更多是学术自由；评审项目、认定成果，可能学术民主能起作用。但是，一种不好的现象是往往学术民主会压抑可能有发展潜力的学术观点。

（二）要尊重不同的学术流派、学术观点和理论体系——这是产生"精品"、"上品"的基本条件。

（三）要增强学术研究中的尊重、互助和协作——这是产生"精品"、"上品"的必要环境，也就是我们讲的学术生态。关于这种协作，传统的观点认为人文协作是个人的一种体验和感受，和自然科学不一样，我认为这种观点在现时代是不成立的。

首先，现时代的人文社会科学发展正经历着重大的变化。假如说18、19世纪的人文社会科学发展以学科分解为特征，那么近半个多世纪以来，人文社会科学的发展则以学科的交叉、学科的融合为特征，这就是我们看到的边缘学科、交叉学科、新兴学科不断产生的现象。也就是说，现在人文社会科学的发展已经对18、19世纪和20世纪前半叶形成的众多学科进行了重新的组合，产生了边缘学科和交叉学科，这是学科发展的新特点。在这个时代，促进学科融合、交叉依然是当代人文社会科学发展的策略。

其次，人文社会科学任何一个专门的学科，都是对整体世界的局部现象的研究，带有先天的不足。社会科学研究的是社会和人的思维，或者说是研究社会和人本身。而社会和人是一个整体，是不可分割的整体。我们通常认为的社会科学不管是政治学、经济学、历史学、哲学、社会学都是对人和社会这个整体世界的局部现象的研究，是对历史现象、经济现象、人的思维现象等的研究。这些对局部现象的研究形成了我们现在讲的一门一门单独的学科——历史学、法学、哲学、社会学等，所有这些学科都是以对人和社会这个整体现象的局部的规律性研究为特点的，这是学科形成的基本条件。这就产生了一个人文社会科学研究的内在矛盾性问题，那就是在人文社会科学研究中对象的整体性和学科的局部性之间的矛盾。这种矛盾在自然科学中也存在，但是在人文社会科学中更为明显。把一个完整的整体分解为一个一个局部的学科，使这个学科得以独立和发展，这是人类文明进步的表现。就像劳动有分工一样，有了分工，社会就进步了，劳动就形成了一个复杂的体系，劳动的效率也就提高了。因此，没有分工就没有现代劳动的概念。人文社会科学也是一样，有了分工、有了细化才有人文社会科学的进步。但是，分工和细化又带来了矛盾。一个一个学科的专家，都试图用局部性研究的结论来探讨我们整体性问题，但是，研究越细化，越和整体性的对象离得远。和谐社会就是一个整体性问题，这个现象经济学讲、法学讲、历史学讲、政治学也讲，讲的都是自己学科下的对和谐社会的解答，这个解答具有很大的学科优势，但也有这个学科的局限性。就像我们研究市场经济，经济学家讲政治经济，法学家讲法制经济，人类学家讲道德经济，讲的都是各个学科的问题。要反映整体现象的全部规律性，必然要不同学科的学者进行协作，只有协作才能解决整体性的社会问题或者人的问题。正因为如此，以单一学科来研究整体世界就会产生单一学科的片面性。要研究整体事件，要研究综合性的重大的实践和理论问题，就需要多个学科严密地合作，形成良好的协作气氛。

我想《论语》不仅是孔子本人思想的体现，也是他众多弟子共同思想的体现，也是那个时代众多思想的体现。所以，一方面，各学科的专家要有深邃的专业知识，同时又要提倡学者之间的通力合作。只有这样，才能解决经济社会发展的重大问题。所以，我们要建立良好的学术环境和学术条件，特别要有一种尊重学术、尊重学者，团结奋斗、积极向上的学术氛围。我觉得我们现在人文社会科学质量上的问题、精品上品的匮乏以及我们学术创作的困惑，和我们目前缺乏这样的学术环境有很大的关系。

十六大以来，以及以胡锦涛同志为总书记的党中央对马克思主义理论的新发展，并不是学科理论的发展，而都是整体理论的发展。科学发展观、社会主义和谐社会、包括建设创新型国家甚至包括社会主义核心价值体系、社会主义新农村建设等一系列理论观点并不只是一个经济学的、哲学的、法学的或社会学的理论观点。建设社会主义新农村这个看似经济学的问题，其实不只是经济学的问题。因为这是个农业、农民和农村的"三农"问题。假如农业是经济问题，农民肯定是政治问题，农村就是社会问题。农业的经济问题、农民的政治问题、农村的社会问题就不单单是经济学家所能解决的问题，也不是只有经济学家才能探讨的问题，它需要很多学科的专家来共同研究和探讨。所以，我们希望，也强烈呼吁：提高人文社会科学质量，在呼唤人文社会科学精品和上品的时候，应当积极推动尊重学术、尊重学者，积极向上、团结奋斗的学术氛围的提高，这是我们全体人文社会科学的研究者和管理者的一种责任。

四、关于人文社会科学的开放性问题

人文社会科学在当今世界已经成为跨越国界的研究领域。最近我到法国的巴黎七大访问，我们在那里建立了一个孔子学院，我到那里做了一个学术报告，我讲了40分钟左右。在讨论中，我发现我研究的很多问题与他们日常的研究有密切的联系。他们问了很多问题，正是我们现在所发现的问题。比如，我们的经济增长速度过快的问题，经济发展的地区差别和个人之间的收入差别过大的问题，环境污染严重的问题，他们甚至还问了在城市化过程中普遍出现的市民心理健康问题等。可见，这些问题既是我们所关心的，也是法国的众多学者所关心的。

　　人文社会科学的开放性问题，已经包含在人文社会科学研究的当代议题之中。精品和上品的产生，同学习和借鉴世界各国各种优秀的、有价值的、相应的人文社会科学的成果和成就是密不可分的。我们要认同一个观点，我们的改革开放不仅是吸收国外的先进技术，利用国外的资本和资金，引进国外先进的管理经验和做法，同时也要借鉴和利用国外当代发展的一切文明成果。因为在经济变化过程中，不仅经济政治在发展，市场经济的作用在发生变化，而且世界上很多新的、有价值的、优秀的甚至是先进的文化也在不断地增长。所以在吸收经济成果的时候，也要高度关注和关心人文社会科学发展中有价值的、有影响的、反映人类文明进步的优秀成果。也就是说，除了意识形态方面之外，西方经济学发展中很多的研究反映了经济学发展的优秀成果，我们应该借鉴、吸收和利用。不仅是体制和机制这方面的成果，而且还包括方法论上的成果；不仅包括方法论的成果，还包括他们在经济学的研究中有意识地引进的社会学、人类学、环境学、心理学等方面的内容。我们以前批判了海威司，他用心理学研究来研究经济问题，但是，现在恰恰要用心理学来研究经济问题。在经济关系研究中引进心理要素，这正是我们现在经学研究中所缺乏的。

　　我还要举个经济思想史当中的例子。在18世纪中叶，法国有个重农学派影响着18世纪乃至现在经济思想的发展，这个学派不仅源于法国经济文化的发展，也源于对其他国家经济思想的发展，特别是对中国的重农思想和制度的吸纳和吸收。有些西方学者把重农学派的最主要的代表人物魁奈称为"欧洲的孔子"，认为他的重农思想在很大程度上吸纳和吸收了中国古代的理学思想。米拉波是法国重农学派的成员，他在魁奈去世时发表的演讲说："孔子的整个教义在于恢复人受制于天，而为无知的私欲所掩蔽的本性的欢呼和美丽。因此他劝国人信奉上帝，存尽奉戒惧之心，爱邻如己，克己复礼，以礼制欲。非礼勿为，非礼勿见，非礼勿言。对于这种宗教道德的伟大教言，似乎不可能再有所增补，但最主要的部分还未做到，即行之于大地；这就是我们老师的工作，他以特别聪睿的耳朵，从我们共同的大自然母亲的口中，听到了'纯产品'和'秘理'。"我国有的学者在评论这一演说时认为："这段演说词与其说是为魁奈而作，倒不如说更像是在颂扬一位中国理学大师。惟其如此，以承继孔子事业作为魁奈的盖棺之论，确是魁奈学说的重要特征。"也就是说，重农学派的主要学者——法国人米拉波认为魁奈的贡献就是吸收了孔子的重要思想并将之用于经济问题的研究。

正因为如此，人文社会科学任何一门学科的发展，不仅是一个国家、一个民族范围内的学科和学术传统的积累、发展和创新的结果，而且是世界范围内多个国家、多个民族之间的学科和学术的碰撞、借鉴和吸纳的结果。所以我们只有站在世界各国人文社会科学发展的成果和成就的基础上，透彻理解、深入了解世界各国的成果和成就，才能有中国自己的"精品"和"上品"的产生。

基于这个思想，我们成立武汉大学人文社会科学发展与评价研究中心以后，首先做的工作就是出版了《海外人文社会科学研究发展年度报告》，通过年度报告的形式，我们力图把海外人文社会科学发展的最新动态展现出来，通过一年一年的积累来反映海外人文社会科学的发展趋势。当然，我们现在做的还有欠缺，要写出高质量的、高水平的年度报告，只靠一校学者的力量是远远不够的，我们希望能有更多的海内外学者来参与这项工作。我们做这项工作，需要付出很大的辛劳。但我想这项工作对繁荣高校人文社会科学，特别是对产出"精品"和"上品"做了一项基础性的、资料性的工程，这项基础性的、资料性的工作也是非常有学术水平的工作、非常有意义的工作。

"海纳百川，有容乃大。"先哲的这一至理名言千百年来不仅是中国人为人处事的圭臬，是道德修养的基本原则，而且也是学者治学、著书立说的基本要求，更是创新的基本要求。

文 化 研 究

▪▪

　　"文化"，最初指土地的开垦及植物栽培，后指对人的身体、精神发育的培养，最后进一步指人类社会在征服自然和自我发展中所创造的物质精神财富。简言之，文化即人化。它是人们改变环境、发展自己的重要手段，是人类文明进步的重要标尺。在生生不息的文化发展进程中，在经济全球化、文化多样性的新世纪，文化研究作为一种新兴的学术范式和知识领域，近年来受到众多学者的广泛关注，取得了极为丰硕的研究成果。

　　本刊编委会在本期《珞珈讲坛》予以编发的一组以"文化研究"为主题的稿件是部分学者近期饱含文化研究最新成果的学术演讲，它们从多侧面、多角度对"文化"母题进行了学理阐释。这组稿件包括郭齐勇教授对国学热的理论反思，沈壮海教授的文化竞争与文化安全关系探讨，温儒敏教授的关于文学研究中的汉学心态问题研究，陈平原教授对人文学的困境、魅力与出路的追寻，钟年教授关于文化与心理学关系问题研究。

对当前国学热的反思[①]

◎ 郭齐勇

郭齐勇，湖北武汉人，1947 年生。哲学博士，教授、博士生导师。现任教育部人文社会科学重点研究基地武汉大学中国传统文化研究中心副主任。曾任武汉大学人文科学院院长、武汉大学哲学院院长。兼任武汉大学中西比较哲学研究中心主任、孔子与儒学研究中心主任。现社会兼职有：国务院学位委员会哲学学科评议组成员、教育部高等学校哲学教学指导委员会副主任（第二任）、国际中国哲学会主席（会长）、国际儒学联合会理事暨学术委员、全国中国哲学史学会副会长（第二任）、中华孔子学会副会长、湖北省哲学史学会会长、湖北省

---

① 本文系作者 2007 年 4 月 2 日晚在武汉大学教五楼多功能报告厅为 300 多位学生、2007 年 3 月 11 日上午在湖北省图书馆对 150 位市民、4 月 16 日晚在中南财经政法大学对 400 位学生所作的演讲。

社联理事暨学术委员，《中国哲学史》、《孔子研究》、《江汉论坛》、《社会科学论坛》、韩国《儒教文化研究》等刊物的编委、《哲学评论》主编、《人文论丛》副主编。曾获国家教委首届人文社会科学优秀成果二等奖、宝钢教育奖、国家图书奖荣誉奖和提名奖、湖北省政府优秀教学成果二等奖（两次，均排名第一）、湖北省政府社会科学优秀成果二等奖（2004年）、湖北省有突出贡献的中青年专家（1997年）、湖北省教学名师（2004年）和湖北省优秀研究生导师（2004年）称号。从1993年起，享受国务院政府特殊津贴。

主要从事中国哲学史的教学与研究，专长为儒家哲学与20世纪中国哲学。在海内外学术刊物上发表学术论文百余篇。主要学术著作有：《文化学概论》、《熊十力思想研究》、《天地间一个读书人：熊十力传》、《钱穆评传》（合著）、《梁漱溟哲学思想》（合著）、《诸子学志》（合著）、《传统道德与当代人生》、《郭齐勇自选集》、《儒学与儒学史新论》、《中国哲学史》、《新编中国哲学史》（主编之一）、《中国古典哲学名著选读》（主编）、《儒家伦理争鸣集》（主编）、《宋明儒学与长江文化》（主编）、《熊十力全集》（副主编）等。近年来主持和承担国家社科基金项目"近50年来出土简帛与中国哲学史研究"、教育部人文社科重点研究基地重大项目"宋元明时期长江中游的儒学研究"以及"十五"期间国家级重点教材《中国哲学史》的编写等。

什么是国学？国学包含几个层面？国学只是精英文化吗？为什么当前社会上对国学有迫切的需求或一定的热度？当前国学是真热吗？国学与国家的文化安全有什么关系？国学与和谐社会的建构有什么关系？国学与本国在国际上的政治、经济、军事、文化之地位及文化输出有什么关系？本文试图回答上述问题，略抒己见，以就教于各位。

一、何谓国学？试说国学及其草根性

我们现在所说的国学，包括中华传统文化的各方面，例如包括中华各民族从古代到今天的蒙学读物、衣冠文物、习俗、礼仪、语言、文字、天学、地学、农学、医学、工艺、建筑、数学与数术方伎、音乐、歌舞、戏剧、绘画、书法、思想、心理、信念等。国学中包含有大量的社会、民俗、制度、生活世界的内涵，特别反映在历史、文学、艺术、哲学、宗教方面，同时又是中华人文精神之根，是我们民族的终极信念所在，是安身立命之本。国学是开放的，包含了历朝历代消化吸收了的外来各种文化。

作为传统学术的国学，如按传统图书与学术之分类是经、史、子、集四部，或义理、考据、辞章之学的三路向等。经学是国学中的重中之重，因为经学中包含有大量的社会史的内涵。我还是认同晚清"穷治语言文字以通经学"的学风。五四以来，我们对经学与理学有太多的误解。

我想强调的是，国学不仅仅指传统学术，尤其指其中所蕴含的文化价值与民族精神。国学当然是相对于西学而言的。在清末民族危机与西学大量进入中国以前，没有国学这一说法。国学这一概念从 20 世纪初年被章太炎们从日本引入之时起，就含有振兴民族精神与弘扬中国文化的道德理性、宗教精神与人文传统，来振兴民族、复兴国家、增强自主精神与自信力，以与东西方列强相抗衡之意，也含有批判或救治世界的西化、工业化、商业化、功利化的弊病之意。可见，国学不仅仅是学问或学术的概念，而且还是民族性与民族魂的概念。清末民初的国粹派思想家们所谓"学亡则亡国，国亡则亡族"，即是主张通过保文化学术来救国家民族。①

---

① 章太炎说："夫国学者，国家所以成立之源泉也。吾闻处竞争之世，徒恃国学固不足以立国矣；而吾未闻国学不兴而国能自立者也。吾闻有国亡而国学不亡者矣；而吾未闻国学先亡而国仍立者也。故今日国学之无人兴起，即将影响于国家之存灭，是不亦视前世为尤岌岌乎？"（《民报》第七号《国学讲习会·序》）

有人把国学与汉学同等或并列看待，尤为不当。外国人研究汉学（今天叫中国学）与本国人研究国学有很大区别，不可等量齐观。外国人只看重饾饤枝节而忽略内蕴精神，他们视汉学（或中国学）为纯客观对象，而本国人对国学自然地投入主观情感，怀抱温情与敬意的心态，而且身体力行。

所以，今天我们谈国学，我以为，大约有这么几个层面：

第一是常识层面，即国家民族历史文化的 ABC。针对几代人国学素养的不足，面对媚俗的大众文化的冲击，对国民特别是青少年进行初步的国学教育已是十分紧迫之事。这需要家庭教育、学校教育与社会教育的配合。

第二是学术与技艺层面，即传统文化各门类各方面，包括地方文化、民间技艺、学术传统之传承。要通过微观精细地研究、抢救、整理与继承绝学，古为今用，推陈出新，这需要国家与社会投入资金，养一些甘坐冷板凳的专门家，尤其要培养新生代，并造成代代相传的机制、环境、氛围。

第三是道德价值与人生意义的层面。国学根本上是教人如何做人，如何安身立命。例如《论语》、《孟子》，按梁启超的说法，是两千年国人思想的总源泉，支配着中国人的内外生活，其中有益身心的圣哲格言，一部分久已在我们全社会形成共同意识，我们既做这个社会的一分子，总要彻底了解它，才不致和共同意识生隔阂。① 今天我们提倡国学，主要是提倡理想人格的追求，克服工具理性的片面膨胀所导致的人文精神的萎缩或失落。

第四是民族精神，或国魂与族魂的层面。提倡国学与吸纳西学并不矛盾。对于祖国传统文化的价值理念、生存智慧、治国方略，我们体认得越深，发掘得越深，我们拥有的价值资源越丰厚，就越能吸纳外来文化的精华，越能学得西方文化之真，这才能真正使中西或中外文化的精华在现时代的要求下相融合，构建新的中华文明。一味贬损、伤害中国文化之根，无益于西方精神价值的引进与

---

① 参见梁启超《国学入门书要目及其读法》及《治国学杂话》，俱见《胡适文存二集》，亚东图书馆 1934 年版。

融铸，无益于新的现代文明的建设。正如鲁迅所说"外之既不后于世界之思潮，内之仍弗失固有之血脉"①；也如陈寅恪所说"一方面吸收输入外来之学说，一方面不忘本来民族之地位"②。任何民族的现代化都不可能是无本无根的现代化；失去民族之本己性、个性的现代化，绝对不是成功的现代化。

学习国学更重要的是把握中华人文精神与价值理念，了解中华民族与中华文化融会的过程，及其可大可久的所以然，堂堂正正地做一个中国人。

国学并不只属于文化精英。实际上，国学具有平民化与草根性的特点。在我们的老百姓中，包括不识字或文化水平不高的、像我的祖父母、父母亲那样的人，包括"文革"后期我到湖北天门县插队落户时周围的农民老乡，我当工人时到两湖、浙江几家大工厂培训两年间遇到的一些工人师傅，我们的小学、中学、大学的老师们，所有这些人以不言之教与言教影响其子弟与周围人的精神的东西，主流的价值仍然是友善、仁爱、孝慈、正直、良心、为人着想，堂堂正正地做人做事。老百姓接受的并影响他人的生活哲学，是带有儒家文化密码的蒙学读物与民谚民谣中的仁慈善良，廉洁勤谨，忠于职守，与人为善，德福一致，"勿以善小而不为，勿以恶小而为之"，"老吾老以及人之老，幼吾幼以及人之幼"等，例如《三字经》、《百家姓》、《千字文》、《弟子规》和《四书》的一些内容。

但是，五四以来，作为中国人的国民性的负面的或所谓丑陋的中国人等的揭露，有些过头，伤害了我们的民族性。尔虞我诈，内斗内耗，我们出现过这些丑恶的现象（其实西方也有），但人们往往就会把账算在国民性上，或要中国文化、儒家文化承担责任。我觉得我们要把中华民族文化的真髓，养育、凝聚老百姓的真诚的理

---

① 见鲁迅《文化偏至论》，此时鲁迅还是章太炎的门生和"国学振起社"的成员。

② 陈寅恪：《冯友兰〈中国哲学史〉审查报告》，见冯著《中国哲学史》，商务印书馆1934年版。

念，作为中华民族这样一个多民族国家的族群认同、文化认同与伦理共识的仁爱思想，浩然正气，正道直行，人格修养等，大大地弘扬出来。我不认为这是高头讲章。比方说，老百姓中，其实有很多相互关爱的品格与事例，我们要把这些日用而不知的民间留存的仁爱忠信、仁义礼智信等的道德资源加以保护、拓展。例如武昌区吴天祥副区长，长期关爱人民群众，有很多感人事迹。又比方我是1966届高中毕业生，我与同学们1968年下乡的时候，我们是抱着尖锐斗争的心态下去的，以为我们是革命派，下去是去斗争地富反坏右的。结果乡亲们慢慢地化解了我们的仇恨心理，为批斗对象（多为冤案或地富子女）讲好话，以温情在物质上、精神上关爱我们这些离开城市与家庭的知青。他们家里的鸡蛋、蔬菜很少，但总是送给我们吃。在田间劳动，他们告诉我们不要蛮干，不要一口气就把一辈子的饭吃掉了，要我们学会保护自己，又教会我们干农活的技巧。慢慢地，我们就懂得人间的温情。我小的时候，亲眼目睹自己的父母也是在家里的生活非常艰难的时候，节衣缩食，对邻居与逃荒讨饭的灾民予以接济。我觉得仁爱不仅是一种理想性的东西，而且是在民间有根源的活的东西。我们现在要有一种文化自觉，把这些百姓日用而不知的、有生命力的、有内蕴的价值启导出来。

二、体制内的教育是西化的，所谓国学热只能是假热

一方面，民间存留着很多善根，国学确有草根性；另一方面，我们又不能不看到，由于社会巨变所发生的诸多新问题，特别是强势的西化趋向的影响，百多年来文化观念与全民教育的某些失当，国人对于国学又相当地陌生、隔膜。

第一，我们看常识层面。今天我们很多大学生与研究生，不知祖国历史文化的一些常识，不知《四书》、《老子》、《庄子》为何物，更不要说中学生了。有一位博士生寄贺卡给导师，竟称之为"先师"。社会上更是如此。张艺谋是大文化人了，但他导演的《黄金甲》中，周润发饰演的帝王竟对医官说"你的内人"云云不通的话。我们有的大学教师常说"我的夫人"云云，不知"夫人"

是尊称别人的太太的。有一专门纠正世人用语的杂志说"食色，性也"是孟子说的（有的大报竟然照登，其实这是《孟子》一书记载的告子的看法，孟子批评了这一看法），还有很多。

第二，我们看学术与技艺层面。传统文化各门类、各方面，包括民间技艺，经史子集等的传承上，有相当大的断层。五四以来，片面的、平面的西化思潮和教育、学术结构与体制，使得我们这一代甚至前后几代人逐渐丧失了解读前现代文明（或文献）的能力。令我汗颜的是，包括我在内的目前在大学教中国文史哲的所谓教授们，如果人家顺手拿一册未经整理的旧籍古书让我们读，很可能有些字认不得，有些句子断不了，有些典故不知道，有些篇章读不下来。近些年来，我与同事们之所以在武汉大学创办小型国学试验班（本科生已办了六届，硕士生有两届），就是想整合文史哲各系老师的力量，三个臭皮匠，顶个诸葛亮，大家互补，共同努力，以"小班授课，原典教学"的方式，试图培养一点点读古书的种子。因为靠我们这些教授们曾经接受过的、半个世纪以来通行的、分科式的、只学概论通史、不读原著经典的教育方式，我们民族的将来，很可能没有能够读通古书的人。

第三，我们看道德价值与人生意义的层面。现在有些为人父母者如何教育孩子呢？我曾在公共汽车上看到有的年轻父母当着孩子的面逃票、与老人抢座位、骂人，毫不避讳；有的甚至教唆孩子抖狠，打别人的孩子，所谓免得吃亏云。我们本来是礼仪之邦，但我们的留学生或旅行团走到世界各地都会发生不文明、不礼貌，甚至有辱国格、人格的事情。2006年9月，我在美国亲眼看到一些用公费旅游的干部，在公共场所不守公德的丑态。由于爱喧哗，聚众打牌到半夜，有的美国旅店宾馆干脆把中国旅客与其他国家旅客隔开安排。还有一些大学生面对生活贫困、就业压力，或恋爱、婚姻、家庭问题等，经不起挫折、坎坷，极个别人自杀或出现精神疾病，并不都是心理上的病症，根本上还是人生观、价值观的问题，责任感的问题，生活的信念与态度的问题。

第四，我们看国魂与族魂的层面。可悲的是，有很多知识分子以居高临下的不屑的挑剔的态度，轻慢的语气，以先入之见或自己的所谓"逻辑"或文字游戏的方式，横加肢解传统文化，以为西方的从古到今都有理性，完美得很，中国的从古到今都无理性，糟糕得很。他们不是全面理解思想系统及其背景与特性，而是从这种立场或情感出发，抓住只言片语，拉来就打或贬。对于自己民族的文化及其经典，应有起码的尊重，起码的虚心的态度。为什么其他国家的知识分子不提出"同情的理解"或"了解之同情"，或没有类似的问题，而唯独我们国家、民族的知识分子必须面对这一问题？那是因为人家没有妖魔化、丑化自己的文明及其经典，没有把今人的责任推到祖宗头上去，也没有单一的直线的进化论、进步观，而我们自鸦片战争以来，把国际国内政治、经济、军事的问题，国势的问题简约化为文化的问题，一股脑儿都要传统文化来负责，要孔孟来负责，又把文化问题简约化为进步与落后的二分法，因此把传统与现代打成两断。实际上孔仁孟义、礼乐文明不仅不构成中国人走上现代的阻碍，相反是一种宝贵的资源与助力。这种不健康的心态与学风，乃严肃的学术研究之大敌，且谬种流传，误人子弟，贻祸青年。

近年来，随着我国的经济实力、政治地位的提升，随着人们对传统文化与现代化的关系的理解有了多维向度，全社会上对国学有了迫切的需求或一定的热度。例如，继武汉大学之后，中国人民大学、厦门大学也开办了国学班①；公私企业的经营管理者由热衷于学习西方式的管理转过来学习古代哲学智慧与管理方略，一些MBA、EMBA、总裁班等更多地转向学习中国经典来丰富人生；不少民间人士开拓更多的空间，创造条件让儿童在记忆力最好的时期诵读一点经典，打一点童子功。这都是十分可喜的现象，虽然遭到不少非议。国学随着国力的增强，到了发展的最好契机。

但是，当前国学是真热吗？国民对国语、国文、国学，对本国历史文化传统的常识还不甚了了；体制内的，从幼儿到博士的受教

---

① 教育部与国务院学位委员会尚没有"国学"这个专业的名称、代码与编号，目前国学本科生与研究生招生只能挂靠在别的专业上。也就是说，"国学"在体制内的教育中还不具有合法性，至少是没有户口吧！

育的制度安排，基本上是西化的，青少年学习英语的时间与精力大大超过了学习母语、国文的时间与精力，而体制内有关中国历史文化的教育又非常薄弱。如此，我们有什么理由侈谈"国学热"？所谓"国学热"并非真热，其实是假热，只是一些表面现象而已。有的只是敲敲边鼓，只是自发与偶然的现象。

试看我们的教育。幼儿与中小学教育中的中国文化教育应是基础的基础，因此，全社会都应当重视对幼儿、小学生和中学生加强中华民族历史知识与人文精神的教育。不然，大学人文教育就根本没有办法做好。此外，中学文理分科的问题，作为高考的附属物，似应有更加合理的解决方案。从公民的文化教养与民族的文明发展来看，中学生的文理分科是应当为法律所禁止的。同样地，我国应当为民族传统文化的承传立法，或者说，应当在法律上规定，必须对幼儿与小、中、大学生进行传统语言与文化的教育，维护民族语言与文化的纯洁与尊严，必须改变目前青少年学英语的时间、精力大大超过学习母语的状况。

母语、国学的教育是国本，不可动摇。10多年来，我一直在批评一种现象，即中国大陆地区的各层次教育中，忽视母语的教育，忽视本土文化 ABC 的教育，把英语、西方文化教育看得比母语、本土文化的教育更为重要，完全是数典忘祖！现在中国的大众文化已是美国文化的殖民地，美国大片横行无忌。反过来看一看法国及欧洲一些国家，它们严格限制大众媒体把英语节目或所谓美国大片肆无忌惮地播放，它们是有限制的。法国知识界不断批评、指导法国的传媒与文化界，法国政府也十分自觉地捍卫法兰西语言的纯洁性与法兰西文化的尊严。相反，我们都失职了！我不是反对学习西方，相反，我是积极主张拥抱西方文明的，我当院长，在本院的教学中，我为以西文学习西方经典创造了很好的条件。我们开办的国学试验班、中西比较哲学国际班，都是开放的，有些课程也用英文上，请外国学者上。但我认为，这一定得有一个界限，即中国的教育（从幼儿园到博士生），宪法与法律允许的中国教育，一定要以母语与本土文化为主导和主要内容。我们现在讲自主创新，讲建立自主创新型国家，首先振兴的应是中国自己的文化传统。中国人靠什么走向世界？中国人的精神文化中当然包含着几千年来与外来文化的融合，中国文化当然是变动着的文化。但中国之为中国，中国文化之为中国文化，一定有自己内在性的东西，有主导性与主体性的常道。这是不可动摇的。因此，我反对所谓"双语教学"的提法，甚至有的大学提倡"全英语教学"，那是应当禁止的，是违法的，是殖民地心态的体现。

作为一个国家的公民、国民，有接触本国经典的义务。一个西方人，不管从事什么行业，在他经受的家庭、社会、学校教育中，起码诵读过、学习过荷马史诗、柏拉图或亚里士多德等的希腊哲学、西塞罗等的罗马政论、莎士比亚的文学作品等。这都是视为当然的，是他们的人文修养的基本功。一个中国人，也应当掌握好母语，具有中国文化的常识。可是今天在中国，如果我们让青少年读一点有关孔子、孟子、老子、庄子的书，会被认为是守旧复古、大逆不道。这是非常奇怪的事情。我认为作为一个中国人，要了解的最基本的经典是《四书》（《论语》《孟子》《大学》《中庸》），还有《老子》、《庄子》、《六祖坛经》、《史记》、《汉书》、《诗经》、《楚辞》等。

三、国学与和谐社会的建构

10年来，我常常到我国台湾地区和韩国、日本去出席会议或讲学。总的感受是，那些地区或国家的民间社会的空间比较大，生活中，传统文化、礼俗的传承比我们好。今天，我国大陆地区的民间生活更加多元化了。企业、媒体、社群、宗教团体中需要而且也可以提供更多的社会资本与文化资本，包括本土文化资源。我们建设今天的文明，需要更多借鉴古代的文明。

国学的再发现，并不是复古，更重要的是其中的价值观念能更多地渗透到现代人的意识之中。国学之一的儒家思想与制度也可以参与当代的制度安排与秩序设计中，例如"礼"之中就有不少可以转化。儒家思想可以与现代政治自由主义、生态环保主义、女性主义对话。比方说，我们实行社会主义的市场经济，必须兼顾公平与效率，有关公平与社会公正，正是儒家的强项。又比方说，年轻人讲自由，其实，不管是政治的、哲学的、道德的、美学或艺术等层面的自由，或伯林讲的消极自由与积极自由，在儒释道各家的论说中都十分丰富，值得发掘。现代的政治法律制度，不可能不建立在德性伦理之上。我们的家庭伦理、社群伦理、工作伦理、企业伦理的建设，都可以在国学中找到资源。在生态伦理、文明对话、国家间与族群间的交往伦理方面，国学资源都大有可为。我们有责任做创造性转化的工作。就自由主义者必须具有的独立的批评能力和精神，必须具有的道德勇气、担当精神而言，就自由、理性、正义、友爱、宽容、人格独立与尊严等自由主义的基本价值而言；就民主政治所需要的公共空间、道德社群而言；就消极自由层面的分权、制衡、监督机制和积极自由层面的道德主体性而言，儒家和传统诸家都有可供转化和沟通的丰富的精神资源。儒家的道德主体为政法主体预定了位子。

德国特里尔大学的文学院长、汉学家波尔教授（他的中国名字叫卜松山）曾经在北京与特里尔多次郑重地对我说过："你们中国有很好的道德资源，特别是儒家文化中有很多很好的做人的道理，可惜你们放弃了，没有用这些本土的文化资源教育后代，这非常遗憾！"这值得我们警醒。

一个社会，如果没有基本的伦理共识，那是非常危险、非常可怕的。再严密的法律也代替不了社会的伦理道德；进一步说，健康的、现代化的法治社会恰恰是建立在民众的底线伦理、民众的伦理共识的文化土壤之上的。今天我们所说的和谐社会，指的是现代化的民主法治、公平正义的市民社会。提倡和谐社会，针对的是现实上的不和谐、不协调。各国现代化建设过程中，不免会出现发展中的不平衡，地区、行业、城乡、贫富的差异。出现不平衡与差异是十分正常的。但一定要有一种自觉，即不断地克服或调整不平衡或太过悬殊的差异。中国传统社会充满着斗争与紧张，正因为如此，传统社会的知识人与民众期盼和谐，留下了大量的"和谐"思想资源，可以成为中国特色社会主义和谐文化建设的重要助缘。

在人与天的关系上，中国古代思想家认为：天、地、人、物、我，不是各自独立、相互对峙的系统，彼此之间有着不可分割的联系。它们同处于一个充满生机的气场或生命洪流之中。中国传统智慧主张人与自然万物，与草木、鸟兽、瓦石、山水，是密不可分的整体。古代的《月令》，特别重视人对动物、植物、山川等的保护，涉及季节与人之养生、渔猎、伐木、农事的关系。中国的人文精神不与自然相对立，它讲求的是与自然的和谐共处。"天地与我并生，而万物与我为一"，"人与天地万物一体"的古代的观念、信仰，对于今天我们的科学的、全面的、可持续的发展观，仍有启发性。

在"己"与"人"的关系上，孔子主张"己欲立而立人，己欲达而达人"，"己所不欲，勿施于人"。成就自己是在成就别人的共生关系中实现的。成就自己，同时必须尊重别人；不尊重别人，也不能成就自己。

在人与内在自我的关系上，中国传统哲学家认为个体生存的意义世界，与个体人身心的涵养有很大的关系，可以帮助人心理上处于健康状态。道家、佛教主张身心神形的合一与超越，由此而建立起特有的修养论、工夫论、境界论。

中国古典的和谐智慧并不是否定对立、抹杀差异、矛盾的智慧。所谓"和而不同"，和不是同，也不是不同，是多样的统一。马克思深刻指出，差异、矛盾是普遍存在的，没有差异、矛盾，就没有社会的进步和人类的发展。构建社会主义和谐社会是一个不断化解社会矛盾的持续过程。因此，否认矛盾、害怕矛盾的态度是不可取的；但是，放任矛盾甚至扩大矛盾，同样是错误的、危险的。孔子治国安民的主张是"庶、富、教"，庶而后富，富而后教，肯定民生，强调藏富于民，把维护老百姓的生存权与受教育权看作是为政之本。孔子注意到分配正义、社会公正问题，反对贫富过于悬殊，指出："不患寡而患不均，不患贫而患不安。盖均无贫，和无寡，安无倾。"孟子主张保障老百姓的"恒产"，指出良好的政治一定是使老百姓有产业有收入、满足生活的基本需要的政治。儒家还关注养老、救济弱者、赈灾与社会保障的制度设计及其落实，强调整个社会应关注鳏、寡、孤、独等弱势群体。《礼记·礼运》更是假托孔子之口，描绘了"人不独亲其亲，不独子其子，使老有所终，壮有所用，幼有所长，矜寡孤独废疾者皆有所养"的大同理想。

防止公共权力的滥用是珍惜民力、保护民生的重要内容。孔子说，"政者，正也"，"居敬以行简，以临其民"，"博施于民而能济众"，反对以傲慢的态度对待人民，滥用权力，任意扰民，践踏民意，不顾民生。他提出以"敬"的态度谨慎地使用公共权力的问题，以安民济众、百姓平安为根本目的。孔子讲"行己有耻"。国学中有大量的荣辱观、廉耻观的思想传统与整饬吏治的办法，包括监察制等，对于我们的廉政建设和树立社会主义的荣辱观仍有借鉴意义。

重视和发掘中国传统智慧中的和谐思想的资源，决非要鼓吹全面复古、全盘照搬古代文化的整套东西，更不是试图以中国固有的传统去对抗、抵制现代的文化。我们提倡以批判继承的态度、多元开放的心态，对传统智慧的和谐思想资源进行创造性的转化。现代化在东亚各国的发展，不仅是受到西方刺激之后的反应，而且更为主要的是自身内在的要求，有自身发展的逻辑。儒学思想史上，中、韩、日三国的经世思潮的发展，即是内在调适的一种表现。这实际上为东亚的现代化做了铺垫。明清以来中国商业的发展，与商人的价值理念有关。实际上，例如徽商、晋商等的商业行为中，都有儒家价值、儒家伦理的渗透与融摄。近世以来，东亚三国迎接西方的挑战，内在思想的资源仍然是儒学。睁眼看世界并鼓动学习西方的人，包括马克思主义中国化的先驱、中国共产党人的前辈和近代以来的仁人志士，骨子里恰恰是入世的、进取的、主张变化日新的，是关切国事民瘼、向往大同世界的儒家情结最深的人。他们的为人为学、思想与行为方式，乃至杀身成仁、舍生取义的献身精神，无一不是儒家式的。儒学思想与现代化的调适，除了我们以上说的这些外，更深层次的即是仁、义、礼、智、信等基本价值的转化。孙中山先生特别提出"忠孝、仁爱、信义、和平"，强调心性文明的建构。①

---

① 参见郭齐勇：《孙中山的文化思想述评》，《中国社会科学》1996 年第 3 期。

　　罗伯特·贝拉（Robert N. Bellah）关于日本德川宗教的研究给我们多方面的启示。他说："存在于德川时期的中心价值系统在现代依然起着决定作用，也许是以更加强化的、理性化的形式而存在。将作为各个阶级的身份伦理而起作用的中心价值系统应用于现代，证明是十分有利于处理每个阶级所承担的新的经济责任。"①贝拉关于中国的整合价值占首位，日本以重视政治或达到目标为特征，中国伦理是普遍主义的，日本伦理是特殊主义的等论断，都是值得商榷的。但他具体分析了德川时代的中心价值，指出了这些价值在日本现代化的道路与过程中的作用，是很有意义的。丸山真男曾对此作了中肯的评价。② 中国大陆和台湾、香港地区，以及新加坡、韩国等国家的现代化运动中，民间社会的儒家伦教的积淀起了积极的作用。在文化小传统中，勤俭、重教、敬业、乐群、和谐、互信、日新、进取的观念，无疑是经济起飞的文化资本。这些文化小传统，与儒家精英、文化大传统是密不可分的。从长远的、健康的、高品质的社会目标来看，儒家"仁爱"思想可以纯洁世道人心，整合社群利益，调整人与天、地、人、物、我的关系，克制自我中心和极端利己主义。"恕道"对于环境伦理、全球伦理的重建提供了重要的思想基础，有助于全球持续性地发展。"诚敬"、"忠信"思想有助于整顿商业秩序，增强企业内部的凝聚力并改善外部形象，提高效率，促进人的精神境界的提升。儒家的价值观、义利观和人格修养论，有助于克服拜金主义、享乐主义和坑蒙拐骗的行为。目前，这些价值至少对于中国大陆社会的整合，和谐社会的建构，具有极其重大的现实意义。

　　从《四书》、《管子》、《荀子》和宋代以来在民间流行的蒙学读物来看，传统社会朝野共同承认的核心价值，大体上是以仁爱为中心的展开，重要的范畴有如仁、义、礼、智、信、孝、悌、忠、

---

　　① 罗伯特·贝拉著：《德川宗教：现代日本的文化渊源》，三联书店与牛津大学出版社 1998 年版，第 228 页。
　　② 丸山真男：《评贝拉的〈德川宗教〉》，《德川宗教：现代日本的文化渊源》附录三，第 259 ~ 296 页。

恕、诚、敬、廉、耻等。传统道德仁、义、礼、智、信"五常"和礼、义、廉、耻"四维"是我国古代思想家对中华民族基本道德观念和道德准则的总结,源于春秋,确立于汉代,是安定国家、稳定社会的最普遍、最重要的道德规范。明清时代,"孝、悌、忠、信"与"礼、义、廉、耻"结合起来,称为"八德"。

儒学的中心价值系统或核心价值观念是仁爱、敬诚、忠恕、孝悌、信义、廉耻。仁爱是人性之本然,与世界各民族、各宗教伦理之精核可以相沟通、相对话。"己所不欲,勿施于人";"己欲立而立人,己欲达而达人";"亲亲而仁民,仁民而爱物";"民吾同胞,物吾与也";完全可以成为新的全球伦理的基石,成为化解宗教、民族、国家、文化间诸矛盾冲突的药方和协调人与自然关系的指南。敬与诚是人面对天、地、人、物、我的一种虔诚、恭敬的态度,一种责任意识和敬业精神,真诚无欺,真情自然。愚忠愚孝已被洗汰,而忠孝之心仍可以存于现代社会,化为孝敬父母、尊重前辈、老吾老以及人之老、幼吾幼以及人之幼的行为,化为对人类、民族、国家、社会、团体的忠诚奉献精神。持守道义,主持公道,讲求信用,言行一致,仍是我们做人的准则。

仁爱、敬诚、忠恕、孝悌、信义、廉耻等价值在当下和未来中国社会的发展中,不仅作为普遍性的道德理念,而且作为企业、商业、职业、社群、环境伦理,还将继续起着作用。传统伦理经过时代的转化、洗汰与我们自觉地批判继承,可以与现代化的新的伦理价值——个性自由、人格独立、人权意识等——整合起来。儒家核心价值观念与现代人权、平等、尊严、理性、道义,不乏可以沟通之处。现代权利意识,现代法律生活,缺乏终极信念的支撑,缺乏深度、累积的社会资本和文化资本之支撑,很可能平面化与片面化地发展。

以上这些,都是我们建构社会主义核心价值体系的基础。

更多的人形成中华民族的文化认同是中华民族凝聚力的基础,这可以反对国家的分裂。面对西方文化铺天盖地的席卷和西方宗教无孔不入的渗透,我们一定要有文化自觉与文化安全意识。目前,基督教、天主教在中国大陆特别是农村发展很快,势力很大;台湾当局"去中国化"日甚一日。还有民族分裂主义与恐怖主义者的活动等。因此，自觉发展国学，可以维护国家的文化安全，团结海峡两岸及海外华人，形成民族文化认同，增加凝聚力。振兴国学与国家的文化安全有密切关联。

总而言之，国家的兴盛与国学的复兴是一体两面的事情。国学是软实力。国学复兴有助于本国政治、经济、军事、文化、外交地位之提升，有利于建设文化大国及文化输出。国学也是文化产业的基础，但大众文化正在糟蹋民族传统。建设孔子学院是好的兆头，但绝不能只停留于教现代汉语，而应当讲中华文明，进行文明对话。不懂自己的国学、文化传统，拿什么与人家交流对话？

新时代的全球化的挑战，启示我们要有自己的民族文化认同和伦理共识。如果没有民族文化认同，中国这样一个多民族的国家就会在现代化的过程中散掉。如果没有伦理共识，也形成不了一个健康的法制社会。因为法制的背后有着信念信仰和伦理共识的支持。未来社会的发展仍需要价值指导。面对人与自然、社群、天道、人心诸种复杂关系的调治问题，传统核心价值有重大意义。在人生的安立、精神的归属方面，在社群伦理乃至全球伦理、环境伦理的建设方面，仁义礼智信等核心价值观仍然是我们重要的精神资源。在做人做事的各方面，在人性修养，整饬吏治，加强廉政，降低管理成本方面，传统核心价值观仍有效用。仁义礼智信等价值仍在老百姓的生活与生命之中，极具草根性，只要我们有文化自觉，善于启导，协调整合，仍然会成为我们的软实力。人不可以没有文化理想。十年树木，百年树人。教育、培养一代代人风，是最为重要的工作。我们一定要从自己做起，同时着眼于民族文化生命的赓续。我们中华民族的文化因此而可大可久！

文化竞争与文化安全

◎ 沈壮海

沈壮海，1971 年生，法学博士，教授、博士生导师。现任武汉大学社会科学部部长、中央马克思主义理论研究和建设工程主要成员、全国高校社会科学科研管理研究会副理事长兼秘书长、武汉市青年联合会常委会委员。2004 年入选教育部"新世纪优秀人才支持计划"。主要从事当代中国马克思主义、文化建设与思想道德建设、思想政治教育基础理论等方面的研究。独著出版有《思想政治教育有效性研究》、《先进文化论》、《思想政治教育的文化视野》等学术专著。承担有教育部哲学社会科学重大攻关课题《哲学社会科学创新能力及其评价研究》等科研项目。

本文是作者 2007 年 10 月 18 日在武汉工程大学所做报告的主要内容。本课题的研究得到教育部新世纪优秀人才支持计划的资助（立项号 NCET-04-0676）。

一

6年前，地球上发生了一件至今令人记忆犹新的大事。那就是"9·11"。面对这样一个划时代的事件，站在不同立场的人们众说纷纭。在人们各种各样的分析中，一个重要的议题就是："美国是否衰落了？"

那么，人们是怎么回答这个问题的呢？

"9·11"事件发生几个小时之后（2001年9月11日下午），曾任美国助理国防部长、时任哈佛大学肯尼迪政府学院院长的约瑟夫·奈在学院大讲厅临时召集了全院师生参加的会议。约瑟夫·奈严厉谴责袭击的同时，也特别强调美国不能因此而"丝毫放弃长期以来秉持的价值"，公民自由不能因反恐而受到损害。2004年，约瑟夫·奈出版新作《软实力：在世界政治中成功的手段》。在这本风行一时的著作中，他指出，一个国家的成功不仅需要军事和经济上的"硬实力"，还需要拥有能吸引其他国家自愿追随的"软实力"。面对反美主义在全球的盛行，约瑟夫·奈感慨美国"正在失去我们的软实力，失去吸引他国的能力"①。

另一位重量级的学者，也就是大名鼎鼎的亨廷顿则给我们展示了这样一系列数据："'9·11'以后，国旗无处不见，其盛况大概是过去从未有过的。居民家庭、企业、汽车、服装、家具店门、路灯杆、电话杆等，都有星条旗显现。据统计，10月初，80%的美国人说他们展示了国旗，家里挂旗的有63%，汽车挂旗的有28%，衣服上系旗的有29%。据报道，沃尔玛超市售出的国旗9月11日有116 000面，第二天有250 000面，而一年前这两天售出的数字分别为6 400面和10 000面。国旗的需求比海湾战争期间增长了10倍，制旗工人加班加点，日产量上升一倍、两倍或三倍。"亨廷顿分析："国旗只是从一个方面体现了美国人爱国激情的猛然高涨，

---

① 陈之罡：《约瑟夫·奈：全球化时代软实力愈发重要》，http://www.sina.com.cn

国家特性、国民身份在他们心目中的地位超过了别的特性和身份。"① 事实上，这种激情后面是什么呢？是精神的力量，是文化的力量。所以，亨廷顿强调："美国人应当重新发扬盎格鲁——新教的文化、传统和价值观，因为正是它们三个半世纪以来为这里的各人种、民族和宗教信仰的人所接受，成为他们自由、团结、实力、繁荣以及作为世界上向善力量道义领导者的地位的源泉。"② 他还特别补充道："请让我说清楚，我强调的是盎格鲁——新教的文化重要，而不是说盎格鲁——新教的人重要。"③

面对"9·11"事件后世人对美国国力状况的猜测和各种评价，还有一位美国学者克拉克·S.贾吉（Clark S. Judge）发表文章阐述了自己的观点。他认为，"按照50年前的传统标准，即使用衡量国家实力的传统尺度（一个国家相对的经济、人口和军事地位）来检验，美国在21世纪的实力和支配世界的能力都比不上它在20世纪中叶的水平"，但"各国并非仅仅依靠物质实力来生存。从政治家的声明、反全球化的示威者和恐怖分子的宣言当中，美国实力的第四项内容不断显现。它得到许多美国人的认可，却极少被认真地审视过。但这项内容可能成为21世纪发展方向的关键所在。这项令人捉摸不定的内容，就是美国的文化实力。……从文化实力的层面看，美国……是一个极具破坏性的、甚至可以使别国发生彻底变革的、具有全球性影响力的国家"④。

……

"9·11"以后，围绕着美国实力的争论还有很多很多，我们不再一一探讨。这些争论，角度不同，观点不同，但是，它们的议

---

① ［美］塞缪尔·亨廷顿著：《美国国家特性面临的挑战》，新华出版社2005年版，前言，第3页。

② ［美］塞缪尔·亨廷顿著：《美国国家特性面临的挑战》，新华出版社2005年版，前言，第3页。

③ ［美］塞缪尔·亨廷顿著：《美国国家特性面临的挑战》，新华出版社2005年版，前言，第3页。

④ 白锋哲编译：《美国的文化霸权：21世纪主宰全球的希望所在？》，《国外社会科学文摘》2002年第4期。

论中都包括着一个重要的关键词，即文化国力，或者说软实力，或者说文化竞争，软实力竞争。各种各样的生动事例也一再向我们证明，一场文化之间的热战，已经席卷全球！

二

如果我们从思想史的角度作一考察，我们会发现，将文化因素纳入国际竞争的视野来认识，在人类思想史上由来已久。并且，随着人类文化的日益发展，随着人类依靠自己创造的文化进行新的创造的特点越来越明显，随着文化在人类的生存与发展中所具有的决定性意义越来越大，人类对于文化国力也便越来越予以高度关注，对文化竞争的关注也便越来越强烈。进入 20 世纪以后，人类关于文化国力的关注和探讨较之以往的世代更加集中和深刻。

比如，1929 年，英国著名军事理论家利德尔·哈特（Liddell Hart，1895～1970 年）提出了"大战略"（Grand Strategy）的概念。在这一概念中，利德尔·哈特特别强调了"国家的精神力量"，他认为："教养人民具有高度的精神素质，经常都是重要的，其重要性并不亚于物质的斗争工具。"

1948 年，美国德裔学者汉斯·摩根索（Hands J. Morgenthar，1904～1980 年）发表了《国家间政治》（Politics Among Nations）一书。在这本书里，他将国力划分为 9 个方面，包括地理、自然资源、工业实力、军备状况、人口、民族性、国民士气、外交质量、政府质量等，其中除地理、自然资源之外的其他七个国力要素都与文化的发展状况有关。

1973 年，美国国会研究防务问题的高级专家，美国国防大学战略研究所所长约翰·M. 柯林斯（John M. Collins）发表论著《大战略》（Grand Strategy）。约翰·M. 柯林斯指出："国家力量的各个组成部分，包括盟国拥有的人力、物力；影响国内外人民思想和行动的政治力量；地理上的有利和不利条件；经济力量，特别是自然资源、工业生产能力和金融；人民，包括人数、分布情况、性格、精神面貌和教育程度；科学和技术基础；军队，包括现役和后备役部队；和起统一作用的因素——领导。"可以看出，文化因素在柯林斯所概括的国家力量中所占的比重更加明显。

此外，先后担任美国前中央情报局副局长、国务院情报与研究司司长、乔治敦大学战略与国际研究中心主任的 R. S. 克莱因（Ray S. Cline）于 1975 年、1977 年、1980 年曾先后发表《世界权力的评估》、《1977 年世界权力的评估》、《80 年代世界权力趋势及美国外交政策》等著，提出了"在国际冲突中的国家实力"概念，并将一个国家的国力划分为五个主要方面：基本实体（Critical Mass）（领土和人口）；经济能力（Economic Capability）；军事能力（Military Capability）；战略意图（Strategic Purpose）；贯彻国家战略的意志（Will Topursue National Strategy）。其中所谓的意志是反映国内可动员的民众对国防政策和政府外交的信心和支持程度。他认为，一个国家意志的分数大小，是由该国民族凝聚力的强弱（约占 34%）、政府首脑的领导水平和效率的高低（约占 34%）、人民大众对国家战略与国家利益的关心程度（约占 33%）等因素决定的，① 而这些因素，正与文化的发展有着极其密切的关系。

20 世纪后期以来，在人们的视野中，文化由一种必须关注的国际竞争因素，一种影响战争发展的因素，逐渐成为一种独特的、重要的战争或竞争形态，即文化战争或者说文化竞争。并且，越来越多的人们认识到，文化的力量在综合国力中愈益突显。其中，最有代表性的，莫过于我们前面所提及的约瑟夫·S. 奈（Joseph S. Nye）。他于 1990 年 3 月起便提出了"软实力"的概念，多年来不断深化，丰富发展，逐渐成为一个具有国际影响力的理论。

三

各位思想家的思考，为我们认识文化国力与文化竞争提供了丰富的思想资料。那么，放眼当下，文化国力的竞争又呈现出怎样的样态呢？

第一，世界各国越来越关注文化国力的提升，纷纷面对新的现实制定并实施促进科技、教育与文化发展的法规或战略。如美国推

---

① 参见黄硕风著《综合国力论》，中国社会科学出版社 1992 年版。

出《美国教育部 2002～2007 年战略规划》；日本推出《振兴文化艺术基本法》、《文化产业振兴法》、《创造新产业战略》；韩国制定《国民政府的新文化政策》、《21 世纪文化产业的设想》、《文化韩国 21 世纪设想》；英国推出了《英国创意工业路径文件》等。

第二，世界各国尤其是一些世界大国，越来越关注打造、提升自己文化在世界文化发展中的辐射力或影响力。这一态势，早在前美国总统国家安全事务顾问布热津斯基的《大失控与大混乱》中就有表露。布热津斯基强调，增强美国文化作为世界各国"榜样"的文化和意识形态力量，是美国维持其霸权地位所必须实施的战略。有统计表明，《纽约时报》、《华盛顿邮报》等报纸的文章被其他国家媒体的转载率长期高居世界前列；美国控制了全球 75% 的电视节目生产和制作，而在美国本土的电视中，外国节目的占有率只有 1.2%；美国电影产量占全球影片产量不足 10%，却占领全球电影总放映时间的一半以上①。一些美国学者之所以认为从文化实力的层面看，美国是一个极具破坏性的，甚至可以使别国发生彻底变革的、具有全球性影响力的国家，与此关系密切。

第三，文化产业的发展与竞争愈益升级。有关资料表明，近年来，美国的文化产业在国民经济中所占比例高达 27%，日本超过 22%。正是基于文化产业的兴起，所以，有人宣称，日本在 20 世纪 90 年代已成为文化上的新超级大国。

第四，文化资源的跨国竞争日渐兴起。"近年来，在国际文化贸易领域出现了一种新的动向，即从文化产品的全球贸易、文化资本的跨国兼并与整合，转向对本地文化资源的掠夺性占有和使用。中国文化成为对全球文化市场具有强烈吸引力的、并具有高水平唯一性的战略资源。迪斯尼公司出产的《花木兰》以中国民间题材打造美国大片，可以作为这一动向的端倪；中、韩、日之间关于'端午申遗'、'中医申遗'，以及西游记拍摄的各种争论，可以看作这一趋势的发展；GOOGLE 在中国推出'图书搜索'项目，揭开了对数字化知识资源争夺的序幕，可以看出这一趋势在数字内容

---

① 雷达：《美国传媒助推"颜色革命"》，《人民日报》2005 年 4 月 3 日。

领域的全面展开。"①

第五，与文化竞争相一致，人才资源竞争愈成焦点。一如江泽民同志所精辟概括的那样："现在，科学技术在经济、国防和社会发展中的作用日益重要和突出，知识更新和转化为现实生产力的速度日益加快。如果说过去国际军事政治斗争的背后，主要表现为直接争夺工业化必需的资源和商品、资本输出的市场，那么，当今的国际经济和科技竞争，越来越围绕人才和知识的竞争展开。发展的优势蕴藏于知识和科技之中，社会财富日益向拥有知识和科技优势的国家和地区聚集，谁在知识和科技创新上占优势，谁就在发展上占据主导地位。"②

第六，文化渗透日趋复杂。这些文化渗透，往往与经济、政治、教育等领域的交流紧密地纠缠在一起，或隐或显，形态复杂，手法多样。联合国教科文组织的有关报告指出，在一些发展中国家，"那些能表明当地或国家特征和连接当地或国家的文化价值观，似乎处在被全球市场的冷酷力量打垮的危险之中"③。

可以说，在当今世界，文化的交流、互渗已经抛开一切阻障。加拿大学者马修·弗雷泽其在所著的《软实力》一书中披露了这样的信息：2000 年秋，美国国务卿马德琳·奥尔布赖特在对朝鲜的正式访问中饶有兴趣地发现，在这个奉行斯大林主义的严酷国度里，美国流行文化的感染力并非遥不可及。奥尔布赖特国务卿此前已被告知，难以捉摸的朝鲜领导人金正日绝对是美国篮球明星迈克尔·乔丹的追星族。奥尔布赖特有了主意。她抵达平壤的时候，正式送给金正日的见面礼是一个篮球，上面有芝加哥公牛队大明星迈克尔·乔丹的亲笔签名。金正日十分激动……更让奥尔布赖特吃惊的是，金正日显示出他对好莱坞电影十分了解，这位朝鲜的领导人

---

① 《2006 年：中国文化产业发展报告》课题组：《走进"十一五"：发展文化产业的新综合与新视野》，《学术动态》（研究报告版），2007 年第 10 期。

② 中共中央文献研究室编：《十五大以来重要文献选编》中，人民出版社 2001 年版，第 876 页。

③ 联合国教科文组织：《世界文化报告 1998》，北京大学出版社 2000 年版，第 120 页。

显然着迷地看过许多好莱坞电影录相带。①

第七，文化斗争日趋激烈。这种斗争，不仅存在于文化类型与传统截然不同的国家之间，而且存在于文化类型与传统相近的国家之间。如早在"1981 年，勇气过人的法国文化部长雅克·朗格在墨西哥出席联合国教科文组织会议时，挑起了一场外交事件。朗格猛烈抨击了产生毒害文化影响的美国电视节目，如《达拉斯》。他还指责美国是一个'庞大的利润帝国'，现在不仅仅要占用别国的领土，还要统治各国人民的思想和生活方式。法国新闻界报道了朗格的反帝国主义号召之后，长期以来一直在谴责美国'可口可乐殖民化'的巴黎知识界为他欢呼。"② 这已经是 26 年前的事情了。那么，当前，"文化殖民主义"、"文化帝国主义"等词汇的广为传用，除了说明文化渗透与文化斗争的更加激烈，又能说明什么呢?!

上述七个方面，基本勾勒了当今世界文化竞争的整体态势。

四

在国际间激烈的文化竞争中，中国的文化发展又面临着怎样的态势呢?

我们经常讲，中国的发展离不开世界。那么，刚才我们讲的方方面面，都构成当代中国文化发展的现实境遇。上述七个方面，都在中国文化的发展中有着具体化的存在与反映。在这里，我想从六个方面来分析我们的文化发展所面临的前所未有的挑战。

（一）我们承受着信息时代的洗礼

20 世纪，是人类在科学技术领域取得突飞猛进的世纪。在日新月异的世界科学技术的大发展中，具有重要主导意义的，应该说是在近代科技进步和社会发展的基础上，以微电子技术为核心的新科学技术的发展。正是以微电子技术为核心的新科学技术的发展，

---

① ［加拿大］马修·弗雷泽著：《软实力》，新华出版社 2006 年版，引言，第 2 页。

② ［加拿大］马修·弗雷泽著：《软实力》，新华出版社 2006 年版，引言，第 6 页。

带来了被美国未来学家奈斯比特誉为"更为微妙，也更具有爆炸性"① 的人类社会信息化进程的迅猛推进。这一进程，以 1946 年世界第一台由 1.8 万个电子管构成、重 30 吨、占地 50 平方米的电子计算机在美国莫尔学院的问世为起点，在 20 世纪 90 年代由于世界众多国家政府更加积极与自觉地参与，获得了势如破竹般地推进。美国哈佛大学社会学家丹尼尔·贝尔于 1979 年声称的"信息社会"，未来学家阿尔温·托夫勒 1980 年提出、1995 年声称仍然"还没有清楚地认识它"的"第三次浪潮——信息化的浪潮"已经从一种预测性概念的描述转换为一种活生生的现实。

信息时代的到来，对于文化的发展具有多重意义。如它推动着文化交流的更加便利，推动着文化发展的日趋多样，等等。但是，我们必须同时看到，第一，我们所面对的信息化是不平衡的信息化。正如江泽民同志所讲的那样，"各国的信息网络化水平……还很不平衡。发达国家具有信息技术优势，拥有越来越多的信息资源，成为信息富国。发展中国家信息技术相对落后，不仅经济、社会发展水平较低，在信息化方面也相对贫困。当今世界，信息化水平差距不是在缩小，而是在进一步扩大"。② 第二，我们所面对的信息化，不只具有技术意义，它同时也具有浓烈的意识形态的意味。信息技术本身并不是意识形态，但是从它开始迅猛发展之时起，便附着着浓厚的意识形态色彩；信息技术的应用所推动的人的认知与思维方式的改变，也客观地产生着强烈的意识形态的效果。

（二）我们接受着经济全球化浪潮的涤荡

信息化的发展使得资本的全球流动、生产经营与管理活动的全球展开成为可能，推动了经济全球化的发展。正如美国系统哲学家拉兹洛所描述的："信息化和全球化并非互不相干。以指数增加的信息和通讯网络使各种国际的和跨国的网络及协会的建立成为可

---

① ［美］约翰·奈斯比特著：《大趋势》，中国社会科学出版社 1984 年版，第 10 页。

② 江泽民：《在第十六届世界计算机大会开幕式上的讲话》，《人民日报》2000 年 8 月 22 日。

能，而这些网络和协会往往导致更实质性的组织结构的形成。今天，巨大的信息流产生了数千家环球商业企业及成千上万个国际组织和政府间组织"①，"世界范围内的信息流动已成为公司全球化进程的主要驱动力"②。因此，伴随着信息化的进程，经济全球化的浪潮也愈加鲜明地向世人袭来。

经济全球化的过程，不只是一个经济发展的客观进程，也是一个文化过程，一个思想过程，一个意识形态演化的客观进程。经济活动与文化交流、意识形态活动之间，始终有着剥离不开的关系。正如英国研究全球化问题的学者戴维·赫尔德等所描述的那样："全球化最大众化的象征包括可口可乐、麦当娜和CNN（美国有线新闻网络）新闻。无论这些现象有着怎样的因果重要性和实际意义，也很少会有人怀疑，最直接感受到和经历的全球化形式是文化全球化。尽管3 000年前社会之间的文化互动已经非常复杂，但是，形象与符号的剧烈运动以及思维模式与交流模式的广泛传播是20世纪晚期和新千禧年的独有特征。由于当代电信、广播和交通基础设施的建设，文化交流在全球范围覆盖的区域以及文化交流量在历史上都是空前的。"③ 对于经济全球化中的经济过程与文化过程之间的关系，曾任美国总统的老布什说得更明白，他说："世界上还没有哪个国家发现一种方法，既进口世界的产品和技术，又能够把国外的思想拒于国门之外。"

然而，信息时代与经济全球化的发展所带来、所推动的文化过程，绝对不是一个平等的过程。因此，近些年来文化殖民主义成为人们关注的重要话题。1995年7月25日美国负责东亚和太平洋事务的助理国务卿帮办魏德曼在参议院外委会负责东亚及太平洋事务的小组委员会上作证时言道："贸易不只是创造财富的手段，它还

---

① ［美］E. 拉兹洛著：《决定命运的选择》，生活·读书·新知三联书店1997年版，第14页。

② ［美］E. 拉兹洛著：《决定命运的选择》，生活·读书·新知三联书店1997年版，第21页。

③ ［英］戴维·赫尔德等著：《全球大变革——全球化时代的政治、经济与文化》，社会科学文献出版社2001年版，第456页。

是美国思想和理想借以渗透到所有中国人意识中的渠道，从长期来看，为美国的意识形态产业（诸如电影、激光唱片、软件、电视）和使国际交流更为便利的产品（诸如传真机和互联网络的计算机）开辟市场，可能会使中国人权状况的改善发挥像我们所直接的和与政府之间的努力加起来一样大的促进作用。"① 如何在打开窗户让新鲜空气进来的同时，有自觉的意识和能力，分辨出良莠，择善而用，这是我们的文化发展所直面的一个重要问题。

（三）我们背负着严峻的文化赤字重负

在这一方面，我们必须看到两个方面：一是文化贸易的必然性；二是我国国际文化贸易的客观性。文化贸易是文化交流的重要形式，文化没有交流就会减弱生命力。但是，我们在肯定文化贸易的同时也应客观分析文化贸易的客观状况。英国学者曾经对经济全球化背景下文化贸易的一般状况有过阐述。他说："文化领域的图像、流派以及内容主要是从美国和一些西方国家流向其他一些西方国家和大多数发展中国家。凡是在那些没有任何本土大众视听产业或本土大众视听产业很薄弱的地方，从美国和一些西方国家流入的文化产品就会占据当地消费的主导地位，它们甚至会侵入到已经有了某些立足点和一定力量的国内产品的消费领域。在某些情况下，这种情况将导致国内生产者被挤出市场。"② 这种状况是否适用于中国呢？我们看一组数据：

有资料表明：中国 2005 年全年贸易顺差 1 018.8 亿美元，创下历史新高，且为连续第十二年实现贸易顺差，但我们的版权贸易却逆差严重。当 GDP 位居世界第四的中国已经制造了全世界 40% 的袜子、65% 的体育用品、80% 的拖拉机与 95% 的纽扣时，中国文化的输出却无法与发达国家的文化扩张相抗衡。就版权贸易的地区来看，2005 年全国图书版权引进地情况统计为：在引进的 9 382 种

① 刘永涛：《文化权力与国际关系——冷战后美国文化战略与霸权》，《国际观察》1996 年第 2 期。

② 〔英〕戴维·赫尔德等著：《全球大变革——全球化时代的政治、经济与文化》，社会科学文献出版社 2001 年版，第 518 页。

图书来源地中，美国最多，有 3 932 种；其次是英国，1 647 种；第三则是中国台湾地区，1 038 种。而同年度全国图书版权输出地情况统计，全年共输出 1 434 种，虽然为近年来最多，但是引进输出比例为 6.5∶1，仍然有很大差距。其中输往中国台湾地区最多，为 669 种；其次是韩国，304 种；而我国向引进图书最多的国家——美国仅输出图书 16 种，引进与输出比例为 246∶1。主要输出地集中在港澳台这样的"华人圈"。

一句话，我国的国际文化贸易的客观状况可以用"严重的赤字"来表述。

（四）我们面对着世界社会主义运动的低潮

这种低潮也直接影响我们的信念与信心，影响我们的文化发展。20 世纪 90 年代以来世界格局的变化，一方面是世界社会主义运动跌入低潮，一方面是资本主义的新发展。世界社会主义运动跌入低潮对人们的思想观念进而对整个社会主义文化发展的影响是深远的。1991 年 8 月 19 日，（前）苏联解体，两极对垒的国际格局不复存在，世界社会主义运动跌入低潮。虽然"社会主义是人类历史上全新的社会制度，它必然代替资本主义，这是社会历史发展的总趋势。任何新兴社会制度的产生、巩固和发展，必然是充满牺牲奋斗，交织着成功和失败的曲折过程"①，但是，这一巨大的变化对人们思想意识的影响、对整个社会主义世界精神价值体系的影响仍是不可低估的，正如江泽民同志所指出的："东欧剧变，（前）苏联解体，是世界社会主义遭受的巨大挫折。为什么（前）苏联这样一个发展了 70 多年的社会主义国家还会解体呢？一些善良的人们产生了疑问和困惑，对世界社会主义的前途也存在这样那样的忧虑，甚至在我们的一些党员和干部中也程度不同地产生了'信仰危机'。这是客观存在，我们不承认、不正视不行。"②

---

① 中共中央文献研究室编：《十四大以来重要文献选编》上，人民出版社1996 年版，第 46 页。

② 中共中央文献研究室编：《十五大以来重要文献选编》中，人民出版社2001 年版，第 1332 页。

资本主义的新发展对人们思想观念的影响，进而对于社会主义文化建设的影响同样不容忽视。江泽民同志指出："资本主义的发展，从英国资产阶级革命算起，已有360年的历史了。很多人感到不好解释的一个问题是：马克思、恩格斯早在《共产党宣言》中就宣告，由于资本主义生产的社会化和资本主义私人占有形式这个基本矛盾的运动，资本主义必然灭亡，共产主义必然胜利。列宁在本世纪初期曾经提出进入帝国主义阶段的资本主义，是垄断的、腐朽的、垂死的资本主义。现在资本主义不仅没有在世界上消失，而且发达资本主义国家在生产力、科学技术等方面还有新的很大的发展"①，"目前，从经济、科技发展和物质文化生活水平来看，发达资本主义国家比我们这样的发展中社会主义国家要高得多。这也是客观存在，我们不承认、不正视也不行。"②

（五）我们面对着多样化的社会历史进程

从国内看，国内社会生活的日益多样化。2006年10月11日中国共产党第十六届中央委员会第六次全体会议通过的《中共中央关于构建社会主义和谐社会若干重大问题的决定》指出："我国已进入改革发展的关键时期，经济体制深刻变革，社会结构深刻变动，利益格局深刻调整，思想观念深刻变化。这种空前的社会变革，给我国发展进步带来巨大活力，也必然带来这样那样的矛盾和问题。"多样化已经成为不争的事实。多样化是我们迈向现代化的必由之路。"现代社会是以灵活对待多元性为标志的。这种灵活性的前提是原则上对多元性的承认。"③"从多方面来看，现代化相当于一个解放过程，它的结果就是出现了越来越多的不同社会认同和

① 中共中央文献研究室编：《十五大以来重要文献选编》中，人民出版社2001年版，第1333页。

② 中共中央文献研究室编：《十五大以来重要文献选编》中，人民出版社2001年版，第1333页。

③ ［德］迪特·森格哈斯著，《文明内部的冲突与世界秩序》，新华出版社2004年版，第171页。

利益，即认同和利益、自我形象和环境面貌的多元化日益发展。"①
多样化不可逆转，但如何应对多样化，这显然也是社会主义文化建
设必须思考与应对的大问题。

（六）我们面对着复杂的意识形态渗透

如果说以上诸方面，是伴随着某种客观进程（如经济全球化、
信息技术的发展、文化贸易等）而客观地对我国意识形态安全问
题带来了影响的话，那么，我们还必须注意另一个更加直接的方
面，即某些西方发达国家直接推进、实施的对我意识形态渗透。邓
小平曾经指出："我希望冷战结束，但现在我感到失望。可能是一
个冷战结束了，另外两个冷战又已经开始。一个是针对整个南方、
第三世界的，另一个是针对社会主义的。西方国家正在打一场没有
硝烟的第三次世界大战。"西方发达国家民主输出、价值输出战略
的推进等，都值得我们关注。

五

上述各个方面，综合到一点，可以概括为，我们面对着一个重
要的课题，即如何维护我们的文化安全。具体而言，如何维护我们
的文化自主性，如何增强社会主义文化的主导性与引领性，等等。

对于这一严峻课题，我们党的领导人都有明确的论述。如江泽
民同志曾经指出："世界多极化、经济全球化的深入发展，引起世
界各种思想文化，历史的和现实的，外来的和本土的，进步的和落
后的，积极的和颓废的，展开了相互激荡，有吸纳又有排斥，有融
合又有斗争，有渗透又有抵御。总体上处于弱势地位的广大发展中
国家，不仅在经济发展上面临严峻挑战，在文化发展上也面临严峻
挑战。保持和发展本民族文化的优良传统，大力弘扬民族精神，积
极吸取世界其他民族的优秀文化成果，实现文化的与时俱进，是关

---

① ［德］迪特·森格哈斯著，《文明内部的冲突与世界秩序》，新华出版社
2004年版，第196页。

系广大发展中国家前途和命运的重大问题。"①

2003 年 8 月 12 日，中央政治局第七次集体学习时，胡锦涛总书记强调指出："要始终高举社会主义文化旗帜，在文化观念上决不照抄照搬，在发展模式上决不简单模仿，坚决防范和抵御各种腐朽落后的文化观念侵蚀干部群众的思想，确保国家的文化安全和社会稳定。"

2006 年 11 月 10 日，在中国文联第八次全国代表大会、中国作协第七次全国代表大会上的讲话中，胡锦涛同志明确指出："面对当今世界各种思想文化相互激荡的大潮，面对国家发展和人民生活改善对文化发展的要求，面对社会文化生活多样活跃的态势，如何找准我国文化发展的方位，创造民族文化的新辉煌，增强我国文化的国际竞争力，提升国家软实力，是摆在我们面前的一个重大现实课题。"

2007 年 10 月 15 日，在党的十七大上，胡锦涛总书记再次强调："要坚持社会主义先进文化前进方向，兴起社会主义文化建设新高潮，激发全民族文化创造活力，提高国家文化软实力，使人民基本文化权益得到更好保障，使社会文化生活更加丰富多彩，使人民精神风貌更加昂扬向上。"

维护文化安全的天然屏障，不是过滤软件，不是防火墙，而是文化的先进性，是看这种文化有没有处于当今世界文化发展的制高点，"谁占据了文化发展的制高点，谁就能够更好地在激烈的国际竞争中掌握主动权"②。

那么，如何占据文化的制高点？

（一）占据文化的制高点，首先要有文化的自立、自觉与创新意识

占据文化发展的制高点，需要有强大的经济和科技的支撑，但

---

① 江泽民：《在中国文联第七次全国代表大会、中国作协第六次全国代表大会上的讲话》，《人民日报》2001 年 12 月 19 日。

② 胡锦涛：《在中国文联第八次全国代表大会、中国作协第七次全国代表大会上的讲话》，《人民日报》2006 年 11 月 10 日。

221

同时，它更需要强烈的文化自觉意识、自立意识、自信意识以及有基于此的文化创新意识。美国曾经是一个没有自己文化的国度，但是，进入19世纪之后，美国人便越来越表现出强烈的文化自觉意识。1837年，爱默生还曾发表了被誉为美国文化"独立宣言"的讲演。他指出："我们依赖别人的日子，对于其他国土的学识悠长的学习时期，将近结束了。""我们听着欧洲温雅的文艺女神说话，听得太久了，人们已经怀疑美国的自由人的精神是胆怯的，模仿性的，驯服的。""我们要用自己的脚走路；我们要用自己的手工作；我们要发表自己的意见。"① 美国从一个文化输入国成为当今世界头号的文化输出国，原因众多，但是其中一个重要因素，即其愈益强劲的文化自觉意识。

那么，我们呢？我们曾经是世界文明的中心之一，但是，我们现在不少的学者还沉迷于在全方位的西学中渐的定势中进行所谓的文化创造；我们曾经崇尚"以人文化成天下"，但是，现在担负着教化着我们民族未来的却是漂洋过海而来的洋动漫；我们曾经是世界上唯一没有发生文明中断的伟大民族，但是，我们现在不得不承认的是我们的民众对我们的语言、对我们的元典的冷漠、生疏与渐行渐远；我们曾经向世界文明贡献了孔孟和老庄，但是，当今的我们却不得不背负着"文化赤字"的包袱，思索如何扭转文化贸易的极大逆差……一言以蔽之，如果我们更加深刻地来思考社会主义和谐文化建设所处的时代方位，我们就会更加清晰地辨明我们的文化建设所必须应对的重大课题；我们也才会有更加强烈的文化自觉意识、文化自立意识、文化自信意识，以及基于自觉、自立、自信意识而形成并发挥作用的文化创新意识，从而有效推动发展，应对挑战。

（二）占据文化的制高点，还要有文化的内聚力与凝聚力

内聚力与凝聚力从何而来？关键在于确立起我们的核心价值体系。任何一个社会，任何一个国家，都需要有其核心价值体系，用

---

① 范道伦编选：《爱默生文选》，生活·读书·新知三联书店1986年版，第3、28、29页。

以凝聚人心、整合社会。我们前面提到了亨廷顿，他在《美国国家特性面临的挑战》一书中设专节阐述了"文化核心"的问题。他写道："大多数国家都有一个核心文化或主流文化，深浅不等地由该社会大多数成员所共享。在这一全国性文化以外，该社会按照宗教、人种、民族、地区、阶级或其他范畴而区分的各种群体还有各自的居从属地位的文化，即国家层次以下的亚文化，有时候还有跨国的文化。美国一向充满着这样的一些亚文化，但也有自己的主流文化，那就是盎格鲁——新教文化，大多数的美国人，不论其亚文化背景如何，均共享这一主流文化。这是最早来北美的定居者带来的文化，在将近 400 年的时间里，它一直是文化核心，成为国民身份和国家特性的核心组成部分。试设想一下，倘若 17 世纪和 18 世纪来这里定居的不是英国新教徒，而是法国、西班牙或葡萄牙的天主教徒，美国会是今天的美国吗？肯定不是。那样就不会是美国，而会是魁北克、墨西哥或巴西。"[①] "千百万移民及其子女在美国社会中得到了财富、力量和地位，正是因为他们让自己同化于占统治地位的美国文化。……美国人国民身份和国家特性的核心，就是定居者所创立、世世代代移民所吸收的文化，'美国信念'就是由它诞生出来的。这一文化的精髓就在于新教精神。"[②]

作为思想家的亨廷顿热切地推崇美国的核心文化，也可以称其为核心价值；美国的政治家对于其核心文化或者说核心价值的宣扬则更加热切。2002 年 2 月 22 日上午，美国总统布什在当时的中国国家副主席胡锦涛陪同下来到清华大学举行演讲。布什的演讲，从一定角度来讲，就是宣扬美国的价值观。布什讲："正当美国人在更进一步了解中国的同时，我却担心中国人不一定总是能够很清楚地看到我的国家的真实面貌，这里面有多种原因，其中有一些是我们自己造成的。我们的电影，还有电视节目，往往并没有全面反映

① ［美］塞缪尔·亨廷顿著：《美国国家特性面临的挑战》，新华出版社 2005 年版，第 51 页。

② ［美］塞缪尔·亨廷顿著：《美国国家特性面临的挑战》，新华出版社 2005 年版，第 53 页。

出我所认识的美国的真正的价值观。我们成功的企业显示了美国商业的力量，但是我们的精神、我们的社区精神，还有我们相互对彼此的贡献往往并不像我们金钱方面的成功那样的显而易见。"

从这一思路出发，布什在他的演讲中系统地阐述了美国人心中的自由、道德、法制、宗教信仰，等等。布什还说："我们美国生活的很多价值观，首先都是在家庭中陶冶形成的，就像在中国一样，美国的妈妈们、爸爸们疼爱他们的孩子，为他们辛勤劳动，做出牺牲，因为我们相信，下一代的生活总会更好。"

"在我们的家庭中，我们可以找到关爱，可以学习如何负起责任，如何陶冶人格。很多美国人都主动地抽出时间为其他人提供服务，这有很多人，几乎成年中的一半人每周都拿出时间使得他们的社区办得更好，他们辅导儿童、探访病人、照顾老人，并且帮助做许许多多数不胜数的事情，这就是我的国家一大优点。"

"美国的所有这些特征都在一天之中生动有力地显示出来，这就是 9 月 11 日，那天恐怖分子凶手们攻击了我的国家，美国警察们和救火队员们成百上千地冲进了燃烧的大楼，他们带着拯救他们同胞的一线希望，志愿者来自各地，来帮助这个救援工作，美国人中有的献血，有的捐钱来帮助那些受难者的家庭。"

……

布什的演讲不是在宣扬核心价值观，又是在宣扬什么呢？即使他脚踏在中国的土地上，他也是如此理直气壮、毫不掩饰！

那么，社会主义和谐价值体系何需建构？何以建构？由何建构呢？

社会主义核心价值体系何需建构？它到底是退却和防御还是积极应对？有的论者提出，建构了社会主义核心价值体系，我们就有了、就守住了社会主义意识形态的坚固防线。事实上，从退却和防御的层面来认识核心价值观、核心价值体系建设的意蕴，已有先例。20 世纪后期，随着东亚地区一些国家的经济振兴与现代化推进，"东亚价值观"或者说"亚洲价值观"的研究与宣传曾经掀起过巨大的热潮，正如有的国外学者所描述的那样："几年来，'亚洲价值观'像一片云层日益笼罩在国际价值观大辩论的上空。"①
对于这种热潮，德国学者迪特·森格哈斯就明确将其概括为一种退
却，认为："所谓亚洲价值观的宣传，实际上乃是一些社会群众进
行的一种违背意愿的、掩护退却的战斗。"②"从宣传性的辩护中可
看出，'亚洲价值'也是一种掩护退却的战斗的表现，它被当作盾
牌，以抵御新的社会群体参与政治决定的民主要求。"③ 那么，在
当下的中国，我们党提出构建社会主义核心价值体系，仅仅是为了
守住底线吗？是否也是国外学者所称之为的"是一种掩护退却的
战斗的表现"呢？实际上，在当下的中国，我们党提出构建社会
主义核心价值体系，表明了我们党对社会主义核心价值体系建构规
律的更加深刻的把握，是我们党基于对当下中国社会价值观念领域
新态势客观把握基础上的积极回应与引领。提出构建社会主义核心
价值体系，与毛泽东所强调的建设社会主义的新文化、与邓小平所
强调的建设社会主义精神文明，与江泽民同志提出的始终代表当代
中国先进文化的前进方向，在其内在精神上是一脉相承的；与此同
时，提出构建社会主义核心价值体系，又深刻把握了当下中国社会
核心价值体系构建的基本矛盾，即"一"与"多"的矛盾，正是
在社会文化生活多样活跃态势日趋鲜明、"一"与"多"的矛盾日
益凸显这种崭新社会背景下的一种积极的、科学的重大决策。只有
从积极应对与建设的角度认识构建社会主义核心价值体系的重大战
略意义，我们才能够更加科学地掌握和运用构建社会主义核心价值
体系的各种原则与方法，更加有效地推进社会主义核心价值体系的
建设。

　　社会主义核心价值体系何以建构？面对亚洲价值观的兴起，德
国学者迪特·森格哈斯将之概括为退却，同时也表达了他对亚洲价

---

① ［德］迪特·森格哈斯著：《文明内部的冲突与世界秩序》，新华出版社
2004 年版，第 152 页。

② ［德］迪特·森格哈斯著：《文明内部的冲突与世界秩序》，新华出版社
2004 年版，第 140 页。

③ ［德］迪特·森格哈斯著：《文明内部的冲突与世界秩序》，新华出版社
2004 年版，第 191 页。

值观的不屑，他斩钉截铁地认为："西方完全可以冷静沉着地看待远东。发展成果将不可避免地创造出一条必经之路。一个正在现代化或已经相当现代化的社会也只能暂时地通过以发展为目的的专政和专制来进行控制。……鉴于这种形势，谁若预言亚洲价值观与西方价值观将会发生制度对抗式的碰撞，那么，他就是没有看清历史的来龙去脉和政治经济的复杂关系。关键的一点是：解放了的、已成年的和政治上已组织起来的亚洲人（企业家、工会会员、服务人员、受过高等教育的人、律师、医生等），他们具有完全不同于迄今为止在亚洲价值观目录上所预定的目标。"① 他还说："从各种可能性来看，这种价值观在东亚是没有前途的，因为这里不同于第三世界，在数量上日益增大的、向上流动的社会集团所提出的这种要求，有其稳固的经济基础。这些新的要求不是抽象的基本自由或仅仅表述为人权，而它们拥有经济和社会的支持，也就是说，是从一个正在迅速实现现代化的社会中成长起来的。"② 可以说，在这里，一个非马克思主义者巧妙而又准确地运用马克思主义关于社会存在决定社会意识、经济基础决定上层建筑这一历史唯物主义的基本原理分析了所谓的"亚洲价值观"的命运。教育是塑造人的基本途径，但是在实践塑造人的力量面前，教育的力量永远是第二位的。迪特·森格哈斯关于"亚洲价值观"的尖锐的分析，也更加清醒地提醒我们，社会主义核心价值体系以其强大的反作用推动着中国特色社会主义建设实践的生动发展，但从根本上讲，它的构建，也深深地植根于并决定于中国特色社会主义建设实践的生动发展。江泽民同志曾经指出："解决中国的所有问题，关键在发展；解决人们的思想认识问题，坚定人们对社会主义和祖国未来前途的信念和信心，最终也要靠发展。"③这里所说的发展，归根结底，

---

① ［德］迪特·森格哈斯著：《文明内部的冲突与世界秩序》，新华出版社2004年版，第161页。

② ［德］迪特·森格哈斯著：《文明内部的冲突与世界秩序》，新华出版社2004年版，第191页。

③ 江泽民：《论"三个代表"》，中央文献出版社2001年版，第123页。

正是中国特色社会主义事业的科学发展。

社会主义核心价值体系由何建构？社会主义核心价值体系只有在对民众的掌握中才能生发出社会主义核心价值体系所应有、所可能有的力量。社会主义核心价值体系应该武装全民，但与此同时，在武装全民的基础上，更应该以武装全党为其重中之重。美国学者、马萨诸塞州大学教授科茨在（前）苏联剧变后写作并出版了《来自上层的革命》一书，书中指出，1990 年前后，美国和西方一些机构到（前）苏联做了一些民意测验，了解（前）苏联人对社会主义和资本主义的态度。在广大群众中测验的结果是：只有 5% ~20% 的人主张实行资本主义，而高达 80% 的人希望坚持社会主义。而在 10 万人左右的、占据着党政机关重要领导岗位的"精英集团"，测验的结果却完全相反：只有 9.6% 的人主张坚持社会主义，12.3% 的人主张搞民主社会主义，高达 76.7% 的人希望实行资本主义。科茨在书中指出："作为一个在世界上存在时间最长、政治影响最大的社会主义（前）苏联，党的干部队伍内竟有那么多的人主张实行资本主义，实在令人震惊。"他分析说："据我研究，70 年代的苏共领导集团还是由理想主义的革命者组成的，到 80 年代就完全不同了，占据（前）苏联党政机关要职的'精英们'开始放弃社会主义意识形态，代之以典型的物质主义、实用主义。尽管这些'精英们'还在不断重复官方的观点，但相信者是极少数。他们开始考虑实行什么样的改革方案对自己最有利。"[1]警钟长鸣，历史的教训是值得我们谨记的。

---

[1] 参见赵曜教授为孟迎辉著《政治信仰与苏联剧变》所作的序言，中国社会科学出版社 2005 年版，第 15 页。

文学研究中的"汉学心态"

◎ 温儒敏

温儒敏，1946年生，广东紫金人。现任北京大学中文系主任，教授、博士生导师，北京大学语文教育研究所所长。兼任中国现代文学研究会会长，国务院学位委员会评议组成员，国家哲学社会科学规划评审委员，《中国现代文学研究丛刊》主编，人教版新课标《高中语文》教材执行主编，教育部义务教育语文课程标准修订专家组召集人。曾任南京大学、华东师大、西安交大、韩国高丽大学、法国波尔多第三大学等校的客座教授。获得过6项国家级与省部级奖项。已完成2项并正在承担2项国家级研究课题。

主要从事中国现当代文学、文学理论、比较文学和文学教育的研究与教学。主要著作有9种：《新文学现实主义的流变》（1987年），《中国现代文学批评史》（1993年），《中华文学通史》（参编，1996年），《中国现代文学三十年》（合著，

1998 年），《中国现当代文学专题研究》（合著，2001 年），
《文学课堂：温儒敏文学史论集》（2002 年），《文学史的视
野》（2003 年），《中国现当代文学学科概要》（2005 年），
《语文课改与文学教育》（2007 年），等等。发表学术论文 150
多篇。此外，主编有：《中文学科论文写作训练》（2003 年），
《中国现代文学课程学习指导》（2001 年），《郁达夫名作欣
赏》（1998 年），《比较文学论文集》（1987 年），《中西比较
文学论集》（1988 年），《高等语文》（合作，2003 年），《名
家通识讲座书系》（即"十五讲"系列，执行主编），等等。

最近我在一篇题为《谈谈困扰现代文学研究的几个问题》的
文章（载《文学评论》2007 年第 2 期）中，提出"汉学心态"这
个说法，引起学界一些朋友的议论。本来不想再谈这个问题了。做
学问嘛，各有各的路数，不好多加议论。但考虑到教学需要，对某
些偏向提出建议，也许是有利于同学们的学习的，所以我再就这个
问题，补充一点意见，供大家参考。

我的基本观点是，汉学很重要，是可供本土学科发展借鉴的重
要的学术资源，但借鉴不是套用，对汉学盲目崇拜，甚至要当作本
土的学术标准或者摹本，这种心态并不利于学科的健康发展。我这
里要提出警惕所谓"汉学心态"，主要是针对文学研究中空泛的学
风，并非指向汉学。

汉学是外国人研究中国文化、历史、语言、文学等方面的学
问。在欧美，提到汉学（Sinology），马上会想到这是很偏的古典的
学术。有些新进的欧美汉学家，不见得喜欢"汉学"这个名堂，
他们宁可把自己的研究叫做"中国学"。汉学在国外学术界处于边
缘的位置，并不是主流的学术，而现当代文学研究又是边缘的边
缘。不过近一二十年来，西方学者对现代中国的关注与日俱增，汉
学研究的视野逐步从古代拓展到现当代。还有一个变化，就是有越
来越多的华裔学者加入到这一领域。有些从中国大陆或者中国台湾
到欧美留学的人，学成后在那里找到教职，比如在东亚系，他们有

小部分人也对现当代文学有兴趣。这些华裔学者和那些传统汉学家不同之处是对中国比较了解，但由于同样是在欧美的学术背景下做研究，还是跳不出汉学的圈子。汉学研究一般都做得深入、专注，往往"穷尽"某一课题，在所属领域有发言权。汉学家的研究主要是面向西方读者的，这是他们共同的特点，也就成为外国了解中国文化的窗口。从另一方面看，以西方为拟想读者的汉学，也可以作为我们观察研究本土文化的"他者"。近百年来，中国现代学术的发生与成长，离不开对外国学术的借鉴，其中汉学就曾起到过非常重要的作用。比如汉语是我们的母语，但传统的汉语研究并不成系统，汉语语言学真正作为一门学科，得益于欧洲汉学家的影响。又比如敦煌在中国，但敦煌学作为专门的学问，也是先由汉学家搞起来的。特别是现当代文学学科，其在 70 年代末和 80 年代的复兴，也借助过美、日等国汉学研究的催化促助。记得 1979 年，那时我还在读研究生，看到美国汉学家夏志清先生的英文版《现代中国小说史》，在我们习见的文学史之外第一次发现很不相同的另一种模式。在该书的引导下，我找张爱玲、钱钟书、沈从文、废名等被遗忘的作家作品来看，大大拓展了眼界，也冲击了自己原有比较沉闷的研究思维。当时我还在一本内部刊物上发文介绍过夏志清的书。还记得 1980 年，乐黛云老师领着一批学生翻译了几十篇国外研究鲁迅的文章，汇集出版，也给国内的鲁迅研究打开了一扇大门。那时伴随着所谓"方法热"，海外汉学著作大批翻译，改变了我们这个学科的研究格局。汉学对于中国现当代文学学科的复兴与发展，可以说是功不可没，应当感谢汉学家们的贡献。就是现在，我们与海外汉学的联系也还是非常密切，在北大中文系，就常有汉学家来访，海外汉学始终是我们重要的学术资源。

我这里提出要克服"汉学心态"，带有学术反思的含义，这种不正常的心态主要表现在盲目的"跟风"。这些年来，有些现当代文学研究者和评论家，甚至包括某些颇有名气的学者，对汉学，特别是美国汉学有些过分崇拜，他们对汉学的"跟进"，真是亦步亦趋。他们有些人已经不是一般的借鉴，而是把汉学作为追赶的学术标准，形成了一种乐此不疲的风尚。所以说这是一种"心态"。看

来中国的学术"市场"的确是大，许多研究在美国那边可能很寂寞，很边缘的，来到这里却"豁然开朗"，拥有那么多的"粉丝"和模仿者。结果是"跟风"太甚，美国打个喷嚏，我们这边好像就要伤风感冒了。可能有人会说，都讲"全球化"了，学术还分什么国界？如果是科学技术，那无可非议，先进的东西拿来就用，不必考虑国情、民族性什么的，但是人文学科包括文学研究恐怕不能这样，其中民族性、个别性、差异性的东西也可能是很重要的。汉学研究有相当一部分属于人文学科，其理论方法以及研究的动机、动力，离不开西方的学术背景，用时髦的话来说，有它自己的学术谱系。如果完全不考虑这些，拿来就用，甚至就以此为标准、为时尚、为风气，心态和姿态都和海外汉学家差不多了，"身份"问题也出现了。所谓"汉学心态"，不一定说它就是崇洋媚外，但起码没有过滤与选择，是一种盲目的"逐新"。

举个例子来说吧。比如夏志清对中国现代文学的影响非常大，前面我也谈到，这位汉学家在20世纪80年代对于打破学术思维的僵局曾起到类似"催化剂"的作用。至今他的小说史仍然是我们文学史写作的一种参照系。但是否也应当有些选择与过滤呢？就拿夏志清先生对张爱玲的评价来说，他注意到张的小说在中国现代文学史上的独特贡献，注意到那些非常有创造力的方面，这是一种独具的眼光。但夏志清对张爱玲写土改的《秧歌》、《赤地之恋》等小说也那么推崇，认为是记录"人的身体和灵魂在暴政下面受到摧残"的杰作，恐怕就不敢恭维了。张爱玲那时到了海外，对国内的土改并不了解，她为稻粱谋而接受了美国官方的资助，《秧歌》、《赤地之恋》都是带有很强政治性的"命题作文"。我们赞赏张爱玲的小说，但不认为《秧歌》、《赤地之恋》是出色之作，因为里边概念化的、粗糙的东西实在太多。夏先生反感所谓"流行的意识形态"，认为束缚了现代文学的创造力。但夏先生为什么高度评价《秧歌》？恐怕也是出于一种"意识形态"的偏见，或者说是出于冷战思维。夏先生小说史的方法源自新批评派，他也试图强调细读，尽量做到比较客观。事实上，这也没有很好做到，他把那些反映时代主流的作品几乎都归类为次品，就不够公正。时过境

231

迁，我们没有必要再去指责夏先生。但如果把夏志清的文学史作为学术摹本，是否也应当了解一下他当年写作的学术背景和方法理路呢？现今有些新进的华裔汉学家以及他们的模仿者，在研究土改文学或者中国 20 世纪 50 年代文学时，用的还是类似夏先生当年的方法，他们总是非常超然地认定当时的文学就是"政党政治"的宣传，以及"意识形态"的控制，还有所谓"体制内"、"体制外"的解释，等等，而对于特定时期普通读者的实际状态和审美追求，他们是视而不见的。他们可以"同情"土改运动中被镇压的地主阶级，而对千百万农民的翻身解放却无动于衷。在他们的笔下，解放之后的新中国完全是精神沙漠，而少数敏感文人的体验就足于代替千百万普通中国人的命运。这起码是一种历史的隔膜。如果说汉学家这样写文章还比较好理解，因为学术背景不同，而那些盲目"跟进"的追随者，仿佛也是在另外一片土地上做超然的汉学文章，只能说是隔岸观火，隔靴搔痒了。

有时某些国外的研究介绍进来，一时引起大家的兴趣，或者有些模仿学习，也是很自然的事情。不过，如果模仿竟然成为风气，成为某种盲目逐新的心态，甚至左右了学科的发展，那就需要检讨了。就如一袭华美的时装，刚面世大家都很赞美欣赏，如果群起而仿作，那就"撞衫"，泛滥而腻味了。"汉学心态"就是蜂拥"跟进"，是学界的"追星"，失去了自己的学术个性与自信。前些时候美国一位很有成就的汉学家提出"压抑的现代性"，认为现代性特征早在晚清就出现了，并非五四之后才有，"没有晚清，何来五四"？这位研究者的论述是有些道理的。在晚清小说和文学翻译中，比如狭邪、公案、谴责、科幻等，的确可见某些可解释为现代性的因素。大概这位华裔汉学家是看到五四传统太强大了，被神圣化了，就来点质疑，往五四前面追溯，结果发现现代性在晚清就产生了。他要颠覆以往过于强调的五四传统，借此模糊从晚清到五四的历史界限，不免也有"过度阐释"之嫌，不过总的来说，他还是立足于文本分析和原始材料的调查，没有脱离文学，也丰富了对文学史的理解。这个汉学家的观点当然值得讨论，事实上现在也有人在批评他的论述"过犹不及"。问题不在于这位汉学家，而在于许多蜂拥"跟进"的模仿者。多数"仿作"的路子大同小异，就是抓住某些"个案分析"，并不顾及"个案"的代表性，便从中"提拔"所谓"现代性"因子，证说预设的命题，有点"穿鞋戴帽"。很少有人注意到汉学家提出"压抑的现代性"初始的含义及其学理背景，也全然不顾在当今国内出现贬抑五四传统的风气之下，这种思路是否利于深入探讨问题。一时间竟有那么多人都在谈"压抑的现代性"，都在彼此"克隆"。这难道不是心态出了问题？

现在许多"仿汉学"的文章，看上去很新鲜、别致，再琢磨则有共同的一个毛病，就是"隔"，缺少分寸感，缺少对历史的同情之理解。就像听外国人讲汉语，总觉得少了某些韵味，不是那么回事。而可笑的是有些"仿汉学"的文章并不掩饰其"仿"，反而标示其"仿"，连语气格调都很像是翻译过来的，是那种比较生硬蹩脚的翻译，它要的就是那个翻译味，这类文章可以称之为"仿译体"。大概以为这也是一种标新立异的"创新"吧。汉学的套路并非不可借用，但总还要有自己的理解与投入，有自主创新，而不是简单克隆。

我们也注意到，现今海外的中国现当代文学研究，不少都与传统汉学拉开了距离，有所变通，其中最显目的，就是强化理论设置。可能因为现当代文学研究在汉学界位置较低，要打开局面，自然要往新路上走，要从文学领域做出去，往主流学术所看重的社会学、政治学等理论上靠。希望本来比较冷僻的学问能进入主流，这也许就是新近的汉学特别注重新理论的原因吧。不过汉学毕竟是边缘学术，在西方研究研究是寂寞的事业。尽管近些年外国人关注中国多了，学汉语的人也多了，我们办的"孔子学院"也到处开花，其实都是"应用层面"的居多，研究中国的学问真正要进入主流学术，恐怕还是非常遥远的事情。我们还注意到，某些华裔汉学研究者和传统的汉学家又有些不同，他们似乎更加注重研究写作的"可操作性"。如果像传统的汉学家那样，非常专深地考察研究某个文史领域的课题，圈子之外是不会有很多反响的。要拓展影响，就不能不更多地采用相关领域的理论方法，特别是采用社会科学的方法框架。设身处地想，在西方学界要站住脚跟不容易，学术生产

233

的"可操作性"是不能不考虑的。比如文化研究，就比传统的文学研究"可操作性"强一些，所谓"现代性"的阐释，又更能拓宽研究的向度，这些都是如今关注现当代文学的那些汉学家格外喜爱的路子，也容易"出活"。汉学家在这方面有许多成果都值得肯定，而且对于现当代文学研究视野的拓展，起了很重要的作用。不过，问题出在"跟风"中。这里不妨就稍微具体谈谈"泛文化研究"与"现代性"的过度阐释问题。所谓"汉学心态"与"仿汉学"风气，在这两方面是表现得较为突出的。

首先要说明，"现代性"研究非常重要，这个概念已经是现当代文学研究领域的覆盖性概念，谈论"现代性"没有什么不好，我自己有些文章也在讨论现代性问题。不过我发现现在这个词用得有些泛滥，无边无际，其核心含义反而不太清晰了。本来，在一些研究现当代文学的汉学家那里，"现代性"可能是被借用来处理文学史的一种标尺，目的是质疑和颠覆以往那种以"启蒙"为价值依托的研究取向。而我们某些模仿者并不一定了解这些背景，只是一味模仿逐新而已。比如把"现代性"的追求解释为20世纪中国文学的唯一基本主题，一网打尽，其余一概不顾；又比如，把带有浓厚西方色彩的"现代性"作为试金石，用于衡量和剪裁中国文学的丰富史实，等等。虽然不无新意，但这是先入为主，要颠覆传统，刻意"翻新"。此类研究大而无当，总是从概念到概念，无视文学创作的情感、想象、审美个性等问题。在某些"后现代"的论作那里，文学性更是被放逐，文本分析只是作为社会变迁、文化冲突的例证，文学变成可以任意按社会学、心理学理论拆解的冷冰冰死物，变成支持都市文化、公共空间、民族认同、性别政治等问题阐解的材料。即使谈什么想象、记忆，也不是文学意味的，因为这些"材料"也已经整合镶嵌到说明"现代性"或"后现代"、"后殖民"等特征的理论框架中去了。这样，就背离了文学研究的本意，是貌似新鲜的理论僵化。社会学是否接纳这样一类研究我们不能判定，但可以肯定的是，这类"仿汉学"研究并未能真正提升现当代文学研究的品格，也未能解救现当代文学的困扰。

我们不是埋怨汉学家们的理论操作，他们许多人也许想不到传入中国之后会产生这样的后果。特别是那些华裔汉学研究者，他们可能切身感受到西方文化变迁中某些"威胁"，很自然要考虑"中国问题"，其中可能不无学者的使命和真诚。不过他们用西方的知识框架和眼光打量中国文学现象时，难免是有些隔膜与夹生的。所以我们借鉴汉学家的学术，最好能有一份自觉，对当今许多"仿汉学"论作中存在的问题保持一种清醒。就拿现在许多谈论现代性的文章来说，虽然使用这一覆盖性的概念比较便利，打破了多年来人们习见的一元论的文学史完整图景，但"现代性"的理论向度被无休止地夸大和扩展，成了"无边的现代性"，因而把现当代文学的研究疆域也无限扩展了，文学研究的审美意义和创作个性等核心部分完全被稀释了，这势必会动摇学科的合法性。再者，这类"现代性"探寻的出发点与归宿主要都是意识形态批判，由文学现象所引发与提供的有限资源往往被无限地过度阐释，难免方柄圆凿。"现代性"在某些汉学研究中内涵可能比较清晰，而大量"仿汉学"的论作反复引证现代性等基本概念，如民族国家想象、被压抑的现代性，等等，在不断重复的论述中成为新的简单化的模式，同样可能简化了历史，束缚对文学史的想象力。

最后再说说"泛文化研究"，其中主要涉及"借喻式解读"的问题，也是目前"仿汉学"文章中常见的路子。应当说，西方汉学家在文化研究方面不无成功，而且这种研究思路传入中国之后（当然不完全是汉学的影响，也有西方社会学等领域理论的影响），拓展了现当代文学研究的疆域，也增加了研究的活力。文化研究先天地具有某种批判性，在力求突破传统研究模式方面，的确有其锐气。我是赞成适度使用文化研究的方法的。但是现在看到某些模仿和跟进汉学路数的文章，讨论文化研究的问题，总是很空泛，好像不是中国学者在写有关中国文学的文章，倒像是大洋彼岸的汉学家在遥看中国现象。这仍然是心态问题。"借喻式解读"这一常见的"仿汉学"路子，就容易空泛，一叶障目，不见泰山。这种读解设定的观念大多立足于批判，不承认有所谓历史的真实，认为历史都是后设的，是后人想象、构造出来的。其关注点也主要是历史材料包括文本背后的"权力关系"。比如讨论四五十年代的文学，首要的目标就是尽力发掘被一般文学史家忽视的"权力关系",着力说明主流意识形态如何左右与主宰文学的发展。这当然也是一种研究的角度。不过有时因为寻找"权力关系"的意图过于迫切,难免先入为主,理论早就摆在那里,要做的工作不过是找到一些能够证明这些"权力关系"的文本材料。有的文章为了说明诸如性别、政治、"民族国家想象"之类很大的命题,又顾不上梳理四五十年代"转型"过程中极为复杂的文学现象,就大而化之,用观点加例子的办法,重点分析从《白毛女》到《青春之歌》几个文本,然后就得出很大的结论。这类"借喻式解读",通过所谓文本的内层精读达至外层重构,或借结构主义和叙事学理论拆解作品,发现"修辞策略"中隐藏的深层文化逻辑,其好处是简洁、有批判性,的确也带来某些新的视角,会格外注意文本背后的产生机制,看到以往可能被遮蔽、被遗忘的方面。但其缺失也往往在于先入为主,不是从材料里面重现历史,不考虑使用文本例子的历史语境与特殊内涵,不愿在历史资料以及文学分析上面下功夫,容易把历史抽象化。

　　我在前面提到的那篇文章中特别提出,文化研究与文学研究各有所攻,两者有所不同,彼此也有所"不通"。对"不通"部分恐怕要格外小心。文学研究偏重对对象特点的探求,重视艺术创造的个别性、差异性;而文化研究则相反,它所关注的主要是一般性和共性的现象。文学研究必须重视创作也就是文本的研究,而文化研究关注的是"大文本",包括印刷呀,出版呀,阅读呀,传播呀,还有性别、政治、民族,等等,而且主要是关注文本背后的东西。这些年许多论文一窝蜂都是着笔后者,什么都往"文化研究"上扣,这就有点"泛"了,而对于文学本义的研究,反而越来越少有人问津。此潮流波及教学,文学课程的"文学味"被挤压得越来越淡,中文系学生开口闭口都是目光四射的"中外文化",而作品却未能认真读上几本,也真是个问题。文学研究适当引入文化研究的因素,肯定是有好处的,但同时又是有限度的,在文学领域使用文化研究,无论如何,落脚点仍然应该是文学。

　　现在文化研究有点"泛",所谓"现代性"概念用得也有点

"泛"，原因可能很多，但"仿汉学"赶浪潮的学风是主要原因。我们借鉴学习某些汉学成果，本来是非常好的事情，但是如果心态有些问题，就是为了理论"炫耀"，或者兴趣主要是建立方便论述的框架，重在"可操作性"，结果就会舍本逐末，文学分析反倒成了证明理论成立的材料。这类研究多半是僵化的、机械的、没有感觉的，类似我们以前所厌弃的"庸俗社会学"的研究，完全远离了文学。奇怪的是现在这类空洞的、唬人的"仿汉学"文章又常被当作"创新"，甚至比许多老老实实写的文字更容易发表出版，学术泡沫就愈加汹涌了。

我们对以前"党八股"的文风很反感，这些文章往往都是先入为主，比如引用一段毛主席语录，然后就是观点加例子。现在不引用毛主席语录了，而改为引用西方某个汉学家或西方理论家的观点，完全不加论证，各取所需，就作为全部论述的出发点。汉学家的观点或者某一理论是在什么层面上提出的？学术理路背景是什么？采用这种观点或理论哪些方面可能有利，又可能会遮蔽什么？所举例子是否有足够的代表性？许多"仿汉学"的论作是不大去考虑的。写的都是"痛快"文章，可总是彼此套路相近，这是否也可以称为"洋八股"？昨天我参加北大和香港某大学两校研究生的论文讲演会，发现香港学生的文章一般做得很细，围绕某个具体的问题展开，注重材料的收集和整理。而我们有些同学的文章往往都是谈论比较大的问题，而最多的就是诸如现代性、文化冲突之类问题，还有后殖民、民族国家想象、性别视域，等等，就是要"证实"这些理论的存在，有时就显得很空。尽管也可能会采用个案处理，加上"以什么为中心"之类限定，因为缺少量化的考量，也还是浮泛。作为学术训练，当然要有理论眼光，有问题意识，特别是博士论文，没有理论架构就很难做成文章，但这一切都必须建立在扎实的材料和思考上。现在这种浮泛学风的责任不要推给汉学，起码有一部分应当由"汉学心态"来"埋单"。许多学生如今不读书或者很少读书，要读也就是读几本时髦的汉学著作和西方理论，怎么能进入历史的细部？又怎么能建立文学史的视野？有些大学生研究生毕业了，连《世说新语》、《孙子兵法》都没有读过，甚至《红楼梦》也只看过电视，却可以放言什么"中国文化"。《论语》大概还是读过一些的，但不一定知道"增广贤文"之类"亚文化"对于国民道德观念和行为模式的巨大影响。本来就始终在学校的象牙塔中，并不了解社会、了解国情，而书又读得少，自然不会有分寸感与历史感，那就只好跟着某些汉学家在理论上兜圈子，讨生活，玩概念游戏。

　　总之，我们要尊重汉学、引进汉学、研究汉学，但不宜把汉学当成本土的学术标准。我们可以借鉴外来的学问，但是问题的发现、问题的建构和方法的选择，应该建立在自己扎实研究的基础之上。现在"仿汉学"成风，有所谓"汉学心态"，其实是缺乏学术自信的表现。现在连经济科技发展都要讲自主创新，何况关乎民族精神建构的人文学术研究？看来我们的确要重振信心了。

　　（本文根据作者在华东师范大学和武汉大学的讲演记录修改，2007 年 6 月 8 日于京四蓝旗营寓所。）

人文学的困境、魅力及出路

◎ 陈平原

陈平原，1954 年生，广东潮州人。文学博士，北京大学中文系教授、博士生导师，现为教育部长江学者特聘教授，北京大学 20 世纪中国文化研究中心主任、中国俗文学学会会长。曾在日本东京大学和京都大学、美国哥伦比亚大学、德国海德堡大学、英国伦敦大学、法国东方语言文化学院、美国哈佛大学以及香港中文大学、台湾大学从事研究或教学。近年关注的课题包括 20 世纪中国文学、中国小说与中国散文、现代中国教育及学术、图像研究等。曾被国家教委和国务院学位委员会评为“作出突出贡献的中国博士学位获得者”（1991）；获全国高校一、二、三届人文社会科学研究优秀著作奖（1995，1998，2003）、第一、二届王瑶学术奖优秀论文一等奖（2002，2006）、北京市第九届哲学社会科学优秀成果奖一等奖（2006）、第三届全国教育科学研究优秀成果奖二等奖（2006）等。先后出版《中国小说叙事模式的转变》、《千古文人侠客梦》、

《中国现代学术之建立》、《中国散文小说史》、《中国大学十讲》、《从文人之文到学者之文——明清散文研究》、《触摸历史与进入五四》、《大学何为》、《当年游侠人》等著作30种。另外，出于学术民间化的追求，1991~2000年与友人合作主编人文集刊《学人》；2001年起主编学术集刊《现代中国》。治学之余，撰写随笔，借以关注现实人生，并保持心境的洒脱与性情的温润。

一、人文学之日渐边缘化小引

记得李泽厚先生对20世纪90年代的中国学术有这么一个评价：学问家凸现，思想家淡出。再进一步引申，那就是随着学问家的日渐辉煌，学界不谈主义，只谈问题；学者躲进书斋，远离社会。这个说法流传甚广，影响很大。很多人批评，也有不少人支持。李先生认为，现在不谈陈独秀，不谈李大钊，而专提陈寅恪、吴宓，这不对。20世纪90年代后期，很多人在讨论这个话题。而我当时就说，这是一个伪命题。因为，任何国度，任何时代，思想家的光芒从来不会被学者掩盖。因为学者讨论的问题，是只有少数专业人士才知道的；而思想家，包括所谓的"公共知识分子"，登高一呼，很多人都可以听得懂，至于同意不同意，那是另一回事。所谓思想家的光芒被掩盖，如果是指20世纪80年代那些风云人物，包括李泽厚先生自己，到了90年代，再也没有以前的那种声名，这倒是事实。记得80年代汤一介先生他们办中国文化书院，包括我们的"文化：中国与世界"编委会，做一个演讲，有上千人来听，而且，是从全国各地赶来的，还要交学费。现在不可能了。所以，对于人文学者来说，今昔对比，感觉就是不一样。但我更想说的是，其实，八九十年代学术格局的变化，除了1989年突然的政治变故，很大一个问题是人文学的淡出以及社会科学的凸现。在我看来，这才是20世纪90年代的学问和80年代不一样的关键所在。

社会科学崛起有几个因素。首先，在 20 世纪 30 年代，中国的社会学、民族学、经济学、法律学等学科发展得很好。可新中国成立以后，即便没被打倒的，基本上也都处于被排斥地位。民间文学及民俗学家钟敬文先生的儿子告诉我，说钟先生一辈子小心谨慎，怎么会被打成右派呢？他本人实在想不通。别人被打成右派，多少总有点缘故，比如发发牢骚、批评共产党什么的，他都没有，他胆小，一直不敢乱说话，为什么还是右派？在 20 世纪 80 年代初曾向胡乔木询问，这才知道原因所在。说有人建言，有些学科明摆着就是资产阶级的，比如社会学、民族学、民俗学等。既然如此，这些学科的领头人物，包括吴文藻、费孝通、钟敬文等人，全都被打成了右派。正因此，20 世纪 50 年代中期以后，这些学科突然间全都中断；到了 80 年代，这才逐渐恢复——先是招本科生、研究生，接下来建独立的院系。80 年代中后期，这些学法律的、经济的、民族学的、社会学的研究生毕业，陆续走上学术岗位；而真正发挥作用，则是在 20 世纪 90 年代。这些人重新接续了 30 年的学术传统，一下子给人耳目一新的感觉。

请记得，20 世纪 80 年代中国学界的领军人物，基本上都是人文学训练出来的。因此，所谓"文化热"，讨论的都是大命题，比如"主义"、"思想"、"文化"、"模式"，等等，都是人文学的思路。"文化热"之所以消退，跟我所说的 20 世纪 90 年代这一批社会科学训练出来的学者陆续走上学术岗位，有直接关系。当然，我不否认，20 世纪 80 年代人文学者的那一套启蒙话语，更适合于在广场上宣讲；而到了 90 年代，空间在缩小，知识分子表达理想、关注社会的能力也在减弱。所以，在这个意义上说，人文学者影响国家命运的能力，在 20 世纪 90 年代，确实是在萎缩。但反过来，社会科学家开始成长起来了。此消彼长，就形成了 90 年代中国的学术格局。人文学者因强调理想性，多持批判立场，在"太平世界"里，其声音在逐渐隐退；而社会科学家注重实际操作，强调协调能力，跟政府合作、跟企业合作，获得基金，影响国策，推动着社会进步。所以，社会科学在 20 世纪 90 年代中国的八面风光，是有其道理的。反而是人文学者因喜欢使用"大字眼"，有时显得有些迂阔，大而无当，跟整个社会风气不太协调。

问题在于，在这个社会转型过程中，有些学社会科学的，特别是经济学家，以为自己无所不能，用经济学眼光打量世界，用经济学趣味改造文化。依赖工程技术人员治国，这有问题；单靠经济学家治国，同样会出现一系列弊端。现在，从中央到地方，每次重大决策，确实都会倾听专家们的意见。可你去调查调查，是哪些专家在说话。十个里面，大概有七八个是经济学家，再加上两三个法学、社会学或政治学家。人文学者基本上淡出了国家决策的咨询圈子，不会有哪位领导喜欢听一个哲学家或文学家谈论玄虚的"文化"，或者中国到底应该往哪儿走。这跟毛泽东时代大不一样。正是这一点，使得中国的经济学家越来越自信，以为单凭他们那两下子，就能"为万世开太平"。客观地说，经济学确实有用，可自信过度，就容易出问题。前两年北大搞改革，主事者立意很好，可用经济学原理来改造大学，未必行得通。那时，有位著名的经济学教授，说了这么一句很伤人的话：人文学者别着急，不会轻易让你们下岗的，比如中文系的教授，实在找不到工作，可以到国外去教汉语嘛。这就是我们常说的经济学家的脑筋：一切以利益计算为中心。最典型的，还属最近发生的一件事。张五常先生作为著名的经济学家，竟撰写《是打开始皇陵墓的时候了》，你看他怎么论证。他说，秦始皇陵打开以后，每年可以接待游客500万人次，每个人收费500元，合计起来，就是人民币25亿元。既然每年可以给陕西省增加25亿元收入，为什么不打开？我突然间觉得，这很可怕，经济学家眼里，除了金钱，还是金钱，没有别的任何信仰或顾忌。问题还在于，这种纯粹以金钱来计算的思路，特别符合行政官员的胃口。所以，经济学家的话，最容易被行政官员接受；而文学家的话、史学家的话，考虑得太长远，没有数字化，故不大会被那些热衷于"数字化管理"与及时效应的官员接受。

最近，我到一个大学演讲，因为和校长比较熟悉，他请我吃饭，席间说起经济学家的"趣味"，举了他们学校经济学院院长的例子。开学典礼上，院长大人发表演讲，目的是"劝学"。一上来，院长就说：同学们，今天我来学校，开的是宝马，我车子后备箱里的现金，还可以再买一辆。诸位毕业两年后，希望你们都开着宝马来见我。话音刚落，掌声雷动。经济学家比哲学家有钱，这很正常，在很多国家都是这样；但像中国的经济学家这样"得志便猖狂"，摆阔摆到如此地步，实在少见。所以，我十分感慨，经济学家社会形象不好，而他们对国家决策的影响力又这么大，两者合起来，是很可怕的事情。也正因此，人文学者应该站出来，抵制这种"独尊经济学家"的社会潮流。

在一个正常社会，大学校园里有各种各样的人，适应社会及学界的各种需求。比如，有的人致力于建立精神的标杆，纯粹理想性质，不管你社会如何变，我都坚持自己的理念与立场，用我的眼光和趣味来衡量一切。没有这种毫不妥协的追求，社会发展会缺乏方向感；但反过来，只有这些，缺乏可操作性，社会没办法正常运作。因此，那些脚踏实地，实实在在地承担起改造中国重任的人物，同样值得尊敬。如果不认为这是以偏概全的话，这大概是人文、社科两类学者所应该承担的不同责任。也正是基于这一点，我才说：20世纪90年代以来中国学界风气的变化，比如转向具体问题，转向社会实践，转向制度性建设等，跟社会科学的崛起有关。

本来嘛，这两种人，各有其价值；而且，也已经达成某种默契——你有你的金钱，我有我的理想，我们之间，既互相对立，也互相协调。这样的话，社会可以正常运转。假如你想以某一学科的趣味，甚至某种经济模式，来影响、决定整个国家的命运，那是非常危险的事情。如果说20世纪80年代中国的学术界太玄虚的话，那么，到了90年代的中国学界，在我看来，则未免太实际了。

说到这里，你可能会这么提问：难道学问可以用"虚"、"实"、"雅"、"俗"这样很不准确的术语来概括吗？我记得，1910年，王国维先生（1877～1927年）在《国学丛刊序》里，说了这么一句话：学无中西，学无新旧，学无有用无用；凡是不懂得这一点，那就是"不学之徒"。这话经常被引用。可在我看来，这代表的是一种治学的理想境界，而不是实际状况。实际状况呢，今天中国的大学里面，不仅仅学有中西，学有新旧，学有有用无用之分，甚至所有的学科差异，都可能导致学者之间的巨大隔阂。

诸位可能读过华勒斯坦的《开放社会科学》，那书中提到：我们过去所说的自然科学、社会科学、人文科学三分法，"已经不像它一度显出的那样不证自明了"①。因为第二次世界大战以后，注重个别性的历史学和注重普遍性的社会学之间的对话越来越多，已"成为一个非常引人注目的现象"②。我不否认这一点，但我想引入另外一个学者的观察，那就是赛义德（1935～2003 年）。赛义德不久前刚去世，他在晚年出版了一本书，书名叫《人文主义与民主批评》，里面提到："无论如何，作为一个整体，人文学科已经失去了在大学中的显赫地位，这是毫无疑问的事实。"③ 我们知道，一直到 18 世纪，大学里占主导地位的，是人文学；大概从 19 世纪起，先是自然科学，后是社会科学，逐渐得到很好的发展，于是，人文学在大学里逐渐被边缘化了。这个事实，大概是今天所有在大学里念过书的、教过书的，都看得很清楚。

说到这，举一个好玩的例子。北大法学院院长朱苏力，他跟我们都是 77 级的，曾特别伤心当年没能考进中文系，而去学了法律。对此，他始终耿耿于怀。今年三联书店出版他的专著《法律与文学》，总算圆了他的"文学梦"。记得 77、78 那两届，中文系的录取分数比法学、经济学的都高。今天完全不一样了，北大文科里面，录取分数最低的是哲学系。这让我很感慨，学哲学的，本应是最聪明的才对。现在可好，越是实用的学科，关注的人越多；越是高深的学问，越可能面临困境。

人文学在大学里面日渐边缘化，处境比较尴尬。这个时候，有些人文学者为了拯救自己心爱的学科，也提升作为研究者的地位，使出了各种各样的花招。比如说，从事一些看起来很"有用"的工作。你们不是嫌我们人文学没用吗？不对，我们也有实际应用的

---

① 华勒斯坦：《开放社会科学》，生活·读书·新知三联书店 1997 年版，第 73 页。

② 华勒斯坦：《开放社会科学》，生活·读书·新知三联书店 1997 年版，第 44 页。

③ 赛义德：《人文主义与民主批判》，新星出版社 2006 年版，第 16 页。

能力，也能对国计民生产生看得见摸得着的成果。于是，大学里设立了专门的研究院，开展"人文奥运"工程。这种服务社会的热情，当然很好，可我不知道这个"有用化"的努力，会不会偏离了人文学所特有的对于价值、对于历史、对于精神、对于自由的认知。为了得到政府及社会的高度重视，拼命使自己显得"有用"，而将原来的根底掏空，这不但不能自救，还可能使人文学的处境变得更加危险。

以上是引言，下面我着重谈几个问题：第一，重建人文学的自信；第二，以人为中心的学问；第三，两种读书策略；第四，"尚友古人"的好处；第五，学者是怎么成为风景的。最后，会稍微谈谈所谓人文学的魅力。

二、重建人文学的自信

刚才是"开篇"，讲了我们所面对的困境，接下来谈如何建立自信心。华勒斯坦《开放社会科学》一书的"结语"，专门讨论如何"重建社会科学"。所谓"重建社会科学"，意思是说，我们需要深刻反省并努力改变现有的学科边界，人类的智慧，人类求知的欲望，不应该被具体的学科边界所束缚。"总之，我们不相信有什么智慧能够被垄断，也不相信有什么知识领域是专门保留给拥有特定学位的研究者的。"① 不能说我是学文学或社会学的，这是我的领地，别人不能进入；更不能因为我是学文学或社会学的，我就只从文学或社会学的角度思考问题。无论对人对己，都要学会跨越学科边界。这种追求，对于个体的学者，完全可以做得到——只要你不考虑评职称，不申请课题，也不靠它拿学位，那么，你把整个的人类命运、或者把某一个具体的社会现象作为研究课题，然后在不同的学科之间来回穿梭，这完全没有问题。而且，我觉得，这是一个相当理想的学术境界。可是，作为整体的学术界，不客气地说，依然是"壁垒森严"。

---

① 华勒斯坦：《开放社会科学》，生活·读书·新知三联书店1997年版，第106页。

平时不觉得，一到了利益攸关，比如评职称，定课题，找工作，选拔人才，这个时候，学科的边界马上显示出来。一道道无形的障碍，使得主张跨学科者的处境相对尴尬。过去说"男儿有泪不轻弹，只因未到伤心时"。我则戏拟："学问有墙不轻谈，只因未到评奖时。"实际上，我们已经形成了一个牢不可破的偏见，你是学什么的，首先必须归队，以后再来排座次。你想根据自己的兴趣，从这个队跳到那个队，很难很难。我把我的学生推荐给近代史所，他们马上说："学文学的，我们不要；因为我们是历史所。"诸如此类的问题，还在不断向下延伸。我招聘的是教现代文学的，那么，古代文学、近代文学、比较文学出身的，统统不要。反过来也一样。似乎，你拿了博士学位，出去以后，就永远只能在你的专业范围内翻跟斗。所谓"跨学科"，只是个别学者的学术理想，或者说"一时冲动"。整个中国学界，在我看来，没有比20年前好到哪里去。当然，作为个体的学者，你可以尊重，也可以蔑视，更可以跨越所谓的"学科边界"。我并不认为有哪一种"学术姿态"是最优秀的，大家都非追摹不可；关键是要符合你个人的性情与趣味，那样，就能出"成绩"，就能有"境界"。

所谓学者之间的隔阂，有些是因为意识形态，比如政治立场对立；有些则是由学术类型、学科分界、学术趣味不同导致的。不要说科学家与人文学者之间的隔阂，就算同是人文学者，也因古今、中外、虚实等研究领域或学术趣味的差异，各自心存芥蒂。很可能，都是第一流的学者，都出于公心，可就是无法达成起码的共识。我记得1994年三联书店出了一本书，就是C.P.斯诺《两种文化》的中译本。刚出来时，很多人在讨论，以为这问题很容易解决；10年后回过头来看，问题依然存在，而且还更加严重。这书原本是20世纪60年代在英国出版的，大意是说，人类知识发展到今天，已经形成了两个极端的集团：一个是科学家，另一个是文科的知识分子。两个集团互相看不起，一个说你缺乏超越的情感，另一个则说你的学问不可靠，没有用处。互相吵架，吵得很厉害。整个世界的知识分裂为两大块，这两个世界又基本上是隔阂的，彼此之间缺乏对话的渠道，互相有很大的偏见。这太可怕了。斯诺认为，我们有必要建立跨越这两个集团的一种新的学问境界，形成所谓的"第三种文化"。

这充满理想主义色彩的"第三种文化"，除了强调超越科学家和人文知识分子各自的"偏见"，到底是什么样子，斯诺也没说清楚。科学家和历史学家如何合作，文学家和地理学家怎么沟通，有很多具体的操作层面的困难，并不像斯诺想象的那么容易。对于具体的研究课题来说，确实可以有很大的推进；但要说就此打破两个世界的壁障，则未免过于乐观。

另外，在我看来，今天中国大学校园里面"学问的隔阂"，已不再是斯诺想象中的那种文科和理工科之间的矛盾，而是人文学和理科为一方，社会科学以及工科为另一方。换句话说，一种是追求学理，一种是强调应用。这两者之间，知识类型以及学术趣味有很大的差异，因此，导致了学术理念的巨大分歧。我甚至说，这形成了今日中国大学校园的"分裂"局面。

这个状态，使得人文学者面临一个困境，你如何安身立命？如果你不想"跨学科"，如果你不想做那个"有用"的学问，你还想固守书斋生活，还想坚持你的精神境界，你还有发展空间吗？在我看来，对于人文学者来说，有三条路可以走：第一条，继续坚持你的批判性，成为公共知识分子，不管风吹浪打，死守你的精神价值。第二条，进入大众传媒，"风风火火闯九州"，基本理念是降低立说的姿态，用自己的学问影响社会。今日中国，已有不少人文学者在这么做，若转型成功，名利双收，这是一条"洒满阳光"的路。第三条路，那就是固守你的书斋，做好你的学问，别的我都不管。这三条路没有高低之分，只是在走之前，必须意识到各自存在的陷阱。1992年，我在《读书》第11期上发了一篇文章，题目叫《独上高楼》。当时我在北大尝试开"现代中国学术史"课程，这是其中一讲的讲稿。我说，选择文史之学，就是选择寂寞和冷清，这一点，将随着中国现代化进程的发展而日益显示出来。对于那些年轻学者来说，明白这个前景，还愿意选择这个古老而苍凉的文史之学，确实当得上"悲壮"二字。

谈学问，我们很容易想到《论语·宪问》的说法："古之学者为己，今之学者为人。"除了孔门的"为人"与"为己"，我更关注学问的"有待"与"无待"。这里借用的是庄子《逍遥游》的典故。在我看来，文史之学属于"无待"之学——不讲外在条件，没有心灵羁绊，甚至不用考虑经费来源以及成果转化等，单凭研究者个人的意志与趣味，就能够继续生存下来。在这个意义上，对于人文学者来说，陈寅恪（1890～1969 年）所提出的"独立之精神，自由之思想"，比较容易实现。因此，我对目前人文学的相对边缘化，远离舞台灯光，感觉没有那么坏。在我看来，关键是找到自己的位置，这样，就能平静、坦然、游刃有余地直面"惨淡的人生"，以及当今中国学术界正在发生的巨大变化。

三、以"人"为中心的学问

人文学是什么？历来众说纷纭，我不想介入专家们关于人文学的对象、范围、方法、宗旨等的争论，只采纳一个最浅显的说法，那就是，人文学是以人为中心的学问。我所说的"人"，不仅仅是指人性、人道、人情，这些属于哲学家考虑的范畴，也不是人均国民生产总值，那是经济学家讨论的问题。我说的是活生生的，有血有肉的，一半是天使，一半是魔鬼，有灵气也有缺陷的个体的人。换句话说，在我看来，人文学关注的，不是作为一个抽象符号的"群体的人"，而是有体温有情感会得意也会犯错误的"个体的人"。

20 世纪 90 年代初，我曾经和一个现在很活跃的社会学家争吵。那时候，我们有读书会，一起讨论某些问题，最后，他憋不住了，责问我："我实在想不通，你们整天谈鲁迅，谈《红楼梦》，有什么意义？研究了那么长时间，有没有弄出一个规律性的东西来？"我想了大半天，确实没有。我们不能说有个"《红楼梦》规律"，也不能说有什么"鲁迅定理"。没有规律，没有定理，你只是谈论一个个具体的作家，甚至他写的某一部作品，这有多大的意义？你说说，李白和杜甫在中国诗人中到底有多大的代表性，能否给个百分比？连这个都做不到，你那研究到底算不算学问。我当时被逼急了，就说："你以为就你们是学问？你们那个社会学，不就

是提出假设，建立模型，还有统计数字什么的。表面上很客观，很公正，但在我看来，你建立模型的时候，偏见就在其中。"我当时讲了个故事：20 世纪 80 年代初，某社会学家作了一个研究报告，说中国女学生到美国念书以后，50% 嫁给了她们的导师。我们都说不可能，可他是做过认真研究的。为什么会是这样呢？因为他们学校总共只有两个中国来的女生，其中一个嫁给了她的导师。这么说来，模型没错，方法没错，统计也很准确，但结论没有意义。你能说，这就是学问吗？当然啦，这都是气话，反唇相讥，互相攻击，不解决问题。他没有办法说服我，我也没有办法说服他。最后，我得出的结论是：人文学和社会科学之间，除了理论设计、工具模型、研究方法等不一样，最关键的，是我们对"个体的人"的看法不同。统计学上无关紧要的"个体的人"，是可以轻易省略的吗？"个体的人"之喜怒哀乐、成败得失、思考表达等，是不是值得你去关注？回答"是"或"不是"，也许这就是人文学和社会科学的绝大差异。

注重"人"，此乃中国史学的一大特点。钱穆先生（1895～1990 年）称，中国的历史书写，有三种体裁，一重事（《西周书》），一记时（《春秋》），一写人（《史记》）。"司马迁以人物来作历史中心，创为列传体，那是中国史学上一极大创见。"这么说没问题。接下来批评西方史学"都像中国《尚书》的体裁，以事为主，忽略了人"，或者说，还没有进步到以人物为中心的地步，①可就有点离谱了。因为，西方历史学之所以关注经济的、社会的、文化的，乃至日常生活的演变，这跟 20 世纪西方史学受到社会科学的影响有很大关系。你要是看 19 世纪以前的西方史学著作，也多是以人物命运为中心的。但钱穆先生的思路，也有值得欣赏的。比如他说，中国史学的特点是，特别注重人的精神境界，有的人既无丰功伟绩，也没经历过重大事件，可同样在历史上立起来。他举

---

① 钱穆：《中国史学名著》，生活·读书·新知三联书店 2004 年版，第 59 页。

了个例子，颜渊，他就是以道德以精神来感召后人的①。还有，对于"失败的英雄"的追怀和崇敬，此乃东方人的共同信仰。不仅是诸葛亮，还有项羽，项羽绝对比刘邦可爱得多；另外，比如说岳飞、文天祥、袁崇焕等，都是传诵久远的"失败的英雄"。这些"失败的英雄"，其道德感召力，很可能远远超过那些成功者。在钱穆看来，史家在记录帝王功业的同时，也关注那些道德高尚但不得志者，"这是中国的史心，亦正是中国历史文化传统之真精神所在"②。中国的历史学家，追求"通古今之变，成一家之言"，这就要求其著述包含道德教诲与精神境界，而不仅仅是讲故事。在这个意义上，钱穆所说的"只有人，始是历史之主，始可穿过事态之流变，而有其不朽之存在"③，是很有道理的。

其实，人文学不仅关心人，还描写人；不仅关心人描写人，还提倡知人论世。换句话说，人和世之间，互相阐释，这是中国人文学者的共同趣味。当然，你可能会追问，知人，知什么人？论世，论什么世？上自朝廷决策，下至平民衣食，还有边关战事、士子举业、瓦舍众伎，何者不关乎"人"与"世"？你只说关心人，描写人，实在有点笼统。皇帝、将军、才子、佳人、乞丐、流氓，哪一个更值得你我关注？写什么人，这确实可以看出中国人文学者的趣味所在。这里有一个变化，20世纪30年代，中国的历史学家接受了马克思主义的唯物史观，突出经济关系，突出阶级矛盾。具体到人的研究，不再眉毛胡子一把抓，而是关注主要矛盾，认准历史发展的动力是工农，而不是帝王将相、才子佳人。这个思路，毛泽东再三谈论过。最有名的一句话是，帝王将相、才子佳人占领我们舞台的时代，应该结束了。因此，有一段时间，我们的舞台上都是工农兵。可最近20年，风水轮流转，又回到了才子佳人，又回到了

---

① 钱穆：《中国史学名著》，生活·读书·新知三联书店2004年版，59页。
② 钱穆：《中国史学名著》，生活·读书·新知三联书店2001年版，第100～101页。
③ 钱穆：《中国史学名著》，生活·读书·新知三联书店2001年版，第101页。

帝王将相。而且，这一回，似乎连30年代还不如。20世纪30年代的中国舞台上，有帝王将相，有才子佳人，还有流氓无产者，还有工农大众。今天，我们打开电视，从头到尾，都是皇帝的戏，有清代的，有明代的，也有汉唐的，都是"吾皇万岁万万岁"。

　　假如你想靠阅读皇帝来理解中国历史，不管立场是正是反，都不可能做得很好。同样是读辩证唯物主义的著作，鲁迅（1881～1936年）发展出另外一套思路——其文学史著中极少涉及生产力和生产关系，关注的是一个时代的文化氛围和士人心态。文学作为一种精神产品，并不直接反映社会的经济关系和政治斗争；抓住"士人心态"这个中介，上便于把握思想文化潮流，下可以理解社会生活状态。诸位有兴趣的话，可以读一下《中国小说史略》，你会发现，它每一章开头都有一段描写，描述这个时代读书人的生活及思想状态。它围绕社会习俗以及文人的命运、心态来展开，这样来理解文化、阐述文学，最典型的一篇文章是《魏晋风度及文章与药及酒之关系》。另外，鲁迅的好友许寿裳（1883～1948年），曾提及鲁迅有一个撰写中国文学史的计划。他记得很清楚：第一章，"从文字到文学"；第二章"思无邪"，讲《诗经》的；第三章"诸子"；第四章"从《离骚》到《反离骚》"，那是讲汉代的；第五章，"药·酒·女·佛"；第六章"廊庙和山林"①。药和酒，那就是讲魏晋风度这篇文章，至于女和佛，没写成，是关于六朝文章的。用四个字来概括几百年间中国读书人的生活状态、审美趣味，以及他们的思想和文学创作，很精彩。先了解读书人的生存状态，然后才进一步阐释一个时代的文学风貌，这是鲁迅先生的思路。实际上，这跟我们过去所说的知人论世很接近，只不过鲁迅先生把这个"人"，落实为一个特定的阶层，那就是"读书人"。

　　当然，我们都知道，读书人有各种各样的毛病，很可能不是推动历史前进的主要动力；但读书人有一个好处，他敏感，比起其他社会阶层来说，他敏感地意识到社会变化的各种可能性。再加上，

---

　　① 许寿裳：《亡友鲁迅印象记》，人民文学出版社1977年版，第50～51页。

他把自己的这种敏锐的感觉，留在书本里面，保存下来了。所以，我们可以借助读书人的心态，来理解那个时代的大风大浪。几年前，王朔写文章，说鲁迅不怎么伟大，因为他连一部长篇小说都没有写出来。当时，很多人站出来反驳。我倒注意到，鲁迅曾有过三部长篇小说的写作计划，只是都没有写出来。第一部，是关于唐明皇和杨贵妃的故事。1924年，鲁迅先生应西北大学的邀请，到西安去讲学，当时的想法是，沿途好好考察，回来后完成这部长篇小说。这个写作计划，他跟好多人说起过，郁达夫有回忆，许寿裳也谈及，都说鲁迅先生信誓旦旦，准备写这个"杨贵妃"。可到西安走了一趟，回来以后，鲁迅先生说不写了。不写了，为什么？因为到了西安以后，发现西安的天空再也不是唐朝的天空，艺术感觉全都给破坏了。这是第一部流产的长篇小说。第二部，是关于红军长征。据说红军长征到了陕北以后，陈赓秘密到上海治伤，冯雪峰约鲁迅先生一起聊天。鲁迅谈得很高兴，表示想写一部关于红军长征的长篇小说，还请陈赓随手画了好些地图。问题在于，鲁迅没有从过军，也不了解红军到底是怎么打仗的，这个长篇小说写不出来，很正常。第三部没能完成，就有点可惜了，据冯雪峰（1903～1976年）回忆，鲁迅先生说过，他要写一部长篇小说，讲四代知识分子的命运："一代是章太炎先生他们；其次是鲁迅先生自己的一代；第三，是相当于例如瞿秋白等人的一代；最后就是现在如我们似的这类年龄的青年。"[①] 读过鲁迅小说的大都明白，他的《呐喊》和《彷徨》里，已经隐含了这个思路，即时代的变革和读书人的命运。可惜的是，这个计划最后也没有完成。但有一点，我想说，作为自觉接受马克思主义的作家，鲁迅先生的关注点是人，而且是文人，这很特别；换句话说，了解人，了解敏感的文人，了解文人的生活方式，进而理解一个时代的思想风貌乃至文化创造，这是鲁迅先生独特的思路。其实，这也是我们今天读书的一个主要目的：读书，读文人，读文人的敏感，读文人对社会历史的想象，然

---

① 冯雪峰：《鲁迅先生计划而未完成的著作》，选自《鲁迅回忆录》，北京出版社1999年版，第698页。

后，再来讨论别的问题。

说到阅读文人，以及阅读文人写的书，不能不牵涉第三个问题：两种读书策略。

四、两种读书策略

有两种不同的读书方法，或者说两种读书姿态，或高调，或低调。这里指的是观察者的立场，以及论述的视角。第一种居高临下，把古人、前人看得很笨；第二种高山仰止，把古人、前人想象得特崇高。两种各有其道理，但若就文章而言，前者气势如虹，"横扫千军如卷席"；后者的好处是体贴入微，对古人或前人的心理状态有准确的把握。二者各有优长，对于今天的大学生，尤其是对于像清华大学、北京大学这样自诩为国内一流大学的学生来说，我更愿意讲两个故事给大家听。

第一个故事，是徐复观（1903～1982年）如何向熊十力（1885～1968年）问学。徐复观作为海外新儒家的代表人物，我相信对文史稍有兴趣的，大体上都会知道其人。抗战中，徐复观在蒋介石的侍从室工作；抗战胜利后，以少将军衔退伍，一心研究学问。1943年，他到重庆的勉仁书院去找熊十力，想向他求学。据说，第一次去，他穿了一套笔挺的军装，被熊十力骂出来了。第二次，改穿长衫去，熊十力才接待他。知道他的来意，熊十力说，好，回去读王夫之的《读通鉴论》。徐复观说，读过了；熊十力说，回去再读。于是，回去苦读，若干天后回来，说，读过了。好，那就说说你的体会。徐复观噼里啪啦，把《读通鉴论》的若干不是之处，数落了个遍。还没等他说完，熊十力拍案而起，说，你回去吧，你这笨蛋，你这样读书，一辈子都不长进。读书首先是看它的好处，你整天挑它的毛病干什么？这样读书，你读一百部，一千部，一万部，也都没有意义。读书就像是吃东西，首先是努力消化，吸取营养，然后再来谈别的。你现在告诉我，说王夫之这个不是，那个不是，那你还读他干吗？据徐复观后来回忆，说这当头一棒是起死回生，日后就知道该怎么读书做学问了。

这个故事，徐复观自己讲的，很多人都知道。后面的这个事，才是我的发现。我注意到，徐复观 1959 年在台湾大学做过一个演讲，那演讲稿登在《东风》第 1 卷第 6 期上，题目就叫《应当如何读书》。他说，文科大学生读书其实很简单，四年间，一定要彻底读通一部有关的古典，养成良好的读书习惯，这是最关键的。别的都是假的，无所谓。我相信他说这个话的时候，是把自己早年的读书经验带进来了。尤其是，他接下来说，读书最坏的习惯，就是不努力把自己往上提升，而是整天去找人家的毛病，用自己的趣味、成见来看待古人。这个时候，很容易栽赃、诬陷，把人家拉到和自己同等的知识和道德水平。"这种由浮浅而流于狂妄的毛病，真是无药可医的。"① 这样读书，一百年、一千年也不会有好的结果。我相信，他说这个事情的时候，肯定记得 15 年前在重庆与熊十力的那一场对话。

其实，不仅是徐复观、熊十力，新儒家大多主张这么读书。我记得，钱穆也说过类似意思的话：任何书，都有让人满意的地方，也都有让人不满意的地方，读书首先是采撷其所长，而不是挑剔其瑕疵。我们今天则大多反其道而行之，读书时，不屑于很好地汲取长处，而喜欢找人家的短处，何况，找出来的，还不见得真的是它的短处②。这种读书趣味的转变，大约是在五四新文化运动中完成的。换句话说，五四之前的读书人，大多缺乏怀疑的眼光，太相信古人了；五四以后的读书人，喜欢先挑毛病，把古人想得太笨了。过犹不及，二者都有值得我们警惕的地方，过分"高看"或"低看"，都有问题。但有一点，我想略为发挥，那就是，"高看"、"低看"里面，很可能养成一种眼光与趣味。而这对于阅读经典，影响很大。

熊十力、徐复观所说的读透一部经典，养成眼光、趣味、能力，是经验之谈。传统中国，读书是以若干经典为中心的；现代中

---

① 《徐复观杂文补编·思想文化卷上》，中央研究院中国文哲研究所筹备处 2001 年版，第 114~115 页。

② 参见钱穆《中国史学名著》，生活·读书·新知三联书店 2001 年版，第 179 页。

国的读书人，则是以通论为中心来展开阅读与欣赏。进大学，先学"文学概论"、"史学概论"、"中国文学史"、"中国通史"等，以通史通论为中心培养出来的这一代读书人，容易养成一个毛病，眼高手低。另外，还容易读粗了眼。如今是互联网时代，没有人愿意深耕细作，读书已经变成了翻书、查书，一目十行，很快就过去了，我们已经丧失了古人那种细心读书的习惯。所以，我引一句话，提请大家注意。据清人梁章钜称，朱熹曾批评吕祖谦人很聪明，但读书习惯不好："看文理却不仔细，像他先读史，所以看粗了眼。"① 请注意，朱熹的意思是，从读史入手者，以"事件"而不是"文理"为中心，容易养成"看粗了眼"的习惯。或许这么说更恰当些：读经与读史有别，读经的缺点是眼界狭窄，好处则是读得很细，有深入的体会；读史的好处是知识广博，阅读量很大，但容易"看粗了眼"，漏过了文本之间的各种缝隙。实际上，读书时看花了眼，看粗了眼，看走了眼，不能细心体会，这正是现代人的通病。

我还想略为引申，人文学者引进了人类学、社会学、经济学等思路，使得人文学者的眼界大为开阔，这很好；但我还是有点担心，这种过于广泛的涉猎，是否会导致人文学者原本擅长的阅读、品鉴、分析能力的下降？确实，我们知道的东西越来越多了，我们的视野也很开阔，整天东拉西扯都不会露馅，这都没问题。但如果我们的文本阅读能力在下降，还有，跟这个直接关联的对人的命运、对人的精神的强烈关注在减少，那又实在可惜。我用一句话来概括：外面的世界很精彩，可是，心灵的探寻也很重要。

人文学关注的重点，本来就应该是心灵，可现在我们跟着社会科学跑，越来越关注外在的世界。回到我刚才说的赛义德，赛义德晚年写了一篇文章，题目叫《回到语文学》。他说，现在流行的读书策略有问题，从一些很粗浅的文本阅读，迅速上升到庞大的权力结构论述，他对这个趋向非常担忧。他认为，这么做，相当于"放弃所有人文主义实践的永恒的基础"。"那个基础实际上就是我

---

① 参见《退庵随笔》卷十六。

所说的语文学，也就是对言词和修辞的一种详细、耐心的审查，一种终其一生的关注。"① 也就是说，人文学者的实践，最关键的是语文学。所谓语文学，就是对言词、修辞的一种耐心的详细的审查，一种终其一生的关注。这是人文学的根基所在。你现在把这个根基丢了，拼命往外在的世界跑，找了很多很多材料，表面上很宏阔，但品位没了，这是今天人文学的困境。所以，他认为人文学的发展途径，最关键的，仍应保持对文辞的关注，这应该是人文学者的基本训练，也是其安身立命的根基。以前有句老话，"书到用时方恨少"，诸位，现在是"书到用时方恨多"。你无论做哪一个课题，比如说做鲁迅研究吧，总得先来个课题史总结吧。光是把那些已经发表的良莠不齐的东西，把它捋一遍，时间就没有了。诸位要是做莎士比亚研究，做《红楼梦》研究，在互联网上一检索，很可能就是十万条、百万条。现在的问题是，我们的文献检索能力迅速提升，书也越出越多，这个时候，不光看搜集资料的能力，更重要的是阅读、分析、阐释。也就是说，该往回收了，回到文本，回到人文学本身的一些基本训练，那才是我们安身立命的所在。

好，我想说的是，读书先不必替古人担忧。古人是不是很笨，我们先不管；我们先考虑那些聪明的，我相信，古人中是有很聪明的。读那些聪明人写的聪明的书，选择那些聪明的书里面对我有用的，用来提升我的精神境界和文化品位。至于那些笨的，我不管；天下那么多笨人，我管得过来吗？读书的话，我只取聪明的；至于将来写论文，需要上下褒贬，那是另外一回事。读书的首要目的是汲取养分，所以要养成习惯，找好的书看，搜寻好书里面值得你鉴赏、值得你追摹的地方。读好书，目的是和古人交朋友，按我们过去的说法，这就叫"尚友古人"。当然，这个"古人"是很笼统的概念，可以是20世纪的鲁迅，也可以是2 500年前的孔夫子。

① 赛义德：《人文主义与民主批判》，新星出版社2006年版，第71～72页。

五、"尚友古人"的好处

《礼记》说:"独学而无友,则孤陋而寡闻。"这个"友",可以是今人,也可以是古人。跟古人交朋友,有个好处:你爱交就交,不爱交拉倒;而且,今年要好,明年生疏,也没有关系。跟今人交友,可就不一样了。你不能说咱俩今天特好,无缘无故的,明天我就跟你翻脸,那样不行,随便抛弃朋友,不是一个好习惯。我的一个师兄,他是做鲁迅研究的,几乎每篇文章里,都会出现鲁迅语录。我半开玩笑地说,你能不能写没有鲁迅语录的文章?下一回他写文章,果然没提鲁迅怎么说,可出现了"有个东方哲人",引的还是鲁迅的话。另外一个师兄,是做沈从文研究的,当年我们最怕跟他一起吃饭,因为他吃饭的时候,一定要跟你谈沈从文。后来我们干脆跟他说,你要是再提沈从文,我们就走,不吃了。他说好吧,那咱们今天就说说凤凰的事情吧。我相信,很多学人都有类似的经历,在某一个特殊阶段,全身心地投入到某一个研究对象里面,整天不断地跟这个对象对话。这状态,其实很正常,是人文学者做研究时容易达到的境界。

所谓"尚友古人",也可以换一种说法,就是跟学者结缘。老北京有个习俗,在敦崇的《燕京岁时记》里面有记载,说四月初八,和尚们煮了豆,撒上盐,到街上请过路人吃,因为今天是佛诞日,大家吃了我的"结缘豆",虽是萍水相逢,我们之间也都建立了某种联系。这习俗,我在中国没遇到,反倒在日本见识了,不过他们将农历四月初八,改为阳历的 4 月 8 日。周作人(1885~1967年)写过一篇文章,题目就叫《结缘豆》,说他自己写文章,也是一种"结缘",风朝雨夕,花前月下,邀古人和自己对话,达到了一种难以言传的风韵。对于学者来说,写文章是结缘;对于读者来说,读文章也是结缘。跟古人,跟今人,跟一切你喜欢——或者用周作人的话"符合自己的口味,而且比自己高明"——的人结缘。我用"结缘"这个词,而不喜欢"粉丝"之类的说法。学生们说,老师,你那"结缘",不就是"粉丝"吗?我说不对,"粉丝"是不管人家好坏,也不问是非功过,没有任何判断力,一味狂热地追

257

随；而结缘呢，当然会维护我喜欢的古人，但我也知道他的毛病，别人要是恶意攻击，我会为他辩护，但我不会迷信。至于为什么结缘？当然是源于喜爱，喜爱他传奇的一生，喜爱他某本不朽的著作，喜爱他某句隽永的名言，都可以。说到底，所谓结缘，更多地基于对人性的理解，不过分挑剔，不排斥情感和偏见，这么一种特殊的阅读方式，使得我们和古代，或者说和已经过去的历史，建立起一种特殊的联系。

刚才说了，十几年前，我曾写《独上高楼》，称选择文史之学，就是选择了寂寞。这自然是相对于热闹的法学、政治学、社会学、经济学这样的学科而言的。现在，我又要把话说回来：从事文史之学，天天跟古今中外第一流人才打交道，何寂寞之有？这个妙解，还以为是我的发明，可前几天读钱穆的书，突然发现，他早就说过了。他说，做学问一点都不寂寞，从周公、孔子到司马迁，一直到清代的章实斋，整天这么"尚友古人，转益多思，何寂寞之有"①？这么说来，做文史研究的，整天和文献打交道，是很幸福的事情。诸位知道，"文"是典籍，"献"是人事，跟古今中外的典籍以及典籍背后的人物打交道，这种状态，对于一个人文学者来说，确乎有值得夸耀之处。

当然，你可能会追问，为什么要强调书后面有人呢？那书后如果没有确凿的"人"，怎么办？是的，有些书后面，你找不到具体的人，比如说民间的说唱，或者早期的通俗小说，你是找不到作者的。即便像《金瓶梅》这样伟大的小说，作者是谁，有几十种说法，永远吵不清。在可以预见的很长一段时间里，《金瓶梅》的作者是谁，很可能永远是个谜，学术界不断有人考证，但不太可能有统一的见解。更重要的是，我们知道，自50年代起，"新批评"就特别强调"意图的谬误"，反对将作者的心境和文本的效果直接对应起来，质疑作者对于文本的绝对支配权力。以后，我们越来越知道，作者、文本、读者之间，有联系，但也有很多缝隙。诸位可

---

① 钱穆：《中国史学名著》，生活·读书·新知三联书店2001年版，第264页。

能读过罗兰·巴特的《作者之死》，也了解福柯的《什么是作者》，知道西方的文学批评界，不断有"杀死作者"的主张。我同意，作者不能绝对支配文本，作者、读者、文本之间有很大的张力，你把"文化语境"引进来，把"文学场"带进来，有很广阔的论述天地。但有些文体，比如散文，不管你怎么说，文本背后的那个人，虚的实的，真的假的，依旧是我们关注的中心。我在北大讲过"明清散文"的课，特别喜欢黄宗羲（1610～1695年）晚年写的《思旧录》。《思旧录》最后有这么一段："余少逢患难，故出而交游最早。其一段交情，不可磨灭者，追忆而志之。"诸位知道，他是被阉党迫害的东林党人的子弟，从小就出来在江湖里闯荡，见识了各种各样第一流的人才，到了晚年，追忆平生，写下这么一册小书。像这种文章，你当然会读出书中人物，也读出作者性情。这种文本和人生紧密相连的著述，也许是人文学者所应特别关注的。

说到"文"和"人"的关系，我特别关注的是那些有学问的文人，或者有性情有文采的学者。纯粹的学者或纯粹的文人，都不是我特别欣赏的。为什么？这牵涉到一个问题，那就是现代西方教育体制进来以后，中国人原本的那种"文学兼修"的传统，大体上消失了。换句话说，传统中国的读书人，他们有的偏于学问，有的偏于诗文，但不管怎么说，在某种意义上，都是"文学兼修"的。戴震（1723～1777年）是个大学者，但他古文写得很好；姚鼐（1732～1815年）是桐城古文大家，但他也在努力做考据。而现在呢，有学的人无文，有文的人无学，几乎成为通例。前几年，好多人在报纸上写文章，嘲笑作家没文化，喜欢举两个例子，一个是刘心武记错了一首诗，一个是余秋雨用错了一个典。其实，这没什么了不起。大家嘲笑作家没文化，为什么没人反过来嘲笑学者不会写文章？看看今天中国有多少文学教授，其中能诗善文的，我想并不是很普遍。

学者不会写文章，文人又没有多少学问，这不是个别现象，而是现代中国学科分治以后的共同倾向。正因此，我对清末民初那些曾经十分活跃的"有学问的文人"，和那些"有情怀有文采的学者"，特别感兴趣。我今年在三联书店出的《当年游侠人》，就是谈这个问题。在我看来，自然科学家不会写文章，没有问题；社会科学家文章不漂亮，也都关系不大；惟独人文学者，如果文章写不好，绝对有问题。对于人文学者来说，对诗文有无感觉，不仅仅是技术问题，还包含修养、趣味，乃至个人风采。

六、学者是怎么成为风景的

抗日战争中，在重庆长江边，有一天，国民党的元老陈铭枢请学者熊十力吃饭，熊十力面对浩浩长江大发感慨，陈铭枢则背对长江，看着熊十力。熊十力说："干嘛？这么好的风景你都不看？"陈说："你就是最好的风景。"熊十力听了非常高兴，哈哈大笑。这个故事，是熊的弟子传下来的。我想略为引申：大学校园里面，有学问、有精神、有趣味的老学者，很可能真的就是校园里面绝好的风景。北大百年校庆的时候，我写过一篇文章，稍微煽情了一点，题目叫《即将消失的风景》，据说流传挺广。文章最后一段说："没有长须飘拂的冯友兰，没有美学散步的宗白华，没有妙语连珠的吴组缃，没有口衔烟斗、旁若无人的王瑶，未名湖肯定会显得寂寞多了。"我的意思是，江山代有才人出，学问上，很难说真的青黄不接，不能说我们这一代，就一定不能承接老先生的学问；丢失的，可能是别的东西。大学生、研究生，他们在大学里阅读的不仅仅是书本，也包括导师。在某种意义上，导师也是学生眼中的书本，也是学生鉴赏的对象。我们这代教授，还能不能经得起学生们挑剔的目光？是否还能成为学生们茶余饭后的审美对象？不知道，反正我有点担心。

这里有几个问题，首先是退休制度的急遽推进。我进北大的时候，我的导师王瑶先生已经 70 岁，我当时主要请教的几位老师，也都是 70 多岁。而今天，北京大学推行的是 63 岁退休的制度。我曾经提过一个动议，说这样吧，干脆把人文学和自然科学分开。因为，自然科学的专家，包括院士们，60 岁以后，基本不可能做什么大项目了；人文学者不一样，60 岁还正当年。我建议，人文学者的退休年龄，设为 70 岁，自然科学专家则设为 60 岁。我在一次演讲中谈到，报纸上还有人引证和争论。我当然知道，做不到，为什么？因为现在中国重点大学的校长，基本上都是自然科学家。但我自认为，这个说法的确是有些道理的。不同学科的学者，达到最佳状态的时间都不一样。比如数学家，如果40岁还没有出头，那基本上就没有什么希望了；而人文学者，50岁还没有出头，问题不大，也许60岁、70岁才出大成果呢。人文学需要积累，需要慢火，就像慢火煲汤一样的，慢慢煲，味道才能出来。本来嘛，人文学和自然科学不太一样。可是有了一刀切的退休制度以后，大学校园里面就没有老教授了。整个大学校园里，所有的老师学生全都朝气蓬勃、健步如飞，那绝对不是好事情。大学校园里面，的确需要朝气蓬勃的学生和年轻教师，但还要有一些历经沧桑的、充满智慧的、身体不太好不能参加百米跑的老教授。

我记得，当年我在北大念书的时候，校园里常见老教授在散步。那个时候，朱光潜先生还在，瘦老头就这样一步一步走，大家都让开来，看着他慢慢走过去。吴组缃先生每天都坐在未名湖边的石凳上，望着湖水，在冥想，大家也不打扰他。校园里面，需要这样的风景，没有这样的风景，太可惜了。假如是"选美"的话，女孩子，大概20岁上下最好；但学者不一样，学者之所以耐看，是把阅历、学问、情感、才华凝聚在脸上，那已经是六七十岁了，那个时候，才值得你品味、鉴赏。当然，还有一个很现实的因素，六七十岁的学者，大项目做不动，也没有必要申请国家课题经费，甚至不用吭哧吭哧写论文，这个时候指导学生，有比较好的心思和眼光。年轻教授和学生太接近了，课题接近，年龄也接近，存在着竞争关系，作为导师，我没有心思把我正在做的课题全都告诉你。其实，当伯乐，是需要有一段时空的距离的，如果我们俩正在竞争，我怎么当伯乐？所以，我想象中的大学教授，跟学生保持一定的距离，有距离才好指点，有距离才能够把真正的心得体会，比如如何少走弯路，毫无保留地告诉你。要不，会碰到这样尴尬的局面——我正在做一个课题，我的学生也在做，他来请教，我怎么办，都告诉他了，我还做不做？所以，现行的这个制度，导致师生之间不能很好地互相鉴赏。

还有一个问题，清华还好，校园比较大，教授大多住在附近；

北大的很多老师住得很远，来也匆匆，去也匆匆，下课了，各奔前程，学生同老师之间，没有更多的互相鉴赏的时间和空间。如何改变这种状态，我的办法是，每星期坚持跟我的研究生一起吃一顿饭。我们各自到食堂打饭，然后聚在研究室里，一边吃饭，一边聊天。专业的问题，我当然回答；生活上的，我们也聊得很开心。没有一定之规，随便聊，聊完了，没事，走人。关键是保持这么一种对话的状态，一个互相理解的时间和空间。但因为客观环境的限制，很多人连这个也做不到。作为教授，只管上课，改作业，给分数，不涉及别的任何问题，有点可惜。

　　说到教授和学生之间的关系，大学校园里面，师生之间最好能互相观摩、互相鉴赏。为了说明这一点，即好学者可以成为大学校园里绝妙的风景，我想讲三个故事。第一个是黄侃（1886～1935年）。黄侃原是北大的教授，后来到武汉、南京教书，他教小学训诂，也教《文心雕龙》等。在北大校园里面，流传许多关于黄侃的故事，大部分是他如何"骂人"。据说，他讲课时，2/3 的时间是在骂人，剩下 1/3，讲的是真学问。因为他学问好，学生们不反感，前面权当休息，后面用心听，这样就行了。关于黄侃先生，无论在北大，在武大，还是在中央大学，都在讲这个人如何性格狂狷，风流倜傥。春秋佳节，黄侃带学生出去踏青、游山、喝酒、吟诗，诸如此类的故事很多。但有趣的是，这个为人狂狷的黄侃先生，做学问时又特别拘谨，学生拜他为师，他先丢给你白文本《十三经》，自己学，读通了，再说别的。必须是肯下这个笨功夫的，才有可能成为他的学生。章太炎先生（1869～1936 年）说"学者虽聪慧绝人，其始必以愚自处"①，举的例子，就是黄侃。做学问的人，一开始必须觉得自己很笨很笨，肯下死功夫，这样才可能出成绩。太聪明的人，反而不适合做学问，为什么？因为不肯下死功夫，老想走捷径。只有既聪慧又以笨人自居的人，才能做好学问；那些脸上写满"聪慧"两个字的，其实是做不了大学问的。这是经验之谈。黄侃先生在指导学生时，再三说："汉学之所以可

---

　　① 《蓟汉闲话》。

畏者，在不放松一字"；"凡研究学问，阙助则支离，好奇则失正，所谓扎硬寨，打死仗，乃其正途"①。都说黄侃是"名士派头"，可他做学问又那么严谨，严谨到不轻易著书，以至章太炎先生感慨：有的人写文章太随便，黄侃又太拘泥了。黄侃先生自称，50岁以后著书；可50岁那一年，他不幸去世了。所以，他留下来的著述，大部分是后人替他整理的。"谨重"和"放荡"，这两者在黄侃先生那里，有如此奇妙的组合。念文学系的，肯定会记得，梁简文帝有一个说法："立身之道与文章异，立身先须谨重，文章且须放荡。"也就是说，做人要谨重，写文章可以放荡，这是梁简文帝说的，念过"中国文学批评史"课程的人，都会知道。但对于学者来说，这个话似乎应该倒过来，怎么说？"立身不妨放荡，文章且须谨重。"当然，这个"放荡"指的是不受外在规范的拘束，随心所欲地生活，就像黄侃先生那样。不知道的人，会觉得但凡学者都是很古板、很拘谨，但我知道，很多学者内心世界很丰富，包括情感的表达等，都有很特殊之处。整天面对古书，但生活仍然很有趣，这样的学者多得是，比如像黄侃先生，就是这样一个典型。这是我想描述的第一道风景。

第二道风景，我想讲刘师培（1884～1919年）。其实，从我开始读研究生时，就不断地关注刘师培，可一直不敢写关于他的文章，因为他的学问太广博了。一个只活了36岁的人，竟写了那么多著作，实在让我很佩服。但是，令我困惑不解的是，为什么刘师培一辈子政治上老是摔跤。读现代文学的人都知道，新文化运动起来，他组织《国故》月刊与之对抗；这不算什么，只是表达不同的政治立场而已，你爱讲新文化也行，爱讲旧文化也行，这都不成问题。可往前推，袁世凯称帝的时候，他是"筹安会六君子"，后来被通缉，这个大家会严厉批评。更严重的问题是，1907年，当时在日本提倡无政府主义的刘师培，回到南京，向两江总督端方献计，如何来抓革命党。而且，还真的带人去上海抓革命党人陶成章，可惜晚了一步，没有捉到。在晚清，有各种思想潮流，无政府

---

① 《蕲春黄氏文存·黄先生语录》，武汉大学出版社1993年版。

主义思潮无疑是最最激进的。可你没想到，一个无政府主义思潮的积极提倡者，回到国内，竟摇身一变，当了密探。所以，鲁迅先生很不屑地说，刘师培哪里是研究《文心雕龙》的，他那应该叫"侦心探龙"。对于刘师培来说，别的好解释，当密探这顶帽子，怎么解也解不开。连弟子们都没有办法替他辩护，只能说他上了"小人"的当。很多人都说是因为他老婆不好，把刘师培落水的责任推到何震那里，这有点太不公平。让我感到困惑的是，一个那么聪明的人，刘家可是四代传经呀，四代学问集于一身，而且正在提倡革命，提倡最最时髦的无政府主义，怎么会突然间变成一个密探？这我实在不能接受。后来读到一篇文章，我恍然大悟。那篇文章1904年发表在《中国白话报》上，题目叫《论激烈的好处》，署名"激烈派第一人"。激烈派第一人，你可以想象，那是刘师培的自我期待。但是，真正的激烈派，很可能是永远的反对派，而刘师培不是这样。他之所以看好"激烈"，不是守护精神之火，也不是坚持自己的信仰，而是将其视为一种论述策略。也就是说，他所标举的，是一种策略上的"激烈"。刘师培说，写文章做事情，有个诀窍，那就是无论如何，把它做到顶点，做到极端，就会有效果。很多人不懂这个，守着"中庸之道"，说话老是"一方面……另一方面……"，而不愿走极端，这样的话，没人听你的。必须记得，无论说话做事，就是要走极端。我突然间明白了，为了追求效果，而不惜把事情做到顶点，把话说到极端，这正是刘师培不断栽跟头的原因。需要讲革命的时候，他走到了无政府，这是极端；反过来，也不必调整，一下子又给清廷当密探，这又是走到了极端。辛亥革命成功，刘很不得意，袁世凯称帝，他又赌了一把，又输了。你会发现，每回他从左到右，从东到西，都没有什么过渡，而是直接走到顶点。这个思路，强调的是效果，而不是内心的真实感受，更不是什么思想信仰。为了效果而不惜采取非常激烈的行为，这个思路，误了一代才子刘师培。大家都说，中国人很顽固，很保守，我发现，不是这样的，中国人没有，或者说很少真正保守的。中国人一点都不顽固，大势所趋，"咸与维新"，这才是绝大部分中国人的选择。回过头来，你看，在某一个特定的历史时刻，不管立场如何，能够挺得住、站得稳，不随大流的，极少极少。笨的人随大流，聪明的人又太看重"效果"，因而极少真正的"顽固"和"保守"。也正是这，导致了我们的"风水"老是轮流转。连大学者都不见得真的洞察世情，都因为"内心燥热"，为了某种现实利益，而守不住自己的立场，那实在有点可怕。

我想评说的第三道风景，是金克木（1912～2000年）。2000年去世的金克木先生，原是北大东语系的教授。东语系当时有两个名气都很大的教授，一个是季羡林先生，一个就是金克木先生，可两个人的学术路径截然不同。季先生是在德国哥廷根大学接受正规的学术训练，从大学到研究院，毕业回来后就一直做研究，是真正的学院派。虽然季先生日后也写大量的散文，可做学问无疑更为拿手。季先生现在还住在301医院里面，一边养病，一边写作，我们祝愿他健康长寿。季先生的学问很好，一看就是科班出身的，或者说是"正统派"。而金克木先生不是这样，他是我们所说的"自学成才"。他年轻时在北大待过，但不是北大的学生，他是在北大"偷听"。据他在回忆录中说，他当年听法语课，学得比正式的学生还好，所以老师很高兴。更不同凡响的是，他在北大图书馆当馆员，了解北大里面有哪些教授的学问是最厉害的，他们来借书，他就抄下书单，等他们把书还了，他就跟着读。他说，这几个教授，有学问，有眼光，借书不会乱借，他们读什么，我就跟着读，读得懂读，读不懂也读。几年下来，金先生也成为一个眼界颇高的"学者"。当然，日后他到印度去游历，跟和尚念书，回来以后到武大、北大教书，走的是学问的路；但总体上说，他是自学成才的。他出版过《梵语文学史》、《印度文化论集》等专业著作，但始终有一种躁动，就是想挣脱学院的这种框架。他和季先生不太一样，季先生在大学体制里面如鱼得水，而金先生则对大学体制总是冷嘲热讽，虽身在其中，但不太以为然。一个偶然的因素，导致晚年的金克木先生突然间大放异彩，那就是1979年《读书》杂志创刊，请他写文章。刚才说了，金先生是自学成才，这样的人，一般不守学科边界，他不管你是天文学（金克木先生真的对天文学特别有兴趣），还是文学、史学、地理学什么的，他都敢说，这就是

"乱读书"的好处了。金先生兴趣特别广泛，他也写著作，也当教授，但始终对"杂学"更感兴趣。到了晚年，突然间碰见了《读书》杂志，这很适合他。他就擅长写那种有学问、但又不太学术的文章，以便把自己的人生感悟、阅历以及学问和趣味全都凝聚在一起。对于《散文》来说，他太学术了；对于《北大学报》来说，他又太不学术了，而这，恰好符合《读书》的需要。所以，如果说八九十年代，谁最能够代表《读书》杂志特殊的文体，我以为那就是金克木。金先生刚刚去世时，我准备写纪念文章，检索了一下"《读书》杂志二十年"光盘，发现金克木先生发表文章101篇，比冯亦代先生少11篇，虽然冯先生写的是介绍西方文化的短文，不像金先生文章那样有原创性，但感觉上还是有点遗憾。但后来我想，不对，金克木还有个笔名叫辛竹，我把辛竹的二十几篇文章加进去，这样，《读书》二十年的"第一作者"，非金克木莫属。更重要的是，金先生那种博学深思，有"专家之学"作底的"杂家"，以及那种活蹦乱跳、"不伦不类的文章"，代表了八九十年代《读书》杂志的风格，也代表了我想象中的"文"和"学"二者兼得的追求。

最后，还是回到"人"的问题。我想象中的人文学，必须是学问中有"人"——喜怒哀乐，感慨情怀，以及特定时刻的个人心境等，都制约着我们对课题的选择以及研究的推进。做学问，不仅仅是一种技术活儿。假如将"学问"做成了熟练的"技术活儿"，没有个人情怀在里面，对于人文学者来说，是一个很大的悲哀。所以，我首先想说的是，学问中有人，有喜怒哀乐，有情怀，有心境。

其次，我发想说，学问中不仅有"人"，学问中还要有"文"。超越学科的边界，更重要的是，超越文章与学问之间的鸿沟。别的我不敢说，对于人文学者来说，这点很重要。博士生人学考试，我会要求他们临场写个小东西，不要求文采飞扬，但也不能干巴巴，甚至病句连篇。胡适说过，清代学者崔述读书，先从韩柳文人手，最后成为大学者。钱穆是个历史学家，但他早年也曾经花了很大功夫学习韩愈的文章。有早年的文章功夫做底，对历史资料的解读，会别有洞天，更不要说对自己文章的刻意经营。

第三个，学问中要有精神，有趣味。任何学问，都不应该被做成枯燥无味的练习题，人文学尤其如此。强调这些，是因为在专业化大潮下，很多人被自己那个强大的专业知识给压垮了，学问越做越没趣。

好，就这些，谢谢大家！

附记：去年秋冬，我曾就此话题，先后应邀在中国人民大学（2006 年 10 月 26 日）、武汉大学（2006 年 11 月 28 日）和清华大学（2006 年 12 月 18 日）做专题演讲，这回发表的整理稿，以在武大所讲为主。

（2007 年 3 月 12 日据记录稿整理成文）

文化与心理学①

◎ 钟　年

钟　年，1961 年生，湖北省武汉市人。教授，湖北省跨世纪学术骨干，并兼任中国民族学会理事、中国人类学会理事、中国民族社会学会理事、湖北省心理学会理事、湖北省民俗学会理事、湖北省社会学会理事、《民俗研究》杂志编委及北京大学人类学与民俗研究中心特约研究员。主要从事心理学、社会学、人类学、文化学、民俗学等领域的研究，曾多次赴广西、湖北、湖南等地的汉族、瑶族、苗族、土家族地区开展田野调查，有关研究成果曾获国家民委、湖北省、中南民族学院、湖北大学等处的优秀科研奖励。曾参加《人类学词典》、《社会学词典》的编写，合作主编《中国文化厄史》、《黄鹤楼志》，著有《文化之道》、《中国人的传统角色》，在《社会学研究》、《民族研究》、

---

①　本文系作者在武汉大学"大学生心理健康教育活动月"中所作的学术讲座。

《世界宗教研究》、《自然辩证法研究》、《中国社会科学》、《光明日报》、《中国教育报》、《文献》、《读书》、《东方》、《社会科学战线》、《东南文化》、《民俗研究》、《寻根》、《民俗曲艺》（中国台湾）、《历史月刊》（中国台湾）、《中国文化月刊》（中国台湾）、《孔孟月刊》（中国台湾）、《国文天地》（中国台湾）等刊物上发表学术文章100余篇，一些著述曾被《新华文摘》、《书摘》、《中国人民大学复印报刊资料》（包括《心理学》、《社会学》、《文化研究》、《民族研究》、《自然辩证法研究》、《中国古代近代文学研究》、《中国古代史》等专题）、《中国人民大学社科信息集萃》、《高等学校文科学报文摘》、《中央民族大学学报》以及美国的《世界日报》（World Journal）等报刊转载。主要著作有独著《文化之道——人类学启示录》、《中国人的传统角色》，合著《中国文化厄史》等。

我们今天所要谈论的话题是"文化与心理学"，在这样一个话题下，将要介绍有关文化及心理学的一些知识，还要说到二者之间的相互关系和相互影响，以及心理学研究中"文化心理学"（cultural psychology）兴起的最新趋向，最后讲一讲文化心理学在现实生活中可能的应用，及这个领域所引发出来的关于"和谐"问题的思考。

一、什么是文化

"什么是文化"，这好像是一个很简单的问题，其实却可能越问越糊涂。我们先来讲一个故事。若干年前，著名社会科学家庞朴先生在接受《光明日报》记者采访时透露，他曾向钱钟书先生请教什么是文化，钱先生答道："文化到底是什么？本来还清楚呢，你一问倒糊涂了！"以钱先生之大才，尚且对文化为何物时有糊涂，更何况我等愚蒙之辈。可见"文化"是一个看似简单实则复杂的大问题。

为什么文化问题看似简单呢？因为"文化"这个词是大家常

挂在嘴边的，是人人都觉得很熟悉的。那么，大家对这个熟悉的词汇是怎样认识的呢？在大众的认识里，一种解释是把"文化"等同于文学艺术，我们的行政机构中不是有文化部、文化厅、文化局吗？这些机构所管理的，大致就是文学艺术这些内容。另一种解释是把"文化"等同于知识水平，日常生活里说某某有文化，主要就是指他学历高、知识多。上述解释有一定的道理，都触及到文化的某些方面，但离我们要讨论的文化还差得很远，可以看作是对文化的狭义的解释。当然，对文化的广义的解释也有，在一般的工具书中，我们可以看到这样的解释：文化是人类所创造的物质财富和精神财富的总和。但这样的界定，我们依然不太满意，例如"财富"二字，就带有价值判断，实际上人类文化中有许多不是财富的东西，我们不是常讲对传统文化要"取其精华，弃其糟粕"么？可见文化中是有糟粕的，可糟粕归糟粕，我们却不能否认它是文化。

为了说清楚什么是文化，学术界做了很多的努力。现在大家公认的最早的对文化的界定，是英国人类学家泰勒（E. B. Tylor）提出的。他在1871年出版的《原始文化》一书中开篇即写道："文化（culture），或文明（civilization），就其广泛的民族志意义来说，是包括全部的知识、信仰、艺术、道德、法律、习俗以及作为社会成员的人所掌握和接受的任何其他的才能和习惯的复合体。"在这个定义中，泰勒凸显了文化的项目或曰构成（知识、信仰、艺术等），注意到了文化的共享性和习得性，更重要的是指出了文化的整体性，这一点为后世多数人类学家所赞同。

在泰勒之后，对文化的界定迅速增加起来。据说，美国著名人类学家克罗伯（A. L. Kreober）和克拉克洪（C. Kluckhohn）在1952年讨论文化的概念时，便已罗列出160余种有影响的文化定义。到了今天，我想大概已经没有人可以计算清楚到底有多少个文化定义了。不过，文化的定义虽然多，但也有一些规律可循，就是几乎都指出文化具有"共"和"公"的特性，也就是说，文化是共认的，是分享的，是公共的，是和群体、社会联系在一起的东西。

因为我们的题目是讲"心理学与文化"，就应该来看看心理学家是如何认识文化的。其实，在克罗伯、克拉克洪总结文化定义的时候，将以往的界定分成六大类，有一类便是"心理性的"。简单地说，在心理学的认识里，文化可以被看成是一群人所共有的行为模式，或者是这群人所分享的认知体系，也有人表述为特定群体的无意识结构，或者是一种公共的价值观，或者是大家共同具有的一种认同。总之，文化是人类群体为了保证其生存而建立的一个动态的、规则的系统，这些规则既有外显的，也有内隐的，涉及态度、价值、信仰、规范和行为。此外，文化具有相对稳定性，它世代传承，但是随着时间的推移也有变化的潜在可能。

二、心理学应该研究文化

应该说，在以往的心理学中，尤其是中国近半个世纪以来的心理学中，对文化问题是不够重视的。20世纪80年代中期，国内知识界出现了"文化热"，大家对文化问题的讨论轰轰烈烈，可中国的心理学界却波澜不兴。对这样一个备受关注的学术论题，心理学家反应迟钝，不能不说是中国心理学的一个遗憾。

但是，20世纪80年代以来的国际心理学界，尤其是占世界心理学大半份额的美国心理学界，对文化问题却越来越关心。这种关心有学科外部的影响因素：美国等西方国家社会上多元文化的现实，使人们能真切感受到文化问题在身边的存在；前苏联和东欧国家的社会巨变，使福山（F. Fukuyama）等人提出"历史终结论"，认为意识形态的对抗终结了，起而代之的应该是文化的对垒；美国哈佛大学的亨廷顿（S. Huntington）更提出引起巨大争议的"文明冲突论"，预测未来的世界格局将是不同文明之间的冲突。美国的"9·11"事件更让震惊不已的美国人感觉到文明的冲突已经降临。此外，在世界上其他一些地方的民族宗教战争，也让人感受到文化的力量。

当然，我们更应该关注的是学科内部的因素。近一二十年来，一些心理学家发表文章提出质疑，认为多年来心理学研究的对象主要是美国中产阶级的白人，因此所反映的只是以这些人为基础的西

271

方的人性，而不是全人类的心理学。这种对"白人"心理学的反思，是促使心理学转而关注文化的一个重要原因。不过，需要指出的是，此类反思在心理学内部有深远的思想脉络可以追寻，只是这一脉络在相当长的时期里成了被忽略的传统。

学过一点心理学的人都知道，现在的科学心理学是德国人冯特（W. Wundt）在1879年创立的。还是在当年创建科学心理学的时代，冯特本人就对心理学的领域做了大致的二分。一个是个体心理学或曰实验心理学，研究的是人类心理更靠近生理一端的内容；另一个是民族心理学，研究的是人类心理更靠近社会文化一端的内容。冯特在其生命的最后20年倾全力做的事情就是建构民族心理学的体系，从1900年3月至1919年9月，他写成了10大卷的《民族心理学》。所谓民族心理学，从今天的眼光来看，就是文化心理学，因为里面讨论的内容，就是我们称之为文化的那些东西。

从冯特的民族心理学，我们可以看到心理学起源的人类学的渊源，这是以往心理学史常常忽略的内容。人类学与心理学的合作在20世纪三四十年代曾掀起一个高潮。人类学家林顿（R. Linton）等人以哥伦比亚大学为基地，引进卡迪纳（A. Kardiner）等精神分析学家，开始了人类学与心理学的合作，形成了"文化与人格"的研究领域。这一研究领域在第二次世界大战前后又发展出民族性或曰国民性的研究（national character studies），人们所熟知的研究日本国民性的《菊与刀》就是此期的成果。第二次世界大战以后，跨文化比较（cross-cultural comparison）的技术得到广泛运用，这方面研究的最终结果，是促成了许烺光等人提倡的心理人类学。随着心理学领域内"认知革命"（cognitive revolution）的发生，人类学领域内认知人类学（cognitive anthropology）的研究也日渐成熟起来。

说到这里，我们不妨提到"第二心理学"的概念。所谓"第二心理学"（second psychology）是相对于人们熟悉的科学心理学而言的。事实上，早在20世纪以前，许多著名的学者就提出，要想全面深入地认识人类的心理现象，恐怕需要两种不同规范的心理学。一是人们熟悉的自然主义的心理学，它把心理现象看成由感

觉、观念、联结、反射或感觉运动图式组成的结构来进行分析；一是人们不太熟悉的"第二心理学"，它把高层次的心理现象看作由语言、神话以及个体生活于其中的社会实践所形成的实体来展开描述。第二心理学很难指望得出普世性的结论，因为高级的心理过程是受文化塑造的，在不同的社会中这些心理过程会有不同的表现。冯特的民族心理学就是"第二心理学"，文化心理学也与"第二心理学"密切相关。所以，我们说心理学应该研究文化，这不仅有学科外各种社会文化因素的促动，也是学科内历史和逻辑发展的必然要求。

三、心理学也是文化

我们换一种眼光来看，心理学本来就是文化。简单地说，人类的创造就是文化。心理学就是人类的一种创造，是人类关于自身心理活动——有时也包括动物——的思想结晶和知识汇总。思想的结晶和知识的汇总当然是文化。

观察一下周围的日常生活，不难发现心理学如今正在成为我们文化的一部分。例如心理咨询，已经成为人们越来越熟悉的词汇。许多人在遇到与心理相关的问题时能想到去找心理学工作者咨询一下。还有从媒体开展起来的情感倾诉，现在是很多都市生活类报纸的主打栏目之一。大批人踊跃加入向记者编辑倾诉的行列，愿意在大众媒体上自曝心灵隐私，令不少研究中国人心理的学者始料不及。文艺作品中也充斥着大量心理学的信息。例如西方的影视、港台的影视，包括大陆的一些影视，有很多关于心理学家、心理咨询、心理变态、心理犯罪之类的描写，不少人就是通过这些影视作品接触到心理学的。一些非常态事件的发生，也促动了人们对心理学的关注。如马加爵事件、"非典"流行事件等，让许多人知道了心理健康、心理卫生、心理的社会支持系统等对人们的重要性。

因此，我们可以说心理学正逐渐成为中国普通民众知识体系的一部分，正逐渐成为中国人的常识。我们不要小看常识的力量，因为每一个个体都是依据常识在思考、在行动的。人们头脑中的常识，类似于心理学家所说的认知图式（cognitive scheme），认知图

273

式在心理活动中的重要性，已为许多心理学研究所证明。我们可以看一个例子，归因（attribution）是人们最基本的心理需求，每个人在遇事的时候都希望知道背后的原因。真实的原因一时弄不清，我们就会在心里给一个解释。在几十年前，中国人做归因的时候几乎想不到心理的原因，可现在却经常会做出心理的归因。

四、文化对心理学的影响

当心理学不太关注文化问题的时候，心理学想要追求的是达到一种纯粹的科学状态。很长一段时间内，心理学是偏向于生物主义的，看重的是脑的研究，探究的核心问题是"人脑里面有什么"。但是，人脑是复杂的，它里面有什么，不仅仅是由生理决定的，社会文化在这里同样发挥着决不逊色于生理的作用。于是，心理学家的核心问题又增加了一个："人脑在什么地方？"人们发现，脑子在什么地方，往往决定了脑子里面有什么。

我们可以从两方面来看文化对心理学的影响。一方面，我们梳理一下心理学背后的社会文化脉络。心理学家对于心理现象的分析常常从三个层面展开：认知的、情感的、行为的。套用这三个层面的分析方法，可以说文化是我们的认知背景，文化是我们的情感家园，文化是我们的行为依据。说认知背景，是讲我们的认知带有深重的文化痕迹，这在前面已多次提及。说情感依据，是讲我们的情感受到文化的极大制约，我们的情感界定、情感内容、情感表达等无不为文化所左右。说行为依据，是讲我们的行为规范就是文化给出的，在社会中，什么该做、什么不该做，都是文化的约定俗成。

另一方面，社会文化中人们的看法会影响心理学的发展。对于心理学的看法，心理学的专业人员当然有自己的认识。如果说这是较为准确或正确的看法的话，那么在实际生活中，专业之外更大多数的人们在很多时候并不见得一定拥有这准确和正确的看法。但问题是，即便他们的看法不准确、不正确，由此带来的对心理学的影响却可能是实实在在的。因为心理学的发展毕竟不能只靠自己的力量，从系统的观点看，心理学的发展是由更大的系统决定的，也就是由社会文化决定的。因此，我们应该很严肃认真地对待社会文化中人们对心理学的看法。

说实话，近十年来的社会文化环境对中国心理学的发展是十分有利的，我们可以说现在是半个多世纪以来中国心理学所遇到的最好时期。目前的中国心理学一片繁荣，用老百姓的话说就是"很热"。但是在繁荣的表象之下却潜藏着危机，社会的热对心理学应该不是坏事，可如果心理学家的头脑也跟着热，心理学便可能误入歧途、走向衰败。这不是危言耸听，我们可以用下面三句话作些简单的说明，这三句话就是：心理学不是标签；心理学不同算命；心理学并不万能。

所谓"心理学不是标签"，是说社会上一些人对心理学名称的滥用。当心理学遭受批判、倒霉背运的时候，人人都要与它划清界限。如今心理学时来运转成为热门，又有一些人趋之若鹜来争抢旗号。举个例子来说吧，许多学校有学生思想政治工作方面的机构，现在"忽如一夜春风来"，纷纷换成了学生心理卫生、心理健康之类的招牌。我们有双重的理由反对这种做法：思想政治工作是会用到心理学的知识，但用心理学取代思想政治工作，是对思想政治工作的亵渎和庸俗化；心理学是一门科学，把心理学等同于思想政治工作，是一场儿戏和闹剧。所以，我们希望人们科学地、严肃地对待心理学，而不是仅仅把它当作标签。

"心理学不同算命"，是说另一种对心理学的错误理解。其实几乎在每一次心理学的公共选修课上，都会有同学来问心理学能不能算命。也确实有些算命先生号称运用了心理学，一些讲算命的书籍打着心理学的旗号，街头上还有电脑算命说是用的国外心理学家开发的系统。心理学当然不是算命。不过，更需要注意的是隐蔽一些的观念，例如一些人对通俗心理测验的迷信。心理测验是科学，也确实有用，当然这"用"有一定的限度。问题是很多人热衷于通俗的心理测验。这里加上"通俗"二字是指那些充斥于流行报刊和网络的不严格的简单化测验，用一两道题的测试就可以测出你的心理状态、你的性格甚至你的未来。心理学真有这么简单就好了。这种测验迷信在骨子里还是心理学等于算命的观念在作怪。

最后"心理学并不万能"这句话，是想谈论社会各界逐渐认识到心理学的巨大作用以后，对心理学寄予厚望，由此而产生的一种认识误区，即以为心理学无所不能。表面上看，心理学万能论是对心理学好，心理学界的一些同仁对此也有些认识不清，但实际上此论是裹着糖衣的毒药，会让心理学走上死路。人类社会有许多问题，在寻求解决之道时心理学常常能贡献一些力量，但决不是说心理学可以包打天下，世界上也没有任何一门学问可以包打天下。例如某人丢了工作、衣食无着，由此情绪恶劣，这问题可以单独让心理学家来解决么？心理学家或许能动用各种手段让他情绪好一些，但根本问题的解决，是要依靠各方面综合力量的。所以，我个人以为，说心理学万能的人，如果不是糊涂无知，就是恶意陷害，是做个套让心理学钻。

五、心理学可以反思么？

心理学当然可以反思，而且应该反思。一个人不会反思，就不是成熟的人；一门学科不会反思，也不是成熟的学科。我们的反思，可以从一些基本问题做起，例如心理学是什么？心理学的教科书可以如何写？心理学的研究可以怎样做？我们还应该跳出心理学的学科局限，从更高、更广的视野来反思心理学。

心理学是什么？这好像是个很幼稚的问题，是心理学入门的时候就可以解决的。其实不然。这样的问题即便让心理学的大家来回答，也不是三言两语可以说清楚的，而且不同的人的回答还会分歧多变。询问"心理学是什么"，可以看作是一项关键词（key word）的梳理工作，这样的关键词除了"心理学"之外还可以列出许多，当然"心理学"是最重要的一个。在时间轴线上考察，"心理学"的含义是不断变化的。在科学心理学诞生以前，心理学（psychology）的本来意义是关于灵魂的知识，后来慢慢变为对意识的研究。在科学心理学诞生以后，人们对心理学依然有不同的认识。譬如在精神分析那里重点是研究潜意识，而行为主义流行时期则排除了"意识"，甚至连"心理"也不要了，只认为心理学是对人类"行为"的研究。到现在，人们把内隐的和外显的部分结合起来，认为心理学是包括了人类"心理"和"行为"研究的一门科学。

　　心理学教科书可以如何写的问题是与心理学是什么的问题联系在一起的。我们可以教给人们什么样的心理学？这是教科书要完成的任务。循着前面考虑文化影响的思路，我们可以设想，心理学是研究人的，而人是生活在特定文化中的，所以中国的心理学可以有自己的写法。想一想半个多世纪以来，中国人一直没有自己的心理学教科书，前期的教材用的是前苏联的或仿苏的，后期的教材用的是美国的或仿美的。不能不承认，它们的教科书都有自己的文化特色。中国人的心理学教科书可以有什么特色呢？我们在组织"社会心理学精品译丛"时曾有一次编委聚餐，当时中国台湾地区心理学的领军人物、华人本土心理学的倡导者杨国枢先生提到编写中国心理学教科书的问题。大家说起西方人是分析性思维，所以心理学教科书是从小往大写，先感觉、知觉、记忆等，后面才是智力、人格、社会心理；中国人是综合性思维，我们为什么不能从大往小写呢？例如中国人有"天、地、人"的说法，我们或许也能从天、地、人的角度来编写中国的心理学教科书。

　　那么，心理学的研究可以怎样做呢？心理学的历史告诉我们，对人类心理和行为的研究有多种有效途径，我们这里想结合"文化与心理学"的话题谈谈文化心理学的取向。在心理学领域，近20年来最引人注目的变化之一就是文化心理学的兴起，有人指出，这是一门与普通心理学、跨文化心理学、心理人类学、民族心理学都有联系又有所不同的新的心理学分支。我们知道，人类文化的一个重要表现就是多样性，以文化为研究主题的文化心理学恐怕也难免带上多样化的色彩。所以，我们更愿意说文化心理学可以包容跨文化心理学、心理人类学、民族心理学、普通心理学、文化人类学的各类相关研究。目前，在文化心理学领域有不同的研究取向，不同学科背景的学者对这门学科的界定有各异的表述，一个较为经典的说法是：文化心理学研究文化传统和社会实践如何规范、表达、改造、变更人类的心理，即文化对心理、行为的影响、塑造。关心的问题有主体与客体、自我与他人、心理与文化、个人与情境、对象与背景、实践者与实践等的相互作用、共生共存及动态地、辩证地、共同地塑造对方的方式。

文化心理学的研究领域是十分广泛的。正如美国前心理学会主席津巴多（P. Zimbardo）等人在《心理学与生活》这本教材中所指出的，文化的观点可以被用在几乎每一个心理学研究的题目上："人们对世界的知觉是受文化影响的吗？人们所说的语言影响他们体验世界的方式吗？文化如何影响儿童向成人发展的方式？文化态度是如何塑造老年经验的？文化如何影响我们的自我感觉？文化影响个体进行特定行为的可能性吗？文化影响个体表达情感的方式吗？文化影响心理失常人的比例吗？"换句话说，心理学研究的各个方面，例如感知、情绪、动机、语言、思维、人格等，都可以"文化与某某"的方式纳入到文化心理学的视野。

具体来看，文化心理学在下面一些领域中取得了令人瞩目的成绩。一个领域是集体主义文化与个人主义文化（collectivism and individualism）。文化心理学家通过调查、问卷、实验等方式，区分出了这两种文化类型。集体主义文化看重的是个体所在的诸如家庭、社区这类社会群体的需要和动力，个人主义文化看重的是个体的自我需求和驱动力。这些倾向性造成了个体心理与行为的差异。第二个领域是文化与自我（culture and self），是对文化如何影响个人的自我概念、自我动机以及与自我相关的认知和情绪的研究。许多学者描述了文化形塑自我的方式，尤其集中于两种类型：独立自主的自我和相互依赖的自我。第三个领域是本土心理学（indigenous psychology），研究者倾向于在一个相对特殊的层面上去确认和研究特定的心理学理论与实践，这个特定的层面是与族群的、文化的特定背景联系在一起的。这个领域里面堪称典范的是我国台湾的心理学家杨国枢先生倡导的中国本土心理学运动，杨先生和他的学生在华人本土心理学方面已经积累了相当多的成果。最后一个蓬勃发展的领域是文化与认知（culture and cognition）的研究。这类研究不仅仅涉及文化对人们外显的行为的影响，更关注文化对内隐认知的作用。其研究在一些理论假设上与前述领域颇为相似，而讨论话题的多样性表现得更为明显。

我们可以举个例子来说说文化心理学的研究。研究者可能出示下面这样的测试题：

请选择——谁和谁更靠近？

1. 熊猫　竹子　老虎
2. 老师　医生　作业
3. 马路　汽车　飞机

你会如何回答？文化心理学家发现，你的回答与你所处的社会文化环境有很大的关系。如果你是中国人，你的答案很可能是"熊猫和竹子"、"老师和作业"、"马路和汽车"；如果你是美国人，你的答案则很可能是"熊猫和老虎"、"老师和医生"、"汽车和飞机"。为什么呢？因为中国人的思维看重事物之间的关系，熊猫吃竹子，所以熊猫和竹子靠近；美国人的思维看重事物本身的特性，熊猫和老虎都是动物，所以熊猫和老虎。你看，文化就是这样以它独特的方式影响着我们的基本认知。

前面说过，文化心理学与文化一样带有多样化的特性，说到多样性，我就想起了以前做过武汉大学教授的闻一多先生。闻先生的这个名字，是他自己改的，说的就是"一"和"多"的关系。以我们最简单的知识，也知道"多"比"一"好。例如单一的研究路径与方法肯定比不上多样的研究路径和方法。其实，在人文社会科学领域，研究对象的复杂多样性本来就提示我们要避免单一的看问题角度。文化心理学就应该提倡多样和多元的看问题角度。有人曾经担心，心理学内部已经有多种研究取向，再多出文化这样的取向会不会导致心理学的分裂？但我们认为，文化的取向非但不会造成分裂，反而可能连接起本来众声喧哗的分支领域，这一点前面津巴多的话已经说得很明白了。

倒是文化心理学的兴起很可能为中国心理学的崛起提供一个难得的契机。在文化心理学的前身心理人类学领域，华人学者许烺光先生就有开创之功，潘光旦先生、费孝通先生等做的许多研究从今天的立场看就相当于文化心理学，中国台湾的杨国枢先生、黄光国先生等在本土心理学研究方面的领先地位也为世所公认。著名社会心理学家彭迈克（M. Bond）曾经说过这样的话："心理学不幸是由西方人创建的，结果，西方的心理学研究了太多的变态心理和个性行为。如果心理学是由中国人创建的，那么它一定是一门强调社会心理学的基础学科。"作为社会心理学重要分支的文化心理学的情形正是如此。我们前面那个小测验就简洁地说明了中国人的思维看重关系，这正是社会心理学、文化心理学的学科特点。所以，中国人很可能在这个领域做出自己独特的贡献，从而增强中国人攀登世界学术高峰的自信心。

六、和谐与心理学

我们最后来说说和谐与心理学的话题。心理学中的文化研究是一种新的取向，但这种取向并不是要排斥其他研究取向。人类文化是多样化的，文化心理学研究文化，因此它也应该在尊重多样化的前提下展开。实践证明，文化视角是心理学研究中一种新的、有效的研究方式，但它不一定是最好的方式，更不是唯一的方式。心理学研究中的各重视角、各种方法、各个领域是平等共存的，这就是一种学术生态的和谐境界。有了和谐境界，有了良好的内环境，我们的心理学事业才能够健康发展。

和谐当然不仅仅对心理学、对一门学科是重要的，我们把眼光移到心理学之外，个人、群体、社会等，都需要和谐。记得有西方哲学家说过这样的话，我们有三个"敌人"，那就是自然、他人和自己。有人由此引申，认为人类的学问便是针对这三个"敌人"发展起来的，这些学问都可以称之为关系的研究。第一类是研究我们与自然的关系，第二类研究我们与他人的关系，第三类研究我们与自己内心的关系。费孝通先生很机智地用"三态"来代表这三类研究：我们与自然的关系是生态研究，我们与他人的关系是世态研究，我们与自己内心的关系是心态研究。中国人是看重关系的，关系学可以说是我们的长项，而且中国人善于推己及人、将心比心、设身处地、换位思考，我们不太会像西方人那样把关系的另一端视为敌人。所以，中国人既看重关系，也看重关系两端的平等相处、相互尊重，这样来处理关系，其结果就是和谐。

和谐的思想，在中国有悠久的渊源，例如我们熟知的"天人合一"、"和合"、"和为贵"等观念。我曾经写过一篇文章，指出在我们的文明之初的上古神话中，就明显可见天人和谐的思想。当然，和谐不仅仅是人与自然或说天与人的事情，和谐是多方面的和谐。我们上面讲了三类关系，就应该有这三类的和谐。中国台湾著名人类学家李亦园先生根据长期的研究和思考，提出了致中和的宇宙观，涉及的就是三层面和谐均衡模型：

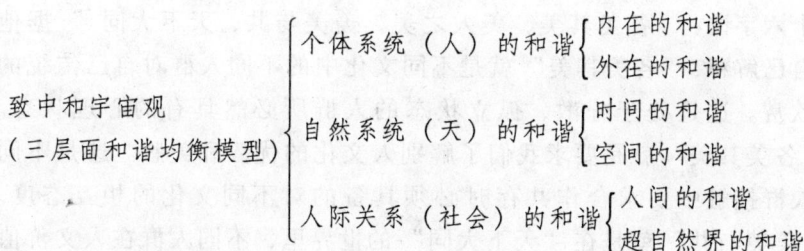

致中和宇宙观
（三层面和谐均衡模型）

- 个体系统（人）的和谐
  - 内在的和谐
  - 外在的和谐
- 自然系统（天）的和谐
  - 时间的和谐
  - 空间的和谐
- 人际关系（社会）的和谐
  - 人间的和谐
  - 超自然界的和谐

在这样的三类和谐关系中，心理学尤其是文化心理学是大有作为的。文化心理学和普通心理学一样，是关注个体系统的；文化心理学也和社会心理学一样，是关注人际关系的。我们可以从自我入手，首先促进自我的和谐，然后在此基础上达成人际的和谐，最终实现社会和谐的目标。文化心理学视野下的自我，不仅仅关系到自我本身，还能关照到与自我有关的他人，很自然地延伸到人际关系的层面。譬如，中国人的"自我"构建，就是考虑到他人存在的。中国人说话的时候说"我"，更多的时候说"我们"。因为中国人的自我既是个体的，更是集体的。当然，我们不是说个人主义文化和集体主义文化可以分出一个绝对的好坏优劣，而是说文化心理学可以让我们了解不同文化下人们的思维方式，从而知己知彼、和谐共处。

心理学从自我入手构建和谐的观念在现实中就有很好的运用，例如我们曾经有个口号叫做"从我做起"，正好说到了这个关键问题。我们常说家庭是社会的细胞，其实个体才真正是社会的细胞。每一个个体、每一个自我的和谐，是社会和谐的基础或者说是起点。在中国传统文化里面，儒家也很强调从我做起去追求社会和谐，所谓"正心、诚意、修身、齐家、治国、平天下"，说的就是这层道理。不久前还有人根据佛教的"六和敬"提出"人心和善、家庭和睦、人际和顺、社会和谐、人间和美、世界和平"，表述的也是相类似的理念。

那么，每一个个体、每一个自我应该如何去做呢？人际关系中应该遵循什么原则呢？说到这里，我想起了费孝通先生的一段话。费先生在讲到世界上各个民族、各种文化和平相处时，曾提出一个十六字诀："各美其美，美人之美，美美与共，天下大同。"据他自己解释，"各美其美"就是不同文化中的不同人群对自己传统的欣赏。这是处于分散、孤立状态的人群所必然具有的心理状态。"各美其美"就是要求我们了解别人文化的优势和美感。这是不同人群接触中要求合作共存时必须具备的对不同文化的相互态度。"美美与共"就是在"天下大同"的世界里，不同人群在人文价值上取得共识以促使不同的人文类型和平共处。按我的理解，天下大同并不是世界上所有的文化都变得整齐划一，而只是各民族、各地区的人们在认识上达成一致，这种一致表现为能容忍不同人文价值的存在并进而能欣赏不同的人文价值。

费先生这"十六字诀"的核心，其实是一个心理学问题，是人们的态度，可以包含着认知、情感、行为的各个方面。这种态度，应该也是文化心理学的态度。费先生的本意，是讨论世界上的民族关系、文化关系，是以民族或文化为单位来讲这十六个字的，我想，换到以人为单位来讨论人际关系同样妥帖。"各美其美"，就是每个人要学会欣赏自己，一个连自己都不欣赏的人如何指望他去欣赏别人呢？"各美其美"是说我们在学会欣赏自己的基础上去欣赏别人、去发现别人的优势和美感。"美美与共"，则是在人与人之间相互了解、理解、尊重的基础上和平共处。我们如果有了这样的心态、这样的境界，就应该能够达到大同世界。这个大同世界，一定是一个和谐的世界。

征 稿 启 事

一、《珞珈讲坛》稿件征集范围为：我校专家学者在校内外所作的学术报告、讲演或讲座；校外专家在我校所作的学术报告、讲演或讲座。

二、欢迎具有学术性、前沿性、思想性的稿件，既重视视角新颖、选题独特、积淀深厚、富有创见的文稿，也重视老少咸宜、雅俗共赏、深入浅出的文章。

三、文章字数一般不超过 15 000 字。

四、来稿除文章正文外，请附上：

1. 作者简介：姓名、所在单位、职务或职称、主要学术兼职和学术成果介绍等（200～300 字），并附作者近照一张（演讲照片或其他照片、彩色或黑白照片均可）。

2. 讲座时间、地点。

3. 注释：一律采用脚注，并采用国际通行规范。如：

张×：《××××》，武汉大学出版社××年版，第×页。

4. 数字：公历世纪、年代、年月日、时刻、图表序号均用阿拉伯数字。

5. 非引用原文者，注释前加"参见"二字。

6. 引用资料非引自原始出处者，注明"转引自"。年份请勿简写。

五、作者文责自负，本编委会不对稿件的版权负连带责任。

六、为方便编辑印刷，请提交电子文本至：ssroff @ whu. edu. cn。

七、来稿一经采用出版，即付稿酬，并寄样刊两册。未用稿件，一律不退。三个月内未接用稿通知，作者可自行处理。

八、文稿如有不允许删改和作技术处理的特殊事宜，请加说明。

九、本征稿启事常年有效，欢迎赐稿。

编委会地址：湖北省武汉市武汉大学社会科学部

邮　　　编：430072

联　系　人：刘金波

电　　　话：027-68753882

传　　　真：027-87882011

图书在版编目(CIP)数据

珞珈讲坛. 第3辑/《珞珈讲坛》编委会编. —武汉:武汉大学出版社,
2008.1

ISBN 978-7-307-06075-3

Ⅰ.珞… Ⅱ.珞… Ⅲ.社会科学—文集 Ⅳ.C53

中国版本图书馆 CIP 数据核字(2008)第 008283 号

责任编辑:易 瑛 责任校对:王 建 版式设计:詹锦玲

出版发行:**武汉大学出版社** (430072 武昌 珞珈山)
(电子邮件:wdp4@whu.edu.cn 网址:www.wdp.com.cn)
印刷:武汉中远印务有限公司
开本:720×1000 1/16 印张:18.125 字数:258 千字 插页:2
版次:2008 年 1 第 1 版 2008 年 1 月第 1 次印刷
ISBN 978-7-307-06075-3/C·199 定价:29.00 元